Luciano Berio et la Phonologie
Une approche jakobsonienne de son œuvre

Publications Universitaires Européennes
European University Studies
Europäische Hochschulschriften

Série XXXVI
Musicologie
Series XXXVI   Reihe XXXVI
Musicology
Musikwissenschaft

Vol./Bd. 89

PETER LANG
Frankfurt am Main · Berlin · Bern · New York · Paris · Wien

Flo Menezes

Luciano Berio et la Phonologie

Une approche jakobsonienne
de son œuvre

PETER LANG
Frankfurt am Main · Berlin · Bern · New York · Paris · Wien

Die Deutsche Bibliothek - CIP-Einheitsaufnahme

Menezes, Flo:

Luciano Berio et la phonologie : une approche jakobsonienne de son oeuvre / Flo Menezes. - Frankfurt am Main ; Berlin ; Bern ; New York ; Paris ; Wien : Lang, 1993
  (Publications universitaires européennes : Sér. 36, Musicologie ; Vol. 89)
  Zugl.: Liège, Univ., Diss., 1992
  ISBN 3-631-45351-5

NE: Europäische Hochschulschriften / 36

ISSN 0721-3611
ISBN 3-631-45351-5

© Verlag Peter Lang GmbH, Frankfurt am Main 1993
Tous droits réservés.

L'ouvrage dans son intégralité est placé sous la protection de la loi sur les droits d'auteurs. Toute exploitation en dehors des étroites limites de la loi sur les droits d'auteurs, sans accord de la maison d'édition, n'est pas permise et se trouve passible de peines. Ceci vaut en particulier pour des reproductions, traductions, microfilms, l'enregistrement et le traitement dans des systèmes électroniques.

Imprimé en Allemagne 1 2 4 5 6 7

"Das, was wir in der Rede erkennen, sind keine Schallunterschiede, sondern phonematische Unterschiede, d.h. solche Unterschiede, die ohne für sich etwas bestimmtes und positives zu signalisieren, zur Differenzierung der Signale in der gegebenen Sprache verwertet werden"

[R. Jakobson, *"Zur Struktur des Phonems"* (1939), Selected Writings I, Mouton, The Hague-Paris, 1971, p. 300]

"L'important en musique, ce n'est pas le donné naturel, ce ne sont pas les sons tels qu'ils sont réalisés, mais tels qu'ils sont intentionnés. ... Le son en musique fonctionne comme élément d'un système"

[R. Jakobson, *"Musicologie et linguistique"* (1932), in *"Musique en Jeu"* Nr.5, Éditions du Seuil, Paris, novembre 1971, p. 57]

"Il y a un point d'équilibre dans l'oscillation qui est centré — c'est le moins qu'on puisse dire — entre l'isomorphisme d'un discours verbal et celui d'un «discours» musical"

[L. Berio, *"Entretien Luciano Berio / Michel Philippot"* (octobre 1968), La Revue Musicale 265-266-267, Éditions Richard-Masse, Paris, 1969, p. 88]

"I am not interested in sound by itself — and even less in sound effects, whether of vocal or instrumental origin. I work with words because I find new meaning in them by analyzing them acoustically and musically. I rediscover the word. As far as [vocal gestures] are concerned, [they] also carry a meaning: they must be considered and perceived in their proper context"

[L. Berio, *"Luciano Berio — Two interviews"* (interview 1 with B. A. Varga), Marion Boyars, New York-London, 1985, p. 141]

Je tiens, en ce début de travail, à remercier les institutions suivantes:

au **CNPq** (*Conselho Nacional de Desenvolvimento Científico e Tecnológico*), institution publique brésilienne, pour la bourse d'études sans laquelle il n'aurait pas été possible la réalisation de ce travail;

à l'**Internationale Sommerakademie MOZARTEUM** - Salzbourg 1989, Autriche, qui m'a invité à participer aux activités didactiques de L. Berio comme *composer in residence* dans le cadre des Cours 1989;

à la **Paul Sacher Stiftung** à Bâle, Suisse, pour l'amabilité avec laquelle cette institution m'a reçu vis-à-vis de mes recherches sur l'œuvre de Berio.

De même, je tiens à remercier chaleureusement:

à Regina Johas, ma femme, pour sa collaboration et son appui constant;

à Laurence Savelli, pour la révision finale du texte;

aux Professeurs Jacques Dubois, Nicolas Ruwet, Etienne Evrard et Robert Wangermée, qui ont constitué le Jury de Thèse de mon Doctorat le 20 mars 1992 à Liège, où ce travail (ensemble avec une analyse de la composition *"Visage"* de Berio, publiée séparément) a été soutenu publiquement;

et, tout particulièrement,

à Luciano BERIO, pour son aimable disponibilité à l'égard de mon travail et pour son appui vis-à-vis de mes recherches auprès de la Fondation Paul Sacher à Bâle;

et à Henri POUSSEUR, non seulement pour ses conseils et pour la quantité importante de matériel mise aimablement à ma disposition, mais aussi pour l'intérêt avec lequel il a suivi mon parcours théorique et compositionnel pendant ces dernières années.

Avis au lecteur:

— Etant donné le caractère scientifique de ce travail, toutes les citations ont été préservées dans leurs langues originales, à savoir en français, allemand, anglais, italien, et latin. L'auteur a tenté, dans la mesure de ses possibilités, d'avoir accès aux sources citées dans leurs langues d'origine (en évitant au maximum des traductions). Quand ce n'a pas été possible, la citation est quand même préservée dans la langue à travers laquelle elle est arrivée à la connaissance de l'auteur;

— toute citation sera suivie par des [ ], à l'intérieur desquels le lecteur pourra trouver des indications précises sur sa source littéraire. Le numéro entre ( ) se réfère au numéro dans la bibliographie (à la fin de ce livre) du texte de l'auteur cité;

— toute intervention de l'auteur de ces lignes à l'intérieur d'une citation sera rendue comme telle par des [ ];

— dans le texte courant (c'est-à-dire non pas à l'intérieur d'une citation), les mots dont les signifiés doivent être mis en évidence sont **renforcés**; les mots en *italique* constituent des expressions spécifiques dans un contexte donné ou des néologismes; les mots "entre guillemets" indiquent un emploi particulier, peu commun vis-à-vis de leurs signifiés habituels;

— la numération des topiques est indépendante pour chacune des deux parties principales.

TABLE DE MATIÈRES:

Introduction.. 15

PREMIÈRE PARTIE

Antécédents: un regard rétrospectif sur
l'histoire de la musique électroacoustique............ 23

**1. L'avènement de la *musique concrète* à Paris
et ses postulats principaux**... 25

    *1.1. La dialectique entre matière et forme
    selon Pierre Schaeffer et la définition
    de "musique concrète"*....................................... 25

    *1.2. La perte de la signification
    du contexte musical*.. 32

    *1.3. La notion d'instrument
    et l'intention musicale*.. 38

    *1.4. Du concret à l'abstrait: de la musique concrète
    à la musique expérimentale*............................... 47

**2. L'avènement de la *musique électronique* à Cologne
et son opposition à la *musique concrète***......................... 52

    2.1. Rationalisme et abstraction.............................. 52

    2.2. Musique électronique, musique sérielle.............. 54

    2.3. L'apothéose de l'écriture................................. 58

    2.4. L'impasse de la musique sérielle....................... 66

    *2.5. De l'abstrait au concret:
    la "concrétisation" de la musique électronique
    et l'insertion de la voix*...................................... 72

DEUXIEME PARTIE

**Berio selon Jakobson selon Berio:
une approche sémiologique de son œuvre
d'après les fondements de la phonologie structurale**..... 79

1. Musique et langage: convergences et divergences................. 81

    *1.1. L'Intonation en tant que
phénomène linguistique/musical*........................... 81

    *1.2. Quelques rapports entre
la musique et le langage*................................. 93

        1.2.1. Phonème et morphème...................... 93

        1.2.2. Sens et signifié............................ 97

        1.2.3. Langue et parole...........................101

        1.2.4. Phonologie, lexicologie et syntaxe........106

    1.3. Le rôle et les limitations des écritures................ 113

2. Structures subliminales en musique: Berio et la Phonologie.... 128

    2.1. Notions-de-base (Grundbegriffe)......................... 129

        2.1.1. Le continuum................................. 129

        2.1.2. Mutations, changements téléologiques... 143

        2.1.3. Synchronie dynamique....................... 151

        2.1.4. Moments, fonctions...........................169

        2.1.5. Différences, oppositions.....................180

        2.1.6. Pertinence, redondance..................... 206

        2.1.7. Stratification, déconstruction............... 214

        2.1.8. Métaphore, métonymie.......................216

2.2. La neutralisation des oppositions distinctives
(Aufhebung distinktiver Gegensätze)...................... 218

2.3. La fonction délimitative (Abgrenzungslehre)............ 221

        2.3.1. Le *silence* comme délimitation............. 223

        2.3.2. La *note* comme délimitation................ 223

        2.3.3. Le *mot* comme délimitation................. 225

        2.3.4. Le *timbre* comme délimitation............. 226

        2.3.5. La *section formelle* comme délimitation..226

2.4. Traits prosodiques (prosodische Eigenschaften):
la fonction du registre et de l'intervalle............... 228

APPENDICE:

— **Bibliographie**..247

— **Sur l'auteur**..277

INTRODUCTION

Ce livre se propose d'effectuer une approche de la musique du compositeur italien Luciano Berio, en l'analysant sous le point de vue, nous le croyons, le plus approprié: c'est-à-dire en vérifiant jusqu'à quel point et de quelle façon l'œuvre de Berio établit des liens irrévocables avec le **phénomène vocal**.

Pour que cette démarche fût accomplie adéquatement, il a fallu observer le phénomène vocal en attirant particulièrement notre attention sur l'aspect central des articulations vocales, c'est-à-dire sur le phénomène **linguistique**. Celui-ci a été envisagé principalement sous son aspect **phonologique**, la **phonologie** étant envisagée comme le domaine du langage où s'établit le lien le plus concret et le plus immédiat entre l'*intention signifiante* et l'*organisation sensitive* des sons et — pour employer les termes de Berio lui-même lorsqu'il définit les manifestations vocales sur lesquelles sa musique se centre — des **gestes vocaux**.

Notre approche a donc comme intention fondamentale de relever de la façon la plus systématique possible, nous dirions même **scientifique**, les véritables liens entre la musique (vocale **ou non**) de Berio et la **phonologie**. De ce point de vue, notre démarche se diffère nettement des travaux sur l'œuvre de Berio dont l'accent est généralement mis sur la **phonétique** et sur les modes d'articulations vocales y employés. Bien que cette distinction tout à fait pertinente ne puisse point s'appuyer dans les commentaires de Berio lui-même ou encore dans les importants textes de D. Osmond-Smith sur la musique du maître italien (où, sous cet aspect, on ne trouvera que des raisonnements analytiques basés exclusivement sur des données provenant de la phonétique articulatoire), nous voyons dans cette démarcation désormais vieille de plus d'un demi-siècle entre la **phonétique** et la **phonologie** le point de départ vers une étude plus systématique de la poétique bérienne. C'est ainsi que nous ne pouvons pas partager de l'opinion de Osmond-Smith lorsqu'il écrit: *"Phonology examines functional differences between sounds as determinants of meaning in language — whereas phonetics, as Berio was soon to demonstrate, offers the musician a great deal more"* [Osmond-Smith (10), p.119, note 1 du chapitre II]. Justement à cause de l'accent mis par la phonologie sur les fonctions et les significations des sons du langage, ce n'est, à notre avis, qu'à travers une approche *phonologique* — et non pas *phonétique* — que nous pourrions arriver à notre but, car nous croyons qu'y réside la clé pour une compréhension totalisante des données stylistiques de l'œuvre du maître italien.

Cela ne veut aucunement dire que les intentions compositionnelles de Berio doivent être comprises en envisageant la phonologie en tant que principe **unique** de son travail: à vrai dire, c'est plus géréralement la **voix** qui, dans ses manifestations les plus diversifiées, les plus ramifiées, voire les plus contradictoires, tout en excédant parfois l'ambitus propre à la phonologie, attache (en tant que son élément le plus fondamental) toute l'activité créatrice de Berio. Résumer toutes les *facettes* de l'œuvre bérien, toutes ses implications sémantiques, tout en les comprenant comme des manifestations plus ou moins évidentes d'**un seul** domaine du langage, à savoir celui de la phonologie, nous semblerait être trop simplificateur, et signifierait donc circonscrire la complexe production bérienne à un seul de ses aspects. Au cours de l'œuvre de Berio, parfois même au cours d'une seule composition, nous nous trouvons devant une palette de significations — surtout quand il s'agit d'une composition vocale et instrumentale — dont les régions pourraient être analysées d'une façon peut-être beaucoup plus adéquate au moyen d'autres domaines linguistiques. (Par exemple: l'aspect **sémantique** du langage nous paraît sans aucun doute plus approprié pour une approche des relations entre texte et musique dans le troisième mouvement de *"Sinfonia"*, l'aspect **phonologique** ne se démontrant plus efficace que pour une analyse du deuxième mouvement de cette composition).

Mais de toute façon, notre approche se situera donc au-deçà du rapport texte/musique: il s'agira plutôt d'analyser le rapport langage/musique, c'est-à-dire cet aspect qui préside l'emploi d'un texte et qui se manifeste également, comme nous voudrons le démontrer, dans l'absence du texte et même de la voix. En effet — et cela nous semble l'aspect le plus intéressant de cette problématique —, ce n'est qu'à travers le domaine phonologique du langage que nous comprenons une bonne partie des données stylistiques de Berio, surtout lorsqu'elles se réfèrent à l'élaboration des **structures éminemment musicales**, non-verbales (donc instrumentales ou même électroniques). C'est comme si une *pensée phonologique*, telle que celle-ci pouvait être comprise à partir des conceptions fonctionnelles et distinctives de Roman Jakobson, auquel Berio, lui-même, se réfère à plusieurs reprises [cf. Berio (39); (49); (60); (61); et (67)], se faisait toujours sentir au cours de l'élaboration musicale la plus "pure", apparemment dénuée de toute liaison avec le langage verbal et — on pourrait en déduire erronément — destituée par conséquent de **signification**.

De cette façon, nous croyons pouvoir expliquer, au moins élucider en quelque sorte à l'aide des conceptions de la phonologie classique, cet aspect si touchant de la production bérienne, à savoir: le lien si intrinsèque des données musicales avec le langage verbal, **même dans des contextes où la voix se fait absente**. Il ne nous suffit partant pas d'affirmer que cette liaison si organique soit le produit direct, la conséquence inévitable d'une constante mise en œuvre du phénomène vocal dans l'activité compositionnelle de Berio; il nous semble beaucoup plus pertinent et même fondamental de relever cet aspect d'un point de vue scientifique, en apportant au lecteur des exemples qui constituent au moins une partie du vaste spectre de ces ramifications.

Vis-à-vis de ce parcours analytique, l'œuvre de Jakobson nous a fourni les instruments les plus appropriés à la réalisation de notre démarche. Bien que la linguistique et même la phonologie se soient développées après Jakobson — comme d'ailleurs toute branche de la connaissance —, le *structuralisme phénoménologique* (pour y employer les termes de Elmar Holenstein) jakobsonien demeure de toute façon comme un trésor dont même les valeurs et les concepts les plus élémentaires se trouvent toujours "actualisés". Il ne s'agira pas, toutefois, de vouloir "expliquer" l'œuvre d'un créateur par l'œuvre d'un autre. La sémiologie jakobsonienne ne pourra être appliquée profitablement à l'analyse musicale que si nous nous rendons compte de l'inéluctable spécificité du code musical. D'ailleurs, c'est Jakobson lui-même qui a écrit que *"le modèle élaboré et fécond de la linguistique ne peut s'appliquer mécaniquement et qu'il n'est efficace que pour autant qu'il ne viole pas les propriétés autonomes d'un domaine donné"* [Jakobson (65), p.93]. C'est aussi dans ce sens que nous serons quand même obligés de prendre distance des considérations de Jakobson sur les possibles corrélations entre le langage et la musique justement lorsqu'il essaie d'aborder de façon plus circonstanciée la syntaxe musicale, tout en démontrant pourtant une méconnaissance des spécificités propres au code de la musique. De cette façon, nous soulèverons dans la musique, à l'opposé de

Jakobson, le rôle structurel de l'espace (cf. le point 1.1. de la seconde partie), de la fonction référentielle (cf. le point 2.1.3., seconde partie), et des entités harmoniques en tant que *vocabulaire musical* (cf. le point 2.3., toujours dans la seconde partie). Cela ne nous empêchera cependant pas de rendre hommage à cet éminent linguiste, disparu il y a dix ans, tout en conférant à son œuvre une place absolument fondamentale dans notre travail.

En cette approche structurale de l'œuvre de Berio, de caractère essentiellement typologique, consiste donc la seconde partie de notre travail, qui doit en tout cas être vu comme une espèce de *répertoire* des liens entre les structures musicales chez Berio et les conceptions les plus fondamentales de la phonologie classique.

A ce moment, il faut que nous nous référions à une notre analyse d'une composition de Berio, publiée séparément:
"Un essai sur la composition verbale électronique
«*Visage*» *de Luciano Berio"*
(à paraître chez Mucchi Editori aux soins du *Campus Internazionale di Musica* — Via Ecetra 36, 04100 Latina, Italie —, dans l'original français, ayant reçu en 1990 le premier prix de la première édition du "Concours International de Musicologie"/Section de Musique Contemporaine). Conçue premièrement comme partie intermédiaire entre les deux parties de ce livre, cette analyse exhaustive s'est peu à peu détachée du corps de celui-ci, tout en constituant un essai indépendant. Bien que cette analyse ne soit pas absolument indispensable à la compréhension de ce livre, il nous semble de toute façon assez pertinent d'y reprendre au moins quelques aspects de ce travail. Nous y avons voulu nous limiter à une œuvre **vocale** de Berio, qui s'avère être d'une importance capitale non seulement pour ce qui est de l'œuvre bérien dans sa globalité, mais aussi en ce qui touche tout le développement de la musique vocale de notre siècle et, en particulier, l'évolution de la musique électroacoustique: *"Visage"* (1961). Nous croyons qu'il s'agit là d'une pierre fondamentale de la production de Berio. Nous ne voulons aucunement mépriser les réalisations antérieures à *"Visage"*, et nous ne pourrions même oublier des œuvres telles que *"Cinque Variazioni"* (1952/53), *"Momenti"* (1957), *"Thema (Omaggio a Joyce)"* (1958), *"Sequenza I"* (1958), *"Différences"* (1958), *"Tempi Concertati"* (1958/59), *"Epifanie"* (1959/61), *"Circles"* (1960), pour ne citer que quelques exemples significatifs. Mais en regardant l'œuvre du compositeur italien d'une façon plus globale, du Berio des *"Quattro*

Canzoni Popolari" (1946/47) à celui des *"Formazioni"* (1987) ou du *"Canticum Novissimi Testamenti"* (1988), nous observons que son parcours confère à *"Visage"* une place **centrale** — ce mot devant être compris dans son acception la plus large possible.

En effet, *"Visage"* représente, en ce qui concerne les implications historiques de l'opposition entre la *musique concrète* parisienne, d'une part, et la *musique électronique* de Cologne, d'autre part, la réalisation la plus **radicale** dans le sens d'un emploi extrêmement *significatif* de la **voix** dans le contexte électroacoustique. Certes, on pourrait objecter que la suppression de cette opposition originaire a déjà eu lieu au milieu des années 50 avec les compositions électroniques *"Doppelrohr II"* (1955) de Hambraeus Bengt, *"Pfingstoratorium — Spiritus Intelligentiae Sanctus"* (1955) de Ernst Krenek et *"Gesang der Jünglinge"* (1955/56) de Karlheinz Stockhausen, et que Berio lui-même avait déjà poussé jusqu'aux conséquences les plus extrêmes dans *"Thema (Omaggio a Joyce)"* (1958) les liens entre signification verbale et contexte électronique au moyen de l'utilisation d'un extrait hautement élaboré du point de vue *sonique* de l'ouvrage *"Ulysses"* de James Joyce. En fait, cette dernière composition constitue d'une certaine façon un "écho" en même temps qu'une **réponse** au chef-d'œuvre de Stockhausen cité ci-dessus — dans le sens d'un emploi vraiment *significatif* des mots —, en opposant l'emploi de l'extrait de Joyce à l'emploi arbitraire d'un texte religieux par Stockhausen, prêt à servir, du point de vue sémantique, à l'élaboration d'une *messe* à la Cathédrale de Cologne — comme nous le révèlent les intentions premières du compositeur allemand —, mais sans établir de liens véritables entre la matière verbale, indissociable de sa sphère sémantique, et la signification musicale issue des manipulations électroniques. Mais en tout cas, *"Visage"* constitue, à notre avis, la réalisation électronique (ou électroacoustique) la plus achevée autour de la problématique *verbe-son-musique*. Car dans *"Visage"*, les manifestations vocales les plus diversifiées — le **mot** ne se démontrant que comme **une** de ses facettes — s'avèrent être l'élément le plus fondamental de l'œuvre tout entière; certes, les mots — ou mieux, les *pseudo-mots* — constituent de toute façon là aussi l'entité la plus significative du contexte (avant tout **musical**), mais la signification lexicale, elle, sera volontairement exclue d'une manière définitive du discours verbo-musical. C'est comme si **musique** et **phonologie** étaient une seule et même chose, mais une "musique" qui n'est rien d'autre que des **mots**, et une "phonologie" qui s'articule toujours sans **signifiés** et — ce qui apporte au sein de l'œuvre un caractère tout à fait *utopique* — sans qu'aucune **langue** déterminée ne se soit en tout cas manifestée explicitement.

Dans un texte de 1974 où Berio se réfère à une discussion personnelle avec Roman Jakobson aux Etats-Unis sur le rapport entre le langage et la musique, dans lequel le compositeur affirme que *"Visage"* peut être en partie considéré *"dans cette perspective expérimentale qui conduit à une vision, précisément, solidaire et totalisante de divers moyens, sources et caractères sonores"* [Berio (39), p.170], il définit de façon tout à fait singulière ce qui s'avère être pour lui *"une des conditions les plus profondes et permanentes de la musique: <u>poursuivre sans arrêt une utopie du langage</u>, élaborer d'impossibles projets linguistiques qui, heureusement voués à l'échec, continuent à exprimer des émotions, à représenter des relations nouvelles et provisoires entre le son et la signification, et à nous apprendre à voir le monde comme un ensemble de processus in progress qui agissent les uns sur les autres, et non comme une démonstration de procédés et de formes mises en marche"*; c'est dans ce sens que la musique, pour Berio, *"n'est pas une langue à parler mais un langage à faire..."* [Berio (39), p.171, nous soulignons].

Avec *"Visage"*, enfin, cette "musicalité concrète" et immédiate, si chère à la conception de l'Ecole de Schaeffer d'une part — y manifeste donc dans l'approche purement **phonologique** du langage —, et, d'autre part, cette élaboration strictement musicale et cohérente, si chère aux principes de l'Ecole Sinusoïdale de Cologne — présente dans l'élaboration **syntaxique** d'un discours *significatif*, certes, mais dont la signification **lexicale**/verbale est volontairement exclue —, s'unifient dans un contexte qui célèbre définitivement la suppression de l'opposition binaire des années 50 entre Paris et Cologne, en apportant au flux historique cet aspect si cher, finalement, à la pensée de Berio lui-même, et qui ne deviendra possible qu'à l'aide des moyens électroniques: le **continuum musical**.

C'est ainsi que le présent livre ne pourrait approfondir son approche structurale du rapport musique/langage chez Berio sans jetter un regard historique et retrospectif sur l'avènement de la musique électroacoustique, dont l'expérience a été d'une importance tout à fait fondamentale pour Berio, notamment sous le point de vue de l'emploi systématique de l'élément verbal au cours de son œuvre.

La première partie de notre travail aura donc comme sujet l'opposition historique entre la musique concrète et la musique électronique, la suppression de cette opposition, et l'influence et la répercussion de ce développement historique sur la production bérienne. D'autre part, il ne s'agira pas ici d'une description historique des faits et des réalisations, le lecteur pouvant se rapporter à d'autres sources bibliographiques sur ce sujet. Ce qui nous intéressera, ce seront plutôt les principes esthétiques les plus fondamentaux qui ont caractérisé la poétique propre soit à la musique concrète, soit à la musique électronique. Dans cette perspective, notre approche se développera, en ce qui concerne cette première partie, dans le domaine des idées. Son objet sera donc soit l'avènement de la musique électroacoustique sous la forme de cette l'opposition binaire entre les écoles de Paris et de Cologne, soit le développement de cette polémique vers la neutralisation de cette opposition. Comme nous le voyons, notre démarche se sert, elle-même, de la *méthode phonologique* pour saisir les implications qui y sont présentes, car c'est bien d'une **opposition binaire** et de sa **neutralisation** — quoique situées dans un contexte historico-musical hors langage verbal — qu'il s'agit. Dans ce contexte, nous nous rapporterons parmi d'autres aspects au cheminement allant du *concret* à *l'abstrait* parcouru par la musique concrète, de même que nous aborderons la "concrétisation" de la musique électronique ainsi que l'utopie de la conception "sérielle intégrale" au sein de celle-ci. Comme agent le plus fondamental de ce processus vers la suppression de cette opposition, nous nous tiendrons à l'**insertion de la voix** dans le contexte électronique.

En fait, ce ne sera qu'à partir de ce phénomène historique — à savoir: *l'intrusion* et *l'élaboration* de la **voix** en studio — que l'intérêt prononcé de Berio pour la voix pourra s'installer dans son esprit. Il écrit: *"It was my experience with the electronic work «Thema (Omaggio a Joyce)» that first drew my attention to the new possibilities inherent in the human voice"* [Berio (59), p.141]. Si, d'une part, l'expérience électronique a possibilité à Berio la découverte de *"certains aspects fondamentaux de la musique qui n'avaient jamais été remis en question"*, tels que *"le fonctionnement du son"*, ou encore *"la possibilité de contrôler le plus infime détail par rapport à une grande forme ou à un grand projet"* [Berio (44), p.45], elle lui a fourni, par ailleurs, les moyens à l'intégration de la voix dans ce continuum musical si aspiré par sa poétique. Nous lisons dans un texte de 1967: *"Grâce, en partie, à l'expérience de la musique électronique qui offre des possibilités de synthèse, d'analyse, de sélection, des moyens d'isoler ou de combiner dans un champ très vaste les phénomènes acoustiques, le compositeur peut placer la voix humaine dans un continuum"* [Berio (24), p.174].

Si *"Visage"* doit être vu dans ce contexte comme la conséquence à la fois la plus logique et la plus radicale de ce processus historique, *"Thema (Omaggio a Joyce)"* représente déjà une conquête sans précédents dans la production bérienne dont les conséquences s'avèrent être les plus profondes pas seulement dans sa musique vocale, mais également dans ses réalisations purement instrumentales. Berio écrit en effet tout récemment: *"Ich hätte keines meiner späteren Werke ohne [die] Erfahrung mit elektroakustischen Möglichkeiten schreiben können. «Thema» war also sehr wichtig für mich. ... In «Thema» habe ich also viel gelernt über die Beschaffenheit der Sprache, über die phonetischen Aspekte der Sprache* [on pourrait lire: sur les aspects **phonologiques** du langage], *und das habe ich Zeit meines Lebens fortentwickelt"* [Berio (71), p.29].

Ce n'est qu'à partir de cette approche historique que la seconde partie de ce livre pourra s'accomplir en acquérant tout son sens. Au moyen de la phonologie jakobsonienne, nous prétenderons, à la conclusion de notre travail, rehausser les liens intrinsèques de la musique du maître italien avec le phénomène vocal à travers, dirions-nous, son aspect le plus *fonctionnel*. Il s'agira donc de démontrer que le domaine phonologique du langage détermine d'une façon catégorique les traits stylistiques les plus fondamentaux de l'œuvre de Luciano Berio, même quand la voix, élément si capital de sa production, en est absente.

Cologne, septembre 1990;
révisé à Bâle, juin 1992

PREMIÈRE PARTIE

Antécédents: un regard rétrospectif sur
l'histoire de la musique électroacoustique

1. L'avènement de la *musique concrète* à Paris et ses postulats principaux

1.1. La dialectique entre *matière* et *forme* selon Pierre Schaeffer et la définition de *"musique concrète"*

"Ce parti pris de composition avec des matériaux prélevés sur le donné sonore expérimental, je le nomme, par construction, Musique Concrète, *pour bien marquer la dépendance où nous nous trouvons, non plus à l'égard d'abstractions sonores préconçues, mais bien des fragments sonores existant concrètement, et considérés comme des objets sonores définis et entiers, même et surtout lorsqu'ils échappent aux définitions élémentaires du solfège*" [Schaeffer (1), p.22]. C'est de cette façon que Pierre Schaeffer définit en mai 1948 ses expériences musicales à la Radiodiffusion française à Paris.

Nous observons dès les débuts de la musique concrète une certaine répulsion à l'égard de ce que Schaeffer désigne par *forme pure, abstraite*, qui caractérise selon lui, l'histoire de la musique. Nous pouvons nous demander s'il ne s'agirait pas d'une répulsion généralisée face à l'**écriture** musicale[1]. En effet, c'est au niveau de l'**objet trouvé**, de la matière la plus *concrète* que les expériences de Schaeffer et de ses collègues de travail au Studio ou Club d'Essai — dont le groupement sera baptisé du nom de *"Groupe de Recherche de Musique Concrète"* (G.R.M.C.) en 1951/52 et, postérieurement, en 1958/60, de *"Groupe de Recherches Musicales"* (G.R.M.) — devaient se développer.

A partir de la notion de matière concrète, d'objet concret ou, en employant le terme le plus cher à Pierre Schaeffer, d'*objet sonore*, qui doit être compris au sens d'allant du bruit d'une porte à celui d'un soupir, tout en passant par l'instrument "traditionnel" de musique, c'est à partir donc de cette notion fort étendue, enfin, que s'établit définitivement le concept, dirions-nous, d'une *pan-musique*, d'une musique dans laquelle chaque événement sonore peut avoir lieu — dans la mesure où l'**intention** musicale l'envisage.

---

1) Schaeffer nous donne encore l'explication suivante de son appellation *"musique concrète"*: *"Nous avons appelé notre musique «concrète» parce qu'elle est constituée à partir d'éléments préexistants, empruntés à n'importe quel matériau sonore, qu'il soit bruit ou son musical, puis composée expérimentalement par une construction directe, aboutissant à réaliser une volonté de composition sans le secours, devenu impossible, d'une notation musicale ordinaire"* [Schaeffer (8), p.16].

Au phénomène de l'écriture musicale, avec ses lois et ses particularités et dont le processus compositionnel sera considéré par Schaeffer comme essentiellement abstrait, la musique propre à la démarche schaefferienne opposait donc l'emploi des formes dites concrètes. *"... On peut très bien se servir des formes musicales déjà existantes..."*, écrit quelqu'un à Schaeffer juste après le *Concert de Bruits* du 5 octobre 1948 à Paris [lettre apud Schaeffer (1), p.31].

A vrai dire, ce qui est ici esquissé, c'est une dialectique nécessaire entre **matière** et **forme**, dialectique dont les relations seront préconisées par Schaeffer en vue d'une conception "concrète" de la musique. Tout en relevant le processus qui consiste à répéter un élément sonore jusqu'à la perte de son identification et, avec celle-ci, de son identité et dont la méthode n'est pas autre chose que celle de la *saturation sémantique* (*saturazione semantica* de Fernando Dogana) à laquelle Fónagy se réfère dans le domaine du langage verbal [cf. Fónagy (1), p.38-39], Schaeffer affirme que *"tout phénomène sonore peut donc être pris (tout comme les mots du langage) pour sa signification relative, ou pour sa substance propre. Tant que prédomine la signification, et qu'on joue sur elle, il y a littérature et non musique"* [Schaeffer (1), p.21]. Pour pouvoir *"oublier la signification"*, tout en isolant *"l'en-soi du phénomène sonore"*, Schaeffer nous décrit deux démarches préalables: *"distinguer un élément (l'entendre en soi, pour sa texture, sa matière, sa couleur)"*; et *"le répéter. Répétez deux fois le même fragment sonore: il n'y a plus événement, il y a musique"*[2] [Schaeffer (1), p.21].

Ce n'est qu'à travers ce processus de perte de la signification de la matière, que l'avènement de l'aspect éminemment *musical* pourra, selon Schaeffer, voir le jour: *"Si j'extrais un élément sonore quelconque et si je le répète sans me soucier de sa* forme, *mais en faisant varier sa* matière, *j'annule pratiquement cette forme, il perd sa signification; seule sa variation de matière émerge, et avec elle le phénomène musical"* [Schaeffer (1), p.21].

La démarche schaefferienne doit être comprise donc sous ces deux aspects: d'un côté, il associe directement la **signification** à la **forme**; de l'autre, le **phénomène musical** ne pourra émerger selon lui qu'au moyen d'une **variation de la matière dénuée de signification**.

---
2) En parfait accord avec l'observation de Schaeffer, Fónagy décrit la méthode de la saturation sémantique de la façon suivante: *"Cette méthode est basée sur l'observation qu'un mot qu'on ne cesse de répéter, finit par être perçu comme une séquence de son, privée de sens"* [Fónagy (1), p.38].

De cette façon, la forme, potentiellement toujours signifiante, restera exclue du domaine musical et ne se circonscrira qu'à celui de la littérature, à laquelle l'écriture musicale doit en quelque sorte s'attacher. Pour ce qui concerne celle-ci, elle devra être vue selon Schaeffer comme une démarche essentiellement abstraite, dont la signification *relative* ne peut être considérée comme appartenant à l'intention musicale proprement dite.

Dans cette mesure, ce qui va caractériser la musique concrète telle que celle-ci a été préconisée par Schaeffer, c'est bien le fait d'avoir apporté au sein de la musique une conception assez contradictoire: d'une part, nous assistons à l'insertion, certes, hautement positive dans le contexte musical d'une infinité d'objets sonores exclus antérieurement du domaine musical par ce que nous pouvons appeler l'*idéologie de l'écriture*, pour laquelle la musique ne se délimite qu'au fur et à mesure que les sons sont en quelque sorte **notés, rédigés**, et pour laquelle chaque son appartenant à un domaine extérieur à l'écriture ne pourrait aucunement être écouté en tant que musique. Cette insertion dans le contexte musical d'éléments auparavant étrangers au phénomène de l'écriture musicale est certainement due au progrès technologique, plus précisément à l'avènement de l'**enregistrement magnétique**. C'est ainsi que Pousseur reconnaît, malgré toutes les divergences fondamentales qui caractériseront l'opposition entre la démarche concrète et celle de la musique électronique, cette contribution du courant parisien de la façon suivante: "[*La «musique concrète»*] *a le grand et incontestable mérite d'attirer l'attention, non tant sur les possibilités générales de l'électroacoustique, connues dès avant guerre, que sur les nouveaux horizons musicaux ouverts à elle par l'invention de l'*enregistrement magnétique. *Elle montre que les moyens de* reproduction sonore *peuvent servir à des fins plus inattendues, à des desseins plus* créateurs"[3] [Pousseur (17), p. 102]. Mais, d'autre part — et cela constitue à notre avis l'aspect négatif de la question —, nous nous trouvons devant une conception pour laquelle la musique doit être identifiée immédiatement à l'absence de signification, à la variation d'une matière non-sens.

---

3) Même dans la phase la plus agacée de cette opposition — c'est-à-dire en 1953 environ —, Pousseur reconnaissait déjà — certes, non sans un ton méprisant — ce mérite de Schaeffer. C'est ainsi que Pousseur se réfère de la façon suivante au chef du Studio d'Essai: "*Son effort a lancé une technique. Il ouvre à la musique des voies qu'elle réclamait, mais dont l'accès, matériellement, lui était encore interdit. Cela reste sa seule prétention. Nous ne la lui disputerons pas*" [Pousseur (1)].

Au moyen de ce parti pris, les lois spécifiques de la grammaire musicale, qui s'est toujours développée au long de l'histoire à la suite des *nécessités auditives* d'une époque à une autre — phénomène à la fois complexe et multilatéral —, et qui n'a pu se manifester qu'à travers l'écriture musicale, ne sont pas seulement ignorées ou méprisées, mais surtout considérées comme des données arbitraires et abstraites par le père de la musique concrète. La donnée la plus fondamentale du parcours historique de la musique, à savoir: le fait que **l'évolution des formes constitue en soi-même l'objet de la musique écrite**, est placée sur un deuxième plan. Tout en conférant correctement à la forme musicale un potentiel significatif indéniable, la conception schaefferienne affirme d'autre part que la musique doit être entendue — en parfaite cohésion avec la pensée linguistique saussurienne, pré-phonologique — comme un art essentiellement dépourvu de **signification**; celle-ci ne peut se manifester que dans le domaine du langage verbal.

De ce point de vue, chaque manipulation propre à la musique concrète devrait se rapporter uniquement à la matière du son, l'évolution des formes étant volontairement exclue de l'organisation musicale. C'était la transfiguration ou la dénaturation de la source sonore que le *compositeur concret* devait envisager. Schaeffer écrit: *"Séparer le son de l'attaque constituait l'acte générateur. Toute la musique concrète était contenue en germe dans cette action proprement créatrice sur la matière sonore"* [Schaeffer (1), p.16]. Toute dérivation éventuelle des formes ne devrait avoir pour but que la constitution d'une matière renouvelée à travers laquelle la forme en soi s'annulerait. C'est ainsi que Schaeffer nous dit que *"la prolifération des formes annule la forme, qui redevient matière"* [Schaeffer (1), p.26].

Partant, ce processus compositionnel propre à la musique concrète semblait s'opposer à l'"abstraction" typique de l'écriture musicale à l'aide des manipulations les plus diversifiées. Le processus **analytique** de la matière sonore prend corps d'une façon définitive dans la conception même d'une œuvre musicale. Nous lisons chez Schaeffer: *"La musique classique abstrait, semble-t-il, des formes de toute matière. La musique concrète, au contraire, tourne le dos à ces formes pures, et, si elle renouvelle la matière, se présente aussi comme une sorte d'énorme dégradation"* [Schaeffer (1), p.75].

C'est dans ce sens qu'une évidente contradiction se dessine sur la production de la musique concrète. Certes, Schaeffer lui-même pourrait nous objecter, comme d'ailleurs il l'a déjà fait dans une autre occasion, que la contradiction ne doit pas être vue comme un mauvais signe[4]. Il nous semble en tout cas que l'essence de cette contradiction doit être mise en lumière: si d'un côté la musique concrète se propose à l'élaboration des contextes musicaux absolument dépourvus de signification en opposition à la musique dite "abstraite", dont les formes portent toujours un potentiel signifiant irrévocable, elle se mouvra, de l'autre côté, justement dans le domaine des objets sonores extraits du quotidien et dotés donc d'un pouvoir associatif — et partant aussi **signifiant** — incontestable.

A ce "danger", à cette menace de signification, la musique concrète opposera, à l'aide de la synthèse postérieure à l'analyse des matières, cette *dégradation* de la source sonore à laquelle Pierre Schaeffer fait référence. Il écrit: *"Tant que l'on opère au niveau de la chimie ordinaire, on obtient toujours le même corps. Si l'analyse descend dans la structure atomique, on obtient, en effet, une «transmutation». ...Toute analyse, suivie de synthèse, qui opérera à ce niveau de division, a donc toutes les chances d'agir et sur la matière et sur la forme, et d'une façon si radicale que tout élément initial sera méconnaissable..."* [Schaeffer (1), p.50]. De cette façon, cette contradiction apparente prétend se résoudre dans la praxis par l'intervention des opérations possibles mises à disposition du musicien concret, tout en ébauchant un trait de cohérence, mais dont l'inconsistance ne sera pas seulement caractérisée par les moyens rudimentaires à travers lesquels ces opérations ont pu se concrétiser, mais aussi par le principe fondamental du versant concret, à savoir: celui qui destitue la musique de chaque *geste signifiant* et, par conséquent, *significatif*.

En fait, ce qui va caractériser davantage les réalisations de la musique concrète, c'est bien une récurrence inassouvissable du phénomène de la périodicité rythmique. Si d'une part Schaeffer affirme que *"l'expérience concrète en musique consiste à construire des objets sonores non plus avec le jeu des nombres et les secondes du métronome, mais avec les morceaux de temps arrachés au cosmos"* [Schaeffer (1), p.75], ce n'est, d'autre part, que d'une

---

4) Schaeffer a dit à Marc Pierret: *"La contradiction ne me gêne pas, c'est même le signe, à mon avis, qu'on est sur la bonne piste"* [Schaeffer (5), p.73].

périodicité rudimentaire que se servirons alors les compositeurs concrets comme modèle temporel extrait de la diversité cosmique à laquelle Schaeffer se réfère. On doit se demander jusqu'à quel point cet appel à une périodicité élémentaire est dû à la précarité des moyens électroacoustiques dont le Studio d'Essai disposait ou, au-delà de cet aspect matériel, à la conception même de l'entreprise concrète. Jusqu'à un certain point du développement des activités du courant schaefferien, ces deux aspects ont pu, d'une certaine façon, se mélanger, du moins le deuxième aspect — concernant la **conception** même de la musique concrète — a pu trouver dans le premier — c'est-à-dire dans la **précarité des moyens électroacoustiques** — son point d'appui. En 1952 (dans le texte "Eventuellement..."), Boulez écrit encore avec une certaine illusion[5]: *"Jusqu'ici l'expérience de la musique concrète a montré surtout une curiosité et un appétit d'objets sonores, sans grand souci de les organiser. En pouvait-il être autrement avec les moyens assez rudimentaires fournis par les procédés d'enregistrement sur disque? Il ne me semble pas"* [Boulez (4), p. 177].

En tout cas, les musiciens qui s'opposeront à la musique concrète, c'est-à-dire les partisans de la pensée sérielle, pour lesquels l'élaboration de la donnée musicale devra partir de l'élément le plus petit envisageant un contrôle totalisant de la structure globale d'une œuvre, lui objecteront-ils que la musique ne profitera du bruit propre aux objets sonores qu'au fur et à mesure qu'elle le maîtrisera en son intérieur, à partir de sa constitution la plus élémentaire.

Dans un article inédit et polémique vis-à-vis de la démarche schaefferienne, Henri Pousseur écrit déjà en 1953 — c'est-à-dire juste après la publication du livre *"A la Recherche d'une Musique Concrète"* de Schaeffer, paru en 1952: *"Le «bruit» peut devenir musique si on le gouverne par l'intérieur, si l'on connaît, si l'on a choisi sa forme totale, si l'on est parti de la constituante la plus commune. La complexité de structure d'un objet le rend difficile à manier. Il ne peut être aisément mis en rapport avec un autre, à moins d'avoir été élaboré en vue de cette réunion. La composition*

---

5) Bien différent d'un an plus tard, quand Boulez écrit à John Cage en disant: "... Je compte bientôt travailler avec Stockhausen au studio de musique électronique de Radio-Cologne" [Boulez (11), p. 213; cf. le paragraphe tout entier, contenant des critiques sévères de la production du Studio d'Essai et de la conception de Schaeffer].

qu'on en fera sera grossière et rudimentaire[6]. Ce n'est pas pour rien que la répétition exacte est un des procédés préférés de Schaeffer" [Pousseur (1)]. C'est ainsi qu'"à la très grande complexité structurelle de phénomènes «naturels» enregistrés (et souvent manipulés sans discernement qualitatif fondé sur une axiologie esthétique solide) ne vient se superposer le plus souvent qu'un solfège musical rudimentaire, basé sur la répétition textuelle, les mètres réguliers, etc..." [Pousseur (17), p. 103].

Nous vérifions, toutefois, qu'un des mérites incontestables de l'entreprise concrète consiste paradoxalement dans la contribution théorique inestimable — bien que celle-ci ne puisse être démontrée pratiquement à l'aide des réalisations de musique concrète — justement par rapport à une analyse des bruits, notamment si nous considérons le travail que Schaeffer désignera par *solfège des objets musicaux* [cf. Schaeffer (4), p.475-597]. Dans ce sens, la musique concrète a réalisé théoriquement ce que la musique électronique a prétendu faire au moyen de ses réalisations pratiques en studio: apporter au domaine de la conscience auditive une connaissance profonde de la matière sonore dans ses divers aspects[7].

Mais si d'une part les moyens précaires dont la musique concrète disposait lui ont rendu impossible en quelque sorte un maniement moins grossier, voire plus conséquent du bruit, ce caractère rudimentaire de la production du Studio d'Essai doit être vu, d'autre part, comme le retentissement le plus concret du concept schaefferien même de *forme* et *matière*. Selon Schaeffer, "*matière et forme sont faites, en musique, des mêmes éléments: fréquence, intensité, durée, mais ces éléments offrent l'aspect contradictoire d'être permanents et de varier. En ce qu'ils restent permanents, dans un court espace de temps, ils constituent une matière; en ce qu'ils évoluent, dans un espace de temps seulement dix fois plus grand, ils donnent naissance à des formes. En définitive, tout phénomène sonore, la musique comprise, peut et doit être analysé de cette façon-là*" [Schaeffer (1), p.52]. C'est ainsi qu'il en déduira qu'"*en musique... les phénomènes périodiques... jouent le rôle de «matière»*", en constituant "*le temps dans le temps dont est faite*

---

6) Un peu plus tard (en 1958), Pousseur écrit: "*...[La «musique concrète»] se sert des faits auditifs d'ores et déjà doués d'une grande complexité, et sur lesquels elle n'exerce qu'un contrôle extrêmement superficiel*" [Pousseur (6), p. 7].

7) Jean-Claude Risset définit le *solfège des objets musicaux* comme étant une "*cartographie du domaine sensible, permettant le repérage d'un objet sonore quelconque dans l'espace de sons perçus*" [Risset (1), p. 119].

toute forme sonore..." [Schaeffer (1), p.51]. Dans la mesure où la matière est vue en tant que **permanence**, elle s'avérera essentiellement intouchable, en dépit des manipulations qui se font jour dans les contextes de la musique concrète. Les transmutations de la matière n'acquerront dans ce sens qu'un caractère assez superficiel. La forme signifiante, reniée par le contexte concret, sera vue en tant qu'évolution comme objet ordonné et, comme tel, rationnel. *"Restera matière ce qui est impénétrable, ... sera promu forme ce qui aura été structuré rationnellement"*, c'est ainsi que Pousseur définit la dialectique entre forme et matière selon la conception schaefferienne [Pousseur (1)]. En face soit du reniement de la forme évolutive, soit de l'exaltation de la matière — mais d'une matière permanente et intangible —, qu'est-ce qu'on pourrait s'imaginer outre une périodicité rudimentaire pour servir de base aux réalisations de musique concrète?

A proprement parler, en discourant sur la dialectique entre matière et forme, la musique concrète a déconsidéré d'une façon inaperçue ce qui à la fois provient de la matière et entraîne des formes: le **matériau musical**.

1.2. La perte de la signification du contexte musical

Au cœur de cette proposition concrète résidait son intention principale, à savoir: l'anéantissement absolu de la **signification** dans le contexte musical. Schaeffer partait du principe saussurien, pour lequel on ne peut conférer à la musique que du **sens**, et selon lequel la **signification** — soit dans le domaine du langage, soit, si on l'admet, dans celui de la musique — s'avère toujours le produit d'un consensus arbitraire. *"Lorsqu'il s'agissait de musique, nous avons évité d'employer le terme «signification», trop directement évocateur d'un code, ou de la liaison signifié-signifiant, purement arbitraire, qui, du son, renvoie au concept. Par contre, nous pouvons difficilement nier que la musique ait un sens ..."*, écrira Schaeffer dans son *"Traité des objets musicaux"* [Schaeffer (4), p.377]. De cette façon, il prétendait bannir de la musique l'arbitraire qui, selon lui, est à la base de chaque signification linguistique.

De ce point de vue, chaque événement, par lequel on trouverait quelque réminiscence à l'égard d'une écriture musicale, était consciemment refusé par la musique concrète. *"Il fallait donc bannir la phrase musicale, succession de mots ou de significations, et la remplacer par une série d'objets sonores, sans signification explicite et de valeur plastique"* [Schaeffer (1), p.63].

Néanmoins, le simple emploi d'un objet sonore éloigné du geste musical provenant d'une écriture codifiée n'assurerait pas à la musique concrète cette distanciation catégorique et intransigeante face à la signification. Il faudrait donc que *"les objets sonores [fussent] considérés pour eux-mêmes, sans qu'il fût nécessaire de les identifier par rapport à un instrument ou à une signification"* [Schaeffer (1), p.63]. Le contexte dans lequel ces objets se trouvaient et dont ils sont issus ne devrait donc pas émerger à la surface d'une *reconnaissance auditive* au cours de l'écoute des réalisations de musique concrète. Ce n'est que de cette façon que le bruit pourrait amener le musicien concret à l'émancipation face aux "contraintes" d'une écriture obligée: *"... Même si le matériau du bruit me garantissait une certaine marge d'originalité par rapport à la musique, j'étais... conduit au même problème: arracher le matériau sonore à tout contexte, dramatique ou musical, avant de vouloir lui donner une forme"*, écrit Schaeffer [Schaeffer (1), p.46].

En s'utilisant des objets sonores concrets issus des contextes les plus diversifiés et par conséquent irrévocablement évocateurs des situations signifiantes, l'aventure concrète se prétendait malgré toute reconnaissance potentielle être une musique essentiellement non-référentielle, dans laquelle on se trouverait devant le refus absolu de tout langage. C'est de ce point de vue qu'on peut lire chez Schaeffer: *"... Nous étions conviés à nous écarter non seulement de la musique, mais même de tout langage... . Après l'univers musical, il nous fallait abandonner celui du texte, renoncer aux modulations de la voix humaine, tourner le dos à l'explicite. On nous conviait à des incantations sans références à quoi que ce soit"* [Schaeffer (1), p.111].

La pensée schaefferienne qui sert de base à la conception de la musique concrète se trouve pourtant, en ce qui concerne la problématique autour de la signification musicale, face à deux contradictions fondamentales.

La première consiste, comme nous l'avons vu, dans le fait que Schaeffer associe correctement la forme musicale à la **signification** et, d'une certaine façon, l'écriture musicale au langage, en même temps qu'il ne conférera cependant à la musique que du **sens** — tout en faisant écho à la pensée saussurienne. Mais en reniant la signification du contexte musical, comment peut-on l'admettre dans le contexte de la forme?

Cette question n'est pas vue par Pierre Schaeffer. Pour ce qui la concerne, nous dirions — en faisant écho à notre tour plutôt à la conception des musiciens du courant électronique — que la forme musicale comporte incontestablement, comme l'admet Schaeffer, des significations, mais que la musique, elle-aussi, ne se restreindra pas plus généralement au sens.

Cette problématique réactive en effet l'ancienne question sur l'**expression musicale** et sur les rapports entre son et sens dans le langage verbal. Pousseur décrira l'évolution respective des codes linguistique et musical de la façon suivante: *"On peut admettre, avec assez peu de probabilité de se tromper, que les langues codifiées se sont progressivement développées, chacune à sa façon, à partir de l'expression immédiate.* L'usage répété des mêmes formes phonétiques pour désigner de mêmes phénomènes; *l'émancipation progressive de ces formes, conditionnée par différents facteurs, de l'assonance originelle avaient alors provoqué l'abstraction des significations linguistiques. Ainsi peut s'être développé un domaine de «signes» purement humains, doué, par rapport à la communication primitive, de vertus autonomes"* [Pousseur (8), p.173-174]. Dans ce processus allant vers la constitution des codes autonomes au moyen du **signe linguistique**, on observe une distanciation de plus en plus prononcée de l'articulation linguistique face à l'expression immédiate et primitive, autrement dit, du **concept** à la **chose**. Ce qui consistait en une seule forme d'expression sera peu à peu ramifié dans des domaines spécifiques, *langage* et *musique* s'établissant graduellement en tant que codes indépendants, dont la scission, toutefois, *"ne sera intervenue qu'au moment où le langage se sera tourné de plus en plus vers des tâches utilitaires, aura mis l'accent sur les significations abstraites, coupées de l'efficacité phonétique"* [Pousseur (8), p.174]. En d'autres mots, le phénomène de la **similarité** — pour employer les termes de Jakobson — donnera donc lieu à celui de la **contiguïté**, les codes de l'expression linguistique se développant d'une façon de plus en plus autosuffisante l'un par rapport à l'autre. *"Dans la même mesure que la langue, mais en direction opposée, la musique s'écarte donc de l'expression primitive"* [Pousseur (8), p.174].

Mais, pour ce qui est de la signification, est-ce que la musique s'est privée au travers de son évolution de ses pouvoirs signifiants? Est-ce qu'il ne s'agirait pas plutôt d'un processus évolutif concernant une spécification de son code expressif en même temps qu'une ouverture vers l'établissement de nouvelles significations déterminées par des nécessités provenant de l'évolution naturelle de ce propre code?

C'est de ce point de vue que Pousseur affirmera que *"les mouvements sonores n'en perdent pas pour autant leur pouvoir d'évocation. Seulement, la multiplication et l'élaboration des articulations de base, leur intégration dans des réseaux de relation complexes apportent à la conscience des formes d'expression, et avec elle des contenus affectifs toujours nouveaux. L'on devrait donc se garder de parler de musique «pure», au sens d'inexpressive, et reconnaître que les émotions instituées par elle se développent dans le sens d'une spécificité croissante"* [Pousseur (8), p.174-175].

D'autre part, on observe au cœur même de la pensée qui régit le versant électronique, opposé à l'entreprise concrète, un désir toujours croissant de revigoration de l'expression la plus "concrète", un désir de signification de plus en plus immédiate — même si celui-ci se manifeste dans les cadres de la spécificité du code — en tant qu'aversion à *"l'univers affectif bourgeois"* (selon les termes de Pousseur [cf. Pousseur (8), p.180]), hautement subjectif et égocentrique. La rupture effectuée par Webern surtout dans le domaine des articulations harmoniques et par conséquent temporelles, constituera le premier point de repère pour la démarche envisagée par les musiciens sériels. C'est dans ce sens qu'on lit chez Pousseur: *"Ce n'est qu'avec Webern et avec son émancipation radicale des archétypes sensibles de la tonalité classique, que la crise est en principe résolue. Quelque chose de vraiment nouveau commence pour la musique occidentale, quelque chose que l'on pourrait à nouveau et jusqu'à un certain point (c'est-à-dire d'une manière jusqu'ici inconnue) qualifier de «sacré», c'est-à-dire communautaire, polyvalent, <u>instaurateur</u> de <u>relation</u>"* [Pousseur (8), p.180-181, nous soulignons]. Un rapprochement vers une attitude expressive de plus en plus immédiate et potentiellement collective vient donc au jour. *"Depuis Webern, nous trouvons à nouveau notre joie la plus pure à prospecter d'une manière créatrice les possibilités du monde sonore concret. Cette recherche accroît chaque jour notre conviction que la «matière» est* *imbibée de forme et d'esprit, s'identifie éventuellement avec ce que ces mots s'efforcent de signifier, avec ce que par eux nous essayons d'approcher"* [Pousseur (8), p.181].

De cette façon, nous ne pouvons entendre la démarche concrète que comme totalement opposée à celle de la musique électronique. En effet, ce qui sera occasionnellement désigné par "concret" par les musiciens du versant électronique, ne signifiera qu'une maîtrise absolue des données musicales à partir d'une conscience profonde de leurs lois acoustiques et formelles, tout en envisageant une approche essentiellement scientifique et partant, potentiellement collective de la *matière sonore*, c'est-à-dire du **matériau musical**. Le fait que Pousseur lui-même ait affirmé déjà en 1953 — donc deux ans avant la "concrétisation" de la musique électronique —, tout en apportant au sein de la polémique un ton plus ou moins concessif, que *"[n'était] pas exclue la possibilité de partir, l'une ou l'autre fois, d'un objet trouvé, s'il [fût] susceptible de faire surgir une région musicale inaccessible sans son secours"* [Pousseur (1)], ne se configure pas en tant que prédisposition préméditée vers un emploi des objets trouvés, mais vient plutôt instaurer ce qui s'avère fondamental pour les musiciens électroniques: c'est-à-dire la prédominance de la signification spécifique des "régions musicales"[8].

La deuxième contradiction de la pensée schaefferienne, beaucoup moins curieuse parce que limitée à des affirmations contraires présentes dans son discours, consiste dans le fait que Schaeffer reconnaîtra, même après avoir envisagé l'anéantissement du langage au sein des réalisations de la musique concrète, le caractère éminemment **linguistique** des manipulations des bruits qu'elle effectue. S'il affirme d'une part qu'*"il faut dire adieu à tout signe d'intelligence, à toute ressemblance, à tout mot connu, à toute note, à toute figure conventionnelle, à tout langage donc"* [Schaeffer (1), p.163, nous soulignons], nous pouvons d'autre part lire chez lui, quelques pages plus loin, un passage où se dessine (certes, non sans une certaine ironie) la vraie mission du musicien concret, anticipant en quelque sorte — dans la mesure où ce passage en contient son germe — la *révision* qui sera accomplie par lui vers 1958: *"Evoluer*

---

8) Si nous comprenons par *"matière audible"* justement ce que nous nommons *matériau musical*, nous pouvons lire le passage suivant chez Pousseur, où le souci autour de la signification de la forme, à l'opposé de la démarche concrète, s'est manifesté: *"La forme n'est plus rien d'autre que l'acte de différenciation et d'unification, que la transfiguration perpétuelle de la matière audible. Par contre, celle-ci ne se définit plus elle-même que comme la présence ininterrompue et détaillée, que comme l'existence ramifiée et toujours renouvelée de formes significatives"* [Pousseur (6), p. 4, nous soulignons].

sans nier, rompre sans détruire, donner à entendre quelque chose d'incontestablement nouveau, <u>sans</u> <u>pour</u> <u>autant</u> <u>faire</u> <u>cesser</u> <u>d'entendre</u> <u>le</u> <u>langage</u> que nous considérons à juste titre, comme celui des civilisés" [9] [Schaeffer (1), p.132, nous soulignons].

D'une part, Schaeffer circonscrira le caractère linguistique à la musique occidentale en raison des significations des formes, et il lui opposera l'avènement de la musique concrète comme quelque chose d'essentiellement non-linguistique, en écrivant: *"... Il y a des siècles que la musique est expression, c'est-à-dire langage. Brusquement, la musique concrète apporte un élément de rupture, et <u>oppose</u> <u>au</u> <u>langage</u> <u>un</u> <u>objet</u> <u>qui</u> <u>n'a</u> <u>plus</u> <u>à</u> <u>s'exprimer</u>"* [Schaeffer (1), p.114, nous soulignons]. Mais, d'autre part, il a reconnu plus tôt l'approche inévitablement linguistique des opérations propres à la musique concrète dans un autre passage: *"Les douze notes de la gamme étaient elles aussi, au début, une pure chose. L'usage de ces notes en a fait un langage. Si je rassemble des éclats du bruit, des cris des animaux, le son modulé des machines, <u>je</u> <u>m'efforce</u> <u>moi</u> <u>aussi,</u> <u>de</u> <u>les</u> <u>articuler</u> <u>comme</u> <u>les</u> <u>mots</u> <u>d'un</u> <u>langage</u>"* [Schaeffer (1), p.101, nous soulignons].

En somme, l'entreprise schaefferienne avait adopté les divagations contradictoires issues d'un journal conçu à la recherche d'une musique concrète comme ses points de repère théoriques. On voit, donc, ce en quoi consiste l'opposition à la musique concrète de la part du courant sériel et, plus tard, électronique. Dans ce contexte, on peut ajouter le commentaire qui, tout en provenant du grand père de l'idéologie de l'écriture — pour lequel l'invention n'a de valeur que si elle *"peut s'exercer dans un cadre et dans un ordre intellectuel extrêmement précis"* [Boulez (6), p.9] — dans sa phase la plus condescendante, sinon, dans un certain sens, "révisionniste", résume cette problématique de la façon la plus convaincante. Pierre Boulez a écrit tout récemment: *"A vrai dire, au cœur de toute évolution de la pensée musicale, se trouve l'écriture, on ne peut y échapper sous peine de précarité et d'obsolescence"* [Boulez (8), p.93; ou (10), p.377].

---

9) D'ailleurs, dans ce même paragraphe, nous trouvons un autre passage qui s'avère complètement contradictoire vis-à-vis des intentions de Schaeffer, exposées ci-dessus, à propos d'un anéantissement radical de la référence à des contextes dont les objets sonores sont issus: *"Dans des constructions où tout est nouveau, où tout surprend, la décision de ne retrouver aucun élément connu me paraît arbitraire, et de plus inhumaine"* [Schaeffer (1), p.132].

1.3. La notion d'*instrument* et l'*intention musicale*

C'est donc à partir du concept de matière en tant que permanence que Schaeffer va élaborer la définition de cet élément si capital pour toute attitude qui se prétend être de la musique: l'*instrument musical*. Selon le père de la musique concrète, la notion d'instrument doit être mise en rapport, certes, avec une marge plus ou moins élargie de variation sonore, mais une marge dont les résultats que l'on en acquiert — bien qu'éventuellement fort différenciés — révèlent toujours la permanence de certaines structures sonores liées directement à sa provenance matérielle. Schaeffer écrit dans son *"Traité..."*: *"Tout dispositif qui permet d'obtenir une collection variée d'objets sonores — ou des objets sonores variés — tout en maintenant présente à l'esprit la* permanence *d'une* cause*, est un instrument de musique, au sens traditionnel d'une expérience commune à toutes les civilisations"* [Schaeffer (4), p.51, nous soulignons].

De cette façon, Schaeffer prétend au moyen de cette définition, nous révéler jusqu'à quel point l'histoire de la musique occidentale ne s'est intéressée essentiellement qu'aux instruments dont les articulations possibles disposaient d'une variation potentielle dans les registres des hauteurs. *"Si le qualitatif s'applique surtout aux objets eux-mêmes, intéressants par leur forme ou leur matière, mais isolés ou disparates au point de ne pas révéler de registres, de ne pas conduire à des structures, on découvre une sorte d'instruments dont la tradition connaît des exemples, mais qui ont toujours été placés, par les Occidentaux du moins, aux limites du domaine musical: tels les gongs, cymbales, sonnailles et autres maracas"* [Schaeffer (4), p.51].

Nous comprenons même, à l'aide de cette constatation, que le **bruit** — très caractéristique des instruments à percussion — ne s'est incorporé aux structures musicales au long de l'histoire de la musique occidentale que sous le prisme d'une exception face à l'organisation toujours prioritaire des hauteurs. L'émancipation définitive des structures inharmoniques ne se configurerait donc qu'avec l'avènement de la musique concrète, avènement dont la définition même d'*instrument* mettrait en lumière les événements sonores considérés jusqu'alors comme non-musicaux.

Néanmoins, la définition d'instrument musical telle qu'elle se délinée dans les postulats de la musique concrète, implique que nous vérifiions de plus près quelques aspects tout aussi importants.

Tout d'abord, il nous faut reconnaître que le concept schaefferien de matière, selon lequel celle-ci doit être vue comme essentiellement permanente et pour autant substantiellement intangible et comprise comme n'entraînant au répertoire des opérations disponibles pour la musique concrète que des manipulations assez superficielles et grossières du matériau musical, n'invalide ni ne minimise l'importance d'une définition de l'instrument en tant que concept de base pour la pensée musicale. En fait, ce n'est qu'à travers l'**instrument** que le code musical peut s'établir, puisque le langage musical aura besoin, en tant qu'*ordonnance inéluctablement sélective*, d'une **rigueur** qui ne sera rendue accessible à l'élaboration des structures musicales qu'au moyen de l'instrument[10]. De toute façon, la définition d'instrument par Schaeffer s'avère précaire sous divers point de vue.

Premièrement, c'est paradoxalement du point de vue de la *permanence matérielle* qu'elle se démontre correcte. A proprement parler, un instrument de musique consiste en un dispositif matériel dont les résultats sonores — qu'ils soient diversifiés ou non — apporteront toujours des traits communs — composantes donc du *timbre* qui confère à cet instrument son identité —, traits qui nous renvoient irremplaçablement à la source de laquelle ils proviennent. En effet, seul le **timbre** — contrairement aux autres paramètres élémentaires du phénomène sonore, c'est-à-dire ceux de la hauteur, de la durée et de la dynamique — s'avère susceptible d'une division en *familles*, tout en apportant à l'audibilité la plus immédiate un certain poids, dirions-nous, "institutionnel" avant même qu'un système ordonné ne s'impose au contexte musical. C'est beaucoup plus ces caractéristiques acoustiques, ces traits sonores communs aux objets sonores issus de la même source matérielle qui nous permettront de distinguer son instrument générateur. La **diversification** de ces objets sonores à partir d'une seule source matérielle ne s'avère être qu'une caractéristique subsidiaire et occasionnelle. Le fait que les instruments à percussion du type des cymbales ou des sonnailles, par exemple, n'aient pas été incorporés,

---

10) Nous pouvons lire chez Boulez à ce propos: *"Lorsqu'on a éprouvé les limites de l'objet trouvé par rapport à la création d'un langage, on ressent le besoin d'organiser les possibilités de l'objet dans ce qu'on pourra vraiment appeler un instrument. On perd quelquefois en richesse ce que l'on a gagné en rigueur"* [Boulez (10), p.150].

admis ou même conçus dans l'histoire de la musique occidentale autrement que dans une phase beaucoup plus tardive — celle de l'épuisement structurel du système tonal —, n'est pas la conséquence de l'uniformité de leurs objets sonores — c'est-à-dire de la ressemblance presque absolue de leurs sons. Cette *incorporation tardive* est bien due au fait que les caractéristiques sonores de ces instruments, comme d'ailleurs l'admet Schaeffer lui-même, ne s'accordaient pas avec le système pour lequel l'organisation des hauteurs définies était prioritaire. Ce n'était donc pas à cause de la non-diversité de leurs sons que les cymbales ou les sonnailles n'avaient pas été considérées comme instruments de musique, mais plutôt à cause de leurs caractéristiques touchant l'*inharmonicité* de leurs sons. Par ailleurs, une fois admis dans des contextes musicaux en tant que sources matérielles, ces instruments ne sont pas pour autant devenus plus ou moins **diversifiés** en ce qui concerne leurs résultats sonores, c'est-à-dire leurs sons. Ce n'est pas la **variété** des sons qui définira donc un instrument mais, bien au contraire, la **permanence** de certaines caractéristiques globales — caractéristiques s'exprimant en tant que traits sonores reconnaissables par la perception dans les figurations sonores qui constituent le répertoire des sons disponibles ou exécutables à partir d'une source matérielle d'origine.

Auparavant déjà, en avril 1951, Schaeffer lui-même écrivit pendant l'élaboration de l'œuvre *"Orphée"* (dont la version définitive — l'opera concret *"Orphée 53"*, réalisé en collaboration avec Pierre Henry — aura sa création le 10 octobre 1953 à Donaueschingen): *"J'ai choisi pour «Orphée» un certain nombre de «fragments» où matière et forme sont imbriquées. Mais ces fragments sont le point de départ de transformations. Si, à travers ces transformations, il y a une certaine «invariance» du fragment initial, celui-ci jouera le rôle d'un pseudo-instrument"* [Schaeffer (1), p.94]. En concevant, au fur et à mesure de l'élaboration de cette composition, une espèce d'*orchestre concret*, Schaeffer déduisit de ses expériences une première loi fondamentale: *"Un élément orchestral (pseudo-instrument) se reconnaît à la permanence d'une caractéristique à travers diverses formes"* [Schaeffer (1), p.95]. La tentative d'une définition plus achevée de l'instrument musical dans le *"Traité..."*, tout en ajoutant au concept de **permanence** de la cause matérielle la notion d'une *"collection variée d'objets sonores"* nous semble donc avoir échoué, car ce n'est, nous le répétons, qu'à travers la permanence, au moins résiduelle, de certaines caractéristiques sonores au long du répertoire — même si celui s'avère réduit à l'extrême — de sons dérivés d'un dispositif matériel que celui-ci peut être défini par le terme d'*instrument musical*.

En se rendant immédiatement compte de l'inefficacité de sa définition, Schaeffer cherche à la surmonter en reportant sur une donnée historique sa propre responsabilité: d'abord, il définit l'instrument de musique en rapport avec une variété sonore qui doit en provenir; ensuite, il reconnaît l'existence d'instruments qui *"ne donnent pas, à vrai dire, une collection d'objets distincts"* [Schaeffer (4), p.51] et affirme — en cherchant à résoudre la question — que les Occidentaux, du moins, les ont historiquement toujours placés aux limites du domaine musical. Cependant, comme nous le voyons, une question n'implique point nécessairement l'autre. C'est la définition même d'instrument par Schaeffer qui doit être vue comme essentiellement inadéquate.

D'un autre côté, il ne faut pas déduire du caractère permanent qui définit l'instrument musical que la matière sonore doive rester intouchable au fur et à mesure de l'élaboration d'une œuvre, ou du moins qu'elle doive y préserver son profil dans son essence. A proprement parler, la matière ne restera intangible que si elle demeure **matière**. Dans un contexte musical, cependant, la matière — autrement dit, l'instrument, au sens plus large du terme — deviendra toujours *matériau* et, comme tel, immanquablement métamorphosable[11]. Car si nous pouvons peut-être parler d'une relation directe et catégorique de la **matière** à la **forme**, voire d'une **corrélation** entre ces deux aspects dans le domaine des arts plastiques, en musique, par contre, ils seront toujours médiatisés par le **matériau**.

En ne se rapportant essentiellement qu'à la matière, la musique concrète conférait donc à celle-ci le lieu et le rôle du matériau musical, généralisant dans ce processus le concept d'instrument. En effet, dans la recherche des matériaux qui s'identifiaient directement avec les matières, il ne restait au musicien concret qu'à se délivrer des conventions propres à la musique écrite, dans laquelle la matière (c'est-à-dire l'instrument de musique

---

11) Car, comme l'a écrit Boulez dans sa polémique contre l'entreprise concrète, de laquelle lui-même a fait partie en tirant, cependant, des conséquences fort opposées à la démarche schaefferienne: *"Le matériau musical, pour se prêter à la composition, doit être suffisamment malléable, susceptible de transformations, capable d'engendre et de supporter une dialectique"* [Boulez (4), p.285].

traditionnel) s'abstrayait ou s'annulait en faveur du matériau — ou encore (en considérant le facteur **timbre** comme composante fondamentale du matériau), dans laquelle l'instrument s'annulait en tant que phénomène causal pour y constituer un facteur structurel intrinsèque du matériau.

Pour la musique concrète, matière et matériau ne devraient constituer qu'un aspect d'une même chose. Contrairement aux lois de l'écriture musicale, pour lesquelles la matière engendre le matériau pour *informer* l'œuvre — dont le processus de concrétisation pour y aboutir évoque un chemin parcouru par l'idée musicale jusqu'à sa réalisation accomplie qui va de la matière à la forme au moyen du matériau et de ses évolutions —, la musique concrète cherchait à annuler non pas simplement l'instrument en tant que phénomène causal, mais plutôt le matériau en soi du fait de son identification absolue avec la matière, en renonçant donc à la forme et à ses significations. Si Schaeffer lui-même reconnaîtra que le son, au sein de la musique concrète ou électronique, *"ne saurait plus être caractérisé par son élément causal, mais par l'effet pur"*, et qu'il devrait donc *"être classé, non selon l'instrument qui le produit, mais selon sa morphologie propre"* [Schaeffer (3), p.26], et si le solfège des objets musicaux constituera en fait une acquisition incontestable pour la conscience auditive des données morphologiques du son à différents états, la musique concrète fera d'autre part toujours usage d'une matière brute en méprisant intentionnellement ses données structurelles en rapport avec la perception formelle et totalisante d'un tout qui constitue l'œuvre musicale.

Démarche plutôt séditieuse que conséquente, l'entreprise concrète déconsidérait — bien qu'elle soit préoccupée exhaustivement de la perception — un fait crucial pour la phénoménologie de l'écoute: indifféremment des concepts qui sont à la base des œuvres, l'auditeur identifiera toujours au **matériau** ce qu'il entend, la matière sonore ne se configurant que comme phénomène causal plus ou moins reconnaissable. Si Schaeffer lui-même affirme très justement que *"l'activité instrumentale, cause visible et première de tout phénomène musical, a ceci de particulier qu'elle tend avant tout à s'annuler comme cause matérielle"* [Schaeffer (4), p.43], cette *annulation* de la cause n'est due qu'à l'intérêt primordial de la perception musicale vis-à-vis des éléments fournis par la matière, vis-à-vis — en d'autres mots — du **matériau** véhiculé par l'instrument.

De ce point de vue, la musique ne pourra jamais être **concrète** au sens strict du terme.

L'instrument impliquant la permanence de certains traits résiduels, le matériau incitera, par contre, l'écoute à la transformation, à la métamorphose *informative* de ses données constitutives. De cette façon, nous ne nous trouvons, en ce qui concerne les réalisations de musique concrète, que devant, certes, des matériaux; mais il s'agit par conséquent de matériaux non-façonnés, non-élaborés, dans la plupart des cas seulement susceptibles d'une périodicité trop élémentaire.

Quoique Schaeffer affirme qu'il y a deux manières à travers lesquelles l'instrument sera annulé en tant que source causale, à savoir à travers la **répétition** et la **variation**, la musique concrète ne se circonscrira essentiellement qu'au domaine de la première de ces opérations. D'autre part, c'est Schaeffer lui-même qui affirmera que ce n'est qu'au moyen de la **variation** que le phénomène **musical** pourra venir au jour. Tandis que *"la répétition du même phénomène causal, par saturation du signal, fait disparaître la signification pratique de ce signal"* (dont le processus nous renvoit une fois de plus au concept de *saturation sémantique* que nous avons déjà cité), en établissant en même temps, selon Schaeffer, *"le passage de l'ustensile à l'instrument"*, *"la variation, au sein de la répétition causale, de quelque chose de perceptible, accentue le caractère désintéressé de l'activité par rapport à l'instrument lui-même et lui donne un nouvel intérêt, en créant un événement d'une autre sorte, événement que nous sommes bien obligé d'appeler musical"* [Schaeffer (4), p.43]. De toute façon, en envisageant l'anéantissement du langage, la démarche concrète consistera plutôt dans l'opération concernant la répétition rudimentaire — qui ne s'avère être susceptible que de transformations superficielles telles que le ralentissement ou l'accélération de l'événement au moyen d'une altération de la vitesse de la bande magnétique, ou encore la transposition en hauteur de l'événement comme conséquence de cette opération, etc. — des éléments sonores provenus d'un choix arbitraire indifférent face au matériau et donc aux rapports potentiels entre la structure de celui-ci et la structure de l'œuvre dans sa globalité. C'est donc beaucoup plus le processus concernant le passage pur et simple *de l'ustensile à l'instrument*, généralisant ainsi le concept propre à celui-ci, qui constituera l'objet d'intérêt de la musique concrète.

De ce point de vue, toute cause matérielle pourra donc devenir instrument, et la prétendue émancipation du matériau à l'égard de sa source sonore a effectivement eu lieu. Mais la question cruciale suivante doit être posée: cette émancipation indéniable des matériaux vis-à-vis de la cause matérielle, mise au point par la musique concrète et au moyen de laquelle tout objet sonore sans restriction peut dès lors s'insérer dans le contexte musical, suffira-t-elle en tant que fondements pour la constitution des œuvres? Jusqu'à quel point le matériau émancipé pourra-t-il survivre dans le contexte musical s'il n'est pas mis en rapport avec la structure globale de l'œuvre à partir de ses propres données structurelles? Est-ce que nous ne devons pas être d'accord avec Boulez lorsqu'il dit que *"structure du matériau et structure de la composition sont deux faces de la même interrogation fondamentale: que l'un vienne à manquer par rapport à l'autre, il ne peut pas y avoir à proprement parler invention"* [Boulez (10), p.57]?

A cette problématique, Schaeffer répondra en affirmant que c'est sur l'**intention** que l'on doit rejeter la responsabilité qui concerne l'essence même de la musique. Il écrira: *"Il suffit donc, pour qu'il y ait musique, qu'une relation s'établisse entre l'objet et le sujet, et l'acte initial de la musique consiste à entendre volontairement, c'est-à-dire à choisir, dans le déroulement chaotique des sons, un fragment sonore qu'on a décidé de considérer"* [Schaeffer (1), p.75]. Même si nous ne considérons que le phénomène de l'écriture comme indice pour l'existence de la donnée musicale, Schaeffer dira que *"ce ne sont, en vérité, ni les hauteurs, ni les timbres, ni les intensités, ni les durées"* — en somme, les éléments qui constituent à proprement parler le matériau musical —, *"qui doivent être précisés ou correspondre strictement à une notation. Mais c'est, superposée à ces repères très approximatifs ou trop abstraits, <u>la présence d'une intention</u> du compositeur et de l'instrumentiste, qui calibre définitivement chaque être sonore et lui donne sa forme..."* [Schaeffer (4), p.47, nous soulignons].

Nous nous trouvons à ce propos devant une démarche peut-être à la rigueur insoluble, à savoir celle qui consiste à définir l'*acte musical*. Berio nous dit: *"Chercher à définir la musique — qui, de toute façon, n'est pas un objet mais un processus — c'est un peu comme essayer de définir la poésie: il s'agit donc d'une tentative heureusement impossible, vu la futilité qu'il y a à vouloir tracer les limites qui séparent la musique de ce qui n'est plus la musique, entre poésie et non-poésie"* [Berio (49), p.21]. Mais Berio lui-même ne pourra échapper à l'**intentionnalité** (au sens husserlien même) comme point de repère pour une possible définition, lorsqu'il conclut dans le même contexte: *"La musique est tout ce que l'on écoute avec l'intention d'écouter de la musique"* [Berio (49), p.21, nous soulignons]. C'est ainsi que l'intention ira déterminer ce qui est musique non pas seulement à travers l'acte générateur des sons — soient-ils médiatisés par des interprètes, issus de la machine, ou encore considérés à partir de la conception créatrice même du compositeur —, mais aussi pour ce qui est de leur **réception passive**. En résumé: un son arrive à nos oreilles; nous ne l'écoutons pas simplement, nous nous apercevons de lui, nous l'**entendons**[12]; la condition propre à la *musique* se fait donc jour. Pour la musique concrète, l'**intention** musicale devient plutôt **attention**, et l'**expression, impression**.

Evoquant plus ou moins directement les principes qui régissent la **phénoménologie** — tels que le renvoi *aux choses mêmes*, le souci avec les fondements réels de la perception en tant que **transcendance du sujet à l'objet**, la recherche de l'essence (l'*éidos* husserlien) à travers l'**invariance dans les variations** —, la pensée schaefferienne cherchera donc à prendre l'**intention** non pas seulement comme raison d'être de ses incursions dans le domaine des expériences musicales, mais encore comme **but** de cette démarche. Ainsi l'intention se révélera au cœur de la musique concrète comme son propre *style*, car *"à la recherche du donné immédiat antérieur à toute thématisation scientifique, et l'autorisant, la phénoménologie dévoile le style fondamental, ou l'essence, de la conscience de ce donné, qui est l'intentionalité*[13]*"* [Lyotard (1), p.6]. Dans l'inclusion du monde dans la conscience, c'est déjà à la base d'une *intention* (consciente ou non) que le sujet agit, et c'est à cause de cet **acte intentionnel** dans lequel consiste la perception que la transcendance du sujet au monde ne se traduit pas en dégradation de la chose perçue: *"C'est parce que l'inclusion est intentionnelle qu'il est possible de fonder le transcendant dans l'immanent sans le dégrader"* [Lyotard (1), p.30].

---

12) Voir à ce propos Schaeffer (4), Livre II: *"Entendre"*, p.103-156.

13) Dans les citations de Lyotard, nous conservons d'après l'original le mot *intentionalité* avec un *n* (en analogie, selon l'auteur, à *rationalité* [cf. Lyotard (1), note de la p.6]) au lieu d'*intentionnalité*.

Cependant, c'est justement à partir d'une telle prérogative, à savoir que la perception est déjà intentionnelle et par conséquent sélective, que pour la phénoménologie *"il y a de l'intentionalité inattentive, implicite"* [Lyotard (1), p.29]. Si toute attention est intention, alors l'inverse ne s'avère pas vrai: l'intention est *sédiment* de la conscience, et comme telle peut être ou bien attentive, ou bien inaperçue, inconsciente. De cette façon, c'est à travers un autre "phénoménologue", dont le parcours s'avère, à notre avis, beaucoup plus conséquent que celui de la musique concrète, que les contradictions inattentives de Schaeffer deviennent explicites. Dans un important texte (de 1933/34) sur l'essence de la poésie — lequel trouve des parallèles intéressants avec les observations de Berio sur la définition de musique et de poésie citées ci-dessus —, Roman Jakobson observera que les limites entre poésie et non-poésie sont en effet plus que labiles; mais il en déduira, néanmoins, que cette distinction ou délimitation de champ n'est même pas fondamentale. Pour Jakobson l'**intentionnalité** constitue, elle aussi, le fondement de chaque manifestation verbale, et c'est également sur cette intentionnalité que toute la conception téléologique du structuralisme phonologique se basera[14]. Mais, pour ce qui est de la poésie, il est plutôt essentiel, selon Jakobson, de se rendre compte d'un facteur beaucoup plus déterminant et *dominant*: la **poéticité** ou *fonction poétique*! Il écrit: *"... Il contenuto del concetto di poesia è mutevole e condizionato dal tempo, ma... la funzione poetica, la poeticità, come rilevavano i «formalisti», è un elemento sui generis, che non si può meccanicamente ridurre ad altri elementi"* [Jakobson (14), p.52]. La **poéticité** ne consiste pas dans toute la structure de la poésie, mais la détermine en tant que facteur structurel crucial: *"In generale la poeticità è solo una componente di una struttura complessa, una componente che però trasforma gli altri elementi e determina con essi il carattere dell'insieme"* [Jakobson (14), p.52]. De même que pour la poésie Jakobson parle de *poéticité*, de même nous pouvons analogiquement parler de **musicalité** ou *fonction musicale* dans le domaine de la musique. Ce sera, par analogie à la poésie, toujours sur le critère de la **pertinence** des *structures subliminales*

---

14) A propos de l'intentionnalité dans le langage, voir notamment Jakobson (4), p.6; et (66). Dans ce dernier texte, Jakobson met en relief les contradictions chez Saussure entre sa conception non-téléologique des changements linguistiques et ses réflexions inédites autour du phonème, parmi lesquelles nous lisons la suivante: *"... Il n'y a pas d'actes purement mécaniques, seulement des actes indirectement volontaires, puisque chaque fait involontaire en lui-même est la conséquence d'un fait voulu ou la condition à un fait voulu (implicitement renfermé comme conséquence ou comme condition dans un fait volontaire)"* [Saussure apud Jakobson (66), p.291].

[cf. Jakobson (68)] de l'œuvre musicale, autrement dit des structures musicales fondées sur l'évolution du matériau que nous pourrons parler de *musique* ou du moins de *musicalité*.

Comme nous le voyons, la condition de l'existence de l'acte musical, déterminée indéniablement par l'intention, ne constitue pas forcément la condition de sa **pertinence**. La discussion abandonne le champ propre à une définition ontologique de la musique pour pénétrer dans celui concernant les données esthétiques, le domaine des **fonctions**. En ce sens, c'est le refus du langage, comme nous l'avons vu, qui caractérisera davantage la musique concrète. Comme nous explique Boulez lorsqu'il se réfère implicitement à une position de type schaefferien, *"on élimine purement et simplement, par une déclaration de principe, la notion de langage, puisqu'elle s'oppose à l'acceptation de tout ce que le monde extérieur nous donne..."* [Boulez (10), p.75]. La logique du parcours concret nous est absolument claire: si langage implique sélection; si sélection implique code; et code, signification, ce ne sera qu'au moyen d'un refus total de la donnée linguistique qu'on pourra bannir inéluctablement la signification du contexte musical.

En ce qui concerne la **pertinence** d'une telle démarche, cependant, nous nous rappelons le titre d'une série de douze films réalisés à partir d'un programme établi par Berio pour la RAI aux débuts des années 70: *"c'è musica e musica"* (*"il y a musique et musique"*)...

1.4. Du *concret* à *l'abstrait*: de la *musique concrète* à la *musique expérimentale*

Dans le chapitre préliminaire de son *"Traité des objets musicaux"*, Schaeffer écrit avec un certain caractère, qu'on pourrait appeler, "révisionniste", en se référant à l'entreprise concrète: *"Je n'ai pas à renier cet art particulier, à peine abordé et dont on a proposé tant de contrefaçons, mais je crois avoir aussi marqué assez clairement une autre option qui est de poursuivre la recherche musicale à partir du concret, certes, mais tout entière vouée à la reconquête de l'indispensable abstrait musical"* [Schaeffer (4), p.24, nous soulignons]. C'est ainsi que la dénomination de "musique concrète" donne lieu dès 1958 à celle de la "musique expérimentale", laquelle devrait en tout cas être entendue, selon Schaeffer, comme une conséquence directe et nécessaire de la démarche qui s'était amorcée dix ans auparavant. *"S'il devait y avoir une suite à ces premières expériences, au-delà de procédés particuliers, ... c'est bien parce qu'il devenait possible de concevoir une musique expérimentale, faisant sien tout procédé d'expérimentation et antérieure à toute esthétique"* [Schaeffer (4), p.24].

En vérité, nous constatons un renversement significatif de la conception de la musique concrète à partir de 1957. Que ce changement se soit devenu manifeste notamment avec la publication de *la Revue Musicale* numéro 236 intitulée *"Vers une musique expérimentale"*, parue en 1957 mais composée déjà auparavant, en 1953 [cf. Schaeffer (8), note 1 de la p.26], ce fait ne doit aucunement constituer un motif pour que nous considérions cette révision comme si elle avait déjà eu lieu un an seulement après l'apparition de l'ouvrage *"A la recherche d'une musique concrète"* en 1952. Quoique composée déjà en 1953, ce numéro de *la Revue Musicale* nous rend accessible, comme une espèce d'avant-propos, une *"Lettre à Albert Richard"*, rédigée par Schaeffer et datée du 18 mai 1957. En fait, ce n'est qu'à travers ce document que nous constatons ce renversement esthétique au sein de la démarche concrète, renversement certainement dû au retours de Schaeffer au studio en 1957 *"après plus de quatre années d'absence consacrées à d'autres soucis professionnels"* — selon ses propres mots [Schaeffer (8), p.30].

Nous pouvons nous demander jusqu'à quel point cette révision — car il s'agit à proprement parler, comme nous le verrons, d'une **révision**, particulièrement en ce qui concerne la problématique tournant autour de la **signification musicale** telle que nous l'avons exposée ci-dessus —, peut être vue en tant que conséquence inéluctable de la confrontation de la musique concrète avec la musique électronique, musique dont l'orientation rigoureusement sérielle s'est manifestée notamment à partir de la collaboration des jeunes compositeurs Karel Goeyvaerts et Karlheinz Stockhausen au Studio de Cologne dès 1953[15]. Nous savons, d'autre part, que c'est à cette époque que l'"opéra concret" *"Orphée 53"* de Schaeffer et Henry a été l'objet de réprobations implacables au concert du 10 octobre à Donaueschingen. La création de cette œuvre de musique concrète, dont le concert a curieusement été baptisé par Schaeffer

---

15) Malgré que la seule composition électronique de Goeyvaerts réalisée au Studio de la NWDR à Cologne date précisément de décembre 1953 (*"Komposition Nr.5"*), le compositeur belge n'y ayant réalisé plus aucune pièce après cette composition.

du nom de *"bataille de Donaueschingen"*, ou encore d'*"une sorte de Waterloo de la musique concrète"* [Schaeffer (8), p.23], aurait-elle motivé le chef du Studio d'Essai à s'absenter quelque temps de la production en studio[16]?

Quoi qu'il en soit, c'est à partir de cette époque qu'un évident changement d'orientation se fait jour: dès 1958, le *Groupe de Recherches de Musique Concrète* (G.R.M.C.) deviendra *Groupe de Recherches Musicales* (G.R.M.), le terme *musique concrète* étant systématiquement remplacé par celui de *musique expérimentale*.

L'aspect le plus curieux de ce chapitre de l'histoire de la musique concrète consiste dans le fait que cette révision schaefferienne sera aboutie justement au moyen d'une réflexion, une fois de plus, sur l'instrument musical, plus précisément sur les rapports entre l'instrument en tant que dispositif causal et le domaine musical proprement dit. Cependant, l'approche schaefferienne aura pour objet non plus la généralisation de l'instrument et l'annulation du matériau en faveur de la matière, mais, au contraire, le parcours, dans un contexte musical, qui part de l'instrument pour en arriver à la constitution du matériau musical. Dans le *"Traité des objets musicaux"*, dont les premières esquisses datent de 1954 mais qui ne sera publié dans sa version définitive — par le fait que le manuscript ait été volé en 1957 — qu'en 1966, Schaeffer insiste encore irréductiblement, certes, que *"le concret précède l'abstrait"*, tandis que nous croyons, à l'opposé, que penser à une certaine réciprocité de ces deux aspects serait beaucoup plus raisonnable à l'égard de l'évolution historique des données musicales. De toute façon, Schaeffer reconnaîtra dans le même contexte la corrélation inéluctable entre **concret** et **abstrait** — en d'autres termes, entre l'**instrument** (dans le sens le plus large du mot) et le **matériau musical** — au cœur de toute activité musicale: *"Le phénomène musical a donc deux aspects corrélatifs: une tendance à l'abstraction, dans la mesure où le jeu dégage des structures; l'adhérence au concret, dans la mesure où il reste*

---

16) En face de cet événement, Schaeffer en conclut tout symptomatiquement: *"C'est ainsi que nous perdîmes la bataille de Donaueschingen et que nous fûmes plongés des années durant dans la réprobation internationale, tandis que se levait, dans le ciel de Cologne, une aube propice à l'ennemi héréditaire et électronique!"* [Schaeffer (8), p.23; cf. aussi à ce propos Schaeffer (3), note 1 de la p.19; et Humpert (2), p. 24].

attaché aux possibilités instrumentales"[17] [Schaeffer (4), p.46].

On ne pourrait guère imaginer que *"l'inventeur infortuné"* de la musique concrète — en employant les termes de Schaeffer lui-même [cf. Schaeffer (5), p.51] — aura pu affirmer qu'*"une musique réalisée selon la démarche concrète peut atteindre à l'abstraction musicale"* [Schaeffer (5), p.52]. C'est ainsi que Schaeffer définira, dans la lettre datée de 1957 à l'éditeur Richard citée ci-dessus, le domaine d'expérimentation propre à l'entreprise concrète tout en y établissant, à titre retrospectif — outre quelques *règles* concernant la méthode de travail en studio —, trois *postulats* fondamentaux [cf. Schaeffer (2), p.XI-XII; ou (8), p.29; ou encore (9), p.122-123].

Le premier postulat, **primauté de l'oreille**, envisage une écoute essentiellement phénoménologique comme but de l'expérience musicale. Tout en lui conférant presque un caractère d'archétype de la pensée musicale, Schaeffer le transcrit, non sans une certaine ironie, en latin: *"nihil in intellectu quod prior non fuerat in sensu"*. Nous renvoyant immédiatement aux divergences de l'entreprise concrète face, d'une part, à l'indétermination totale d'un Cage et, d'autre part, au déterminisme absolu d'un Boulez dans sa phase "sérielle intégrale", Schaeffer cherche à placer la musique concrète entre ces deux extrêmes, et la **structure**, jusqu'alors reniée implacablement par la démarche concrète, prend corps — du moins en tant qu'**idée** — dans la pensée schaefferienne. Dans cette mesure, Schaeffer affirmera, en faisant écho en quelque sorte à ce premier postulat: *"... A l'écoute nouvelle de Cage, peu préoccupé de la structure, Boulez oppose une structure nouvelle, peu préoccupée de l'écoute"* [Schaeffer (7), p.150].

Le deuxième postulat, signalant son opposition catégorique à l'égard de la musique électronique pure, réalisée à partir de sons d'origines strictement électroniques, constitue effectivement le seul point dont le caractère s'avère — quoique légèrement soumis à une nouvelle formulation par Schaeffer[18] — absolument fidèle avec les intentions originaires de l'aventure concrète: *"... Préférence pour les*

---

17) Même s'il en déduira, comme d'ailleurs, la possibilité de l'existence, conditionnée par le contexte de cette corrélation concret/abstrait, d'une musique "concrète": *"On observe à ce sujet que, selon le contexte instrumental et culturel, la musique produite est surtout concrète, surtout abstraite, ou à peu près équilibrée"* [Schaeffer (4), p.46]. Nous avons déjà observé l'incongruité de cette conception. (Cf. à ce propos l'item 1.3).

18) Premièrement, Schaeffer a défini ce postulat, d'une manière assez vague, à l'aide de l'expression suivante: *"Retour aux sources acoustiques vivantes"* [Schaeffer (2), p.XI; ou (9), p.122].

sources acoustiques réelles auxquelles notre oreille a été longuement conditionnée (et en particulier refus d'un recours exclusif aux sources électroniques)" [Schaeffer (8), p.29]. On pourrait de toute façon se demander si le répertoire historique de la musique écrite ne constituerait pas un *amas auditif* dont l'essence se démontre en tout cas beaucoup moins temporaire que le son des locomotives à vapeur...

Quant au troisième postulat, il s'inscrira d'une manière inéluctable — tenant compte de tous les aspects que nous avons vérifiés auparavant et qui constituaient effectivement les principes les plus irréductibles de la musique concrète — dans le cadre, nous le répétons, d'une révision complète. Nous ne pouvons le comprendre que comme une conséquence inévitable de la conception de la musique concrète concernant l'essence même de la musique, puisque la définissant — d'une façon, certes, tout à fait pertinente — comme **intention**, nous nous posons donc la question: est-ce qu'il y aurait une *intention non-sélective*? Renonçant partant à tout commentaire, cela nous incite d'autre part à réfléchir, exceptionnellement — bien sûr —, sur l'existence possible d'une certaine valeur au sein d'une approche révisionniste, lorsque nous lisons, non sans nous étonner, son énoncé: *"rechercher un langage"*.

2. L'avènement de la *musique électronique* à Cologne et son opposition à la *musique concrète*

2.1. Rationalisme et abstraction

Ce qui sera communément désigné par *"musique électronique"* (*"elektronische Musik"*) — terminologie introduite en Allemagne par le phonéticien et linguiste Werner Meyer-Eppler en 1949 [cf. Meyer-Eppler (1), et aussi Humpert (2), p.32] parallèlement aux premières expériences pratiques réalisées par Herbert Eimert et Robert Beyer à la Radio NWDR de Cologne avec des appareils électroniques — va constituer dès son début (quoique tâtonnant) une rigoureuse opposition à la démarche schaefferienne. C'est ainsi que Eimert la définit vers 1953 (dans un texte rédigé pour la *"Revue Musicale"*[19] et publié seulement en 1957): *"Contrairement à la musique concrète, qui se sert d'enregistrements réalisés à l'aide de microphones, la musique électronique fait exclusivement usage de sons d'origine électroacoustique"* [Eimert (7), p.45].

En principe, la musique électronique ne s'intéressait donc pas aux données sonores *concrètes* provenant de l'extérieur, mais envisageait tout autrement l'élaboration la plus élémentaire du son à partir de ses propriétés physiques les plus fondamentales, en apportant au sein des expériences électroacoustiques un haut degré à la fois d'**abstraction** et de **rationalité**. Tandis que pour le musicien concret le son emprunté à la vie quotidienne constitue le matériau de départ, auquel s'attacheront toujours des connotations sémantiques plus ou moins reconnaissables selon le degré de transformations que le compositeur lui fait subir, le musicien du versant électronique, lui, avait pour but la constitution même du son obéissant aux nécessités issues de la sémantique *intérieure* même au langage musical, à l'aide duquel il organisait et structurait sa composition électronique. Deux entreprises, comme nous le voyons, absolument opposées l'une par rapport à l'autre[20].

---

19) Dont la rédaction a probablement été réalisée à l'occasion soit de sa conférence au mois de septembre 1953 au Club d'Essai à Paris, soit de la première émission radiophonique en France avec des compositions électroniques, le 8 septembre 1953 [cf. Eimert (14), p.44].

20) Dont l'opposition sera synthétisée par Berio de la façon suivante: *"Le compositeur de «musique concrète» ou de «music for tape recorder» admet des raisons psychologiques et représentatives à ses «improvisations» à partir de sons appartenant à la vie réelle (y compris les sons instrumentaux traditionnels), ceux-ci étant enregistrés sur bande magnétique et manipulés au moyen de montages et de transformations de la bande. Le*

A cause de sa liaison étroite avec la pensée selon laquelle le choix du matériau musical — dans ce cas, la constitution même des sons — devrait s'effectuer de façon cohérente face à la structure globalisante de l'œuvre, tout en se rapportant donc à la **rigueur** propre à l'écriture musicale, la musique électronique se voyait soumise à la condition d'héritière de la **tradition** musicale.

C'est dans ce sens qu'on peut interpréter l'entreprise électronique comme l'apogée de la pensée wébernienne. Cohérence et rigueur s'alliaient, par la voie d'un rationalisme absolu, au service de l'abstraction. A l'isolement du son, à l'importance implacable de chaque geste sonore — aussi infime soit-il (ce qui s'avère n'être, chez Webern, rien d'autre que la conséquence la plus logique de l'exacerbation expressionniste) —, typique de l'écriture wébernienne, correspondrait l'élaboration minutieuse du son électronique à partir de ses composantes sinusoïdales, c'est-à-dire à partir de sa constitution "atomique". Ce qui en résulte, c'est la soi-disant *"École Sinusoïdale"* ou simplement *"École de Cologne"* (*"Kölner Schule"*), dont le terme (introduit par Eimert [cf. Morawska-Büngeler (1), p.160, note 36]) désigne le groupe de compositeurs auxquels il a été donné, au Studio fondé par Eimert en 1951 à la Radio NWDR de Cologne, la possibilité d'un premier contact avec les moyens électroniques. Sa production s'étendrait de 1951 à 1962 environ[21].

L'existence d'une telle *école*, terme qui indubitablement prétendait amalgamer toutes les réalisations de ces premières années, en les réduisant, malgré leurs différences, à un dénominateur commun, a été parfois contestée par ses propres

---

compositeur de musique électronique veut en revanche créer ses «propres sons»: pas de microphones, mais des générateurs de sons ou de bruits, des filtres, des modulateurs et des appareils de contrôle qui lui permettent d'examiner un signal physique dans sa structure physique" [Berio (5), p.60].

21) Selon le *"Lexikon der elektronischen Musik"* de Eimert/Humpert, 21 compositeurs ont pu durant cette période réaliser 33 compositions électroniques. Les compositeurs seraient: Beyer, Boehmer, Brün, Eimert, Evangelisti, Goeyvaerts, Gredinger, Hambraeus, Heiss, Helms, Kagel, Kayn, Klebe, Koenig, Krenek, Lakner, Ligeti, Maderna, Nilsson, Pousseur, Stockhausen. [Cf. Eimert (15), p.166].

compositeurs[22]. Quoi qu'il en soit, la pensée rationnelle et abstraite a déterminé de façon catégorique l'ensemble des réalisations électroniques du Studio de Cologne, qui avaient pour but de constituer en quelque sorte des points de repère, quoique pas toujours d'une manière absolument uniforme, pour l'édification d'une nouvelle phase dans la production musicale électroacoustique, où l'émancipation du son — ébauchée par Webern au moyen des instruments musicaux traditionnels — pût en profiter à travers un contrôle totalisant de ses données constitutives.

Quoiqu'en aspirant à une nouvelle phase du développement historique, la musique électronique a, de ce point de vue, constitué en effet une dernière conséquence de la pensée musicale abstraite: *"Das Komponieren in seiner ganzen Verfassung wird hier auf den Stand abstrakter Gestaltung gebracht. ... Die letzte Steigerung des Traditionellen in die völlige Abstraktion ist nun einmal eine letzte Konsequenz der Entwicklung und nicht, wie man so gerne wahrhaben möchte, ein erstes Beginnen"* [Beyer (3), p.452].

2.2. Musique électronique, musique sérielle[23]

Suite à l'influence de la pensée wébernienne, pour laquelle cependant le dodécaphonisme n'a été qu'un outil apte au développement formel des données stylistiques qui, à vrai dire, se faisaient déjà sentir dans les œuvres dites *atonales-libres* (à savoir: l'isolement du son, l'émancipation du timbre, la synthèse temporelle de la forme, l'homogénéité harmonique), la génération post-wébernienne n'a pas tardé à introduire dans les contextes électroniques cet élément structurel qui symbolisait, pour elle, l'essence même de toute émancipation: la **série**. Quoique postérieur

---

22) En nous avertissant de l'incongruité de cette dénomination (c'est-à-dire *"Kölner Schule"*), Mauricio Kagel affirme: *"...Eine konstituierte «Kölner Schule» — von Köln aus gesehen — gab es nie. ... Es gab drei ständige Mitarbeiter im Studio: Eimert, Koenig und Stockhausen. Alle anderen Komponisten waren Gäste, wie zum Beispiel Goeyvaerts und Pousseur am Anfang, später Evangelisti, Ligeti und ich. ... Niemand, der hier aktiv an der Arbeit des Studios teilnahm, fühlte sich als Mitglied einer solch einheitlichen Schule. ... Allerdings lastete auf uns das Feindbild und die Hypothek des Antagonismus Paris-Köln. ... Paris war zwar richtungsweisend mit der Musique concrète, aber Köln wurde das puristische Pendant mit seiner angeblich streng logischen, materialstringenten Kompositionstechnik. Es entfachte sich ein lächerlicher Konkurrenzkampf. ... Man wollte in Köln zeigen, daß elektronische Musik die zukunftsweisende Erbin kompositorischer Traditionen war. ... Das Schicksal wollte nun, daß einige der hervorragenden Stücke der Kölner Schule auf Elementen der konkreten Musik basierten"* [Kagel (1), p.39-40].

23) Titre d'un texte de Henri Pousseur, rédigé en 1957 [cf. Pousseur (5)].

aux premières expériences électroniques, l'emploi de la technique sérielle en studio, à partir d'environ 1953, va tellement s'établir que la musique électronique perdra, aux yeux des compositeurs post-wéberniens, sa raison d'être sans son appui. Pousseur écrit en 1957 à ce propos: *"... C'est seulement dans la perspective d'une pensée musicale sérielle de type post-wébernien que la composition électroacoustique des matières audibles trouve sa pleine justification, qu'elle répond à un indiscutable besoin, qu'elle remplit une fonction pour laquelle aucune autre technique réalisatrice ne peut la remplacer"* [Pousseur (5), p.46].

Cette conception, comme nous pouvons l'observer, sera soutenue avec conviction et ardeur par Eimert — lui-même auteur d'un des premiers essais théoriques sur la technique sérielle dodécaphonique (*"Atonale Musiklehre"*, rédigé en 1924) —, qui a pu en quelque sorte déterminer — quoique d'une façon très libérale —, dans le cadre de directeur du Studio de Cologne, la ligne à suivre par les compositeurs qui y étaient invités[24]. En tout cas, l'emploi de la méthode sérielle en studio électronique, tout en rendant possible au versant de Cologne une démarcation de champ de travail beaucoup plus définie par rapport à la démarche concrète — en lui opposant, outre la composition du son à partir des ondes sinusoïdales, une conduite cette fois d'ordre plus générique au niveau du *système* —, ne s'est produit qu'avec l'entrée de Karlheinz Stockhausen au Studio du NWDR, en 1953.

Sous cet aspect, la "sérialisation" de la musique électronique va de pair avec ce phénomène de l'écriture instrumentale que nous dénommons *sérialisme intégral*, car c'est justement à cette époque — plus précisément en 1950/51 — que la première composition intégralement sérielle a été conçue: il s'agit de la *"Sonate"* pour deux pianos de Karel Goeyvaerts [cf. Sabbe (1), p.7-11], avec lequel Stockhausen maintenait à l'époque un contact très étroit. En fait, c'est à Goeyvaerts que l'on doit aussi l'idée de la composition sérielle avec des sons sinusoïdaux, que Stockhausen n'a pas seulement bien acceptée, mais aussi mise en avant avec la première composition électronique entièrement basée sur des sons sinusoïdaux

---

24) Dahlhaus écrit: *"Daß einzig die serielle Methode dem elektronischen Material adäquat sei, ist der Gedanke, von dem Herbert Eimert, der Gründer des Kölner Studios, ausging"* [Dahlhaus (1), p.236].

et totalement conçue avec la méthode sérielle[25]: *"Studie I"* (1953).

Entre la *"Sonate"* de Goeyvaerts et la *"Studie I"* de Stockhausen la réflexion sérielle autant que ses entreprises sur le terrain instrumental se sont fort développées. Nous sommes alors à l'époque où Boulez écrit son texte *"Éventuellement..."* (1952), préconisant théoriquement certaines applications de cette technique qu'il dénomme *"multiplications"*, dont l'emploi pourra être exemplifié dans ses œuvres instrumentales *"Le marteau sans maître"* (1953-55) ou encore dans le IIème Livre des *"Structures"* (1956/61) pour deux pianos. Au moyen de cette méthode, le compositeur appliquera à chaque note d'un agrégat harmonique les proportions d'intervalles d'un autre, tout en établissant une espèce d'"échange" entre les relations harmoniques de ces deux complexes sonores. C'est aussi en 1952/53 que Stockhausen composera ses *"Klavierstücke I-IV"*, avec lesquels nous assistons à une première ligne de démarcation stylistique au sein de la conduite sérielle: en opposition à ses œuvres immédiatement antérieures — telles comme *"Kreuzspiel"* (1951), *"Punkte"* (première version: 1952), ou même *"Kontra-Punkte"* (1952/53), typiques du soi-disant *style ponctuel* —, ces pièces étrennent ce qui sera plus communément désigné par *"technique des groupes"*. Par **groupe**, Stockhausen entend *"eine bestimmte Anzahl von Tönen..., die durch verwandte Proportionen zu einer übergeordneten Erlebnisqualität verbunden sind"* [Stockhausen (1), p.63]. Ici, la conception musicale, déjà plus préoccupée de la réception de ses énoncés, offre à l'auditeur une première chance pour qu'il en déduise — pour employer les termes de Pousseur — des *"parentés figurales"* [cf. Pousseur (19), p.80] plus ou moins manifestes, des rapports sonores plus saisissables. Face au détail, la considération de l'ensemble des événements gagne en intérêt, et l'écoute de l'œuvre se rapproche beaucoup plus d'une perception de

---

25) Cf. à ce propos Humpert (2), p.33. A vrai dire, on doit à Pierre Boulez la première tentative d'organisation sérielle avec des moyens électroacoustiques, plus précisément avec sa composition *"Étude sur un son"* (1952), réalisée au Club d'Essai parisien, c'est-à-dire paradoxalement au sein de la musique concrète, tout en constituant un phénomène absolument marginal dans la production parisienne. Cependant, il ne s'agit pas ici d'une œuvre sérielle **intégrale**, parce que son matériau sonore de départ était un son concret de sanza africain. Comme affirme le compositeur lui-même à l'époque de sa réalisation, *"cette étude est basée uniquement sur les interversions des séries de temps et les séries de hauteurs. Car j'ai deux tableaux sériels pour organiser cela. Je n'utilise encore ni les timbres, ni les intensités, ni les modes d'attaque"* [Boulez (11), p.186]. Sur l'impossibilité d'une organisation sérielle à tous les niveaux à partir d'un son concret, Stockhausen écrit à Goeyvaerts le 3 décembre 1952: *"... Mit aufgenommenen Tönen, die bereits «fertig» vor dem Mikrophon gemacht werden, läßt sich für uns nicht viel anfangen"* [Stockhausen apud Sabbe (1), p.42].

la **Gestalt**, déterminée, celle-ci, par la différenciation des groupes qui la composent. En effet, Stockhausen considérera ces développements de la technique sérielle instrumentale dans la réalisation de sa première étude électronique, dont les manipulations sérielles — y compris celles concernant les sons sinusoïdaux dans la constitution des timbres — se soumettront à la technique des groupes.

On constate donc que l'incursion de la série dans le contexte de la musique électronique la rapproche tellement de l'écriture instrumentale post-wébernienne que l'expérience électronique sera petit à petit identifiée avec le sérialisme, tout en abdiquant son éventuelle autonomie méthodologique. A ce moment-là, parler de musique électronique signifie parler de musique sérielle, et le musicien du versant électronique ne pourra pas s'imaginer dans l'élaboration de ses œuvres en studio l'emploi d'une autre méthode que celle propre au sérialisme intégral. C'est en ce sens qu'on peut lire chez Stroh: "*In Köln war man bestrebt, den Allgemeingültigkeitsanspruch elektronischer Musik als Ergebnis seriellen Orndungsakts aus dem Wort selbst herzuleiten. Jede Benennung nicht-serieller Musik als elektronische Musik wurde als terminologische Verwirrung betrachtet...*" [Stroh (2), p.3].

Mais si d'une part la musique électronique voit dans l'emploi de la série un moyen pertinent (en tant que méthode de **pensée musicale**) de se différencier de la démarche concrète, en conférant à sa distinction face à l'entreprise schaefferienne une prémisse d'ordre systématique (c'est-à-dire au niveau de l'organisation structurelle du matériau musical) et en mettant à un second plan la différence davantage primordiale entre ces deux versants à l'égard des sources sonores — dans la mesure où l'emploi de telle ou telle source sonore sera justifié ou non selon les nécessités du système —, d'autre part, le sérialisme intégral verra dans l'expérience électronique, la possibilité de mettre en avant sa perspective totalisante que l'écriture instrumentale s'avérait incapable de réaliser. Nous sommes donc devant une **convergence** historique entre deux attitudes musicales apparemment autonomes l'une par rapport à l'autre.

2.3. L'apothéose de l'écriture

La musique électronique va donc permettre au musicien sériel une vraie émancipation face aux limitations de l'écriture instrumentale. Et cela sous deux aspects cruciaux.

Premièrement, la composition électroacoustique épargnera au compositeur sériel l'**imprécision du jeu instrumental**, face à laquelle il se forçait à faire des concessions parfois inadmissibles à l'égard de la rigueur sérielle. Structuration sérielle et réalisation acoustique seraient donc étroitement liées, leur processus compositionnel écarterait la présence gênante de l'interprète, menace constante pour une parfaite mise en jeu des valeurs préconçues. C'est ainsi que Boulez écrit déjà en 1951 à John Cage: *"Je pense qu'avec les moyens mécaniques de reproduction — magnétophone, en particulier —, on pourra réaliser des structures qui ne dépendront plus des difficultés instrumentales et où l'on pourra travailler sur des fréquences données, avec engendrement sériel. Et ainsi chaque œuvre aura son propre univers, sa propre structure et son propre mode d'engendrement sur tous les plans"* [Boulez (11), p.163].

Nous sommes devant la dernière conséquence de la tendance allant vers une **détermination totale** de l'œuvre ou, autrement dit, *"du désir implacable d'organisation stricte, de contrôle rigoureux"* [Pousseur (12), p.34] des structures musicales, dont le but n'était rien d'autre que l'insistance quasiment exclusive sur les aspects rationnels et quantitatifs du système sériel tel que celui-ci avait été préconisé par Webern. La structure sérielle devrait, à ce moment-là, être vue comme le substrat indépendant non seulement des interférences du jeu instrumental inévitablement irrégulier, mais aussi des décisions ultérieures du compositeur lui-même dans la mise en route de son œuvre. Si, d'une part, dans la musique instrumentale *"l'œuvre pouvait* [déjà] *être considérée comme produit d'une force anonyme"*, où *"la détermination totale de l'écriture* [assurait] *ce degré d'anonymité"* [Boulez (10), p.157], cette exactitude surhumaine, d'autre part, ne pourrait se concrétiser que dans le domaine électronique. A travers l'abolition de l'interprète, la musique électronique sera vue — au moins en ce qui concerne sa phase sérielle — comme l'opposition la plus catégorique à l'indétermination aléatoire[26]. Elle servira au compositeur post-wébernien d'instrument le plus propice à l'aboutissement de ses intentions compositionnelles motivées par le système sériel.

Deuxièmement, l'expérience électronique a permis au compositeur sériel, à ce moment historique, l'accomplissement — au moins du point de vue théorique — d'un autre aspect fondamental, qui ne pouvait pas être médiatisé — malgré l'importance structurelle acquise par la "couleur sonore" des instruments notamment à partir de l'œuvre de Webern — par l'écriture instrumentale conventionnelle: la **sérialisation du timbre**. Etant donné que l'essence même du timbre d'un son déterminé n'est rien d'autre que les rapports entre ses partiels ou harmoniques, la musique instrumentale n'offrait pas au compositeur la possibilité d'une maîtrise absolue de cet aspect si fondamental dans l'élaboration de ses structures sérielles[27], le timbre des instruments lui étant proposé en tant qu'élément déjà constitué et, partant, privé d'une éventuelle manipulation sérielle au niveau même de sa constitution. Dans la musique instrumentale, *"... c'est sur le plan du timbre, de la structure interne du son, de ces formes subalternes qu'un manque total de rigueur a voulu reléguer au niveau de «matière», et qu'il [devenait] cependant urgent d'apprendre à déterminer avec précision, c'est sur ce plan que les manques les plus flagrants se firent sentir"* [Pousseur (2), p.37].

En studio électronique, on pourrait, enfin, **composer** le son, en déterminant avec une précision absolue sa constitution harmonique à travers la superposition de ses composantes sinusoïdales, c'est-à-dire en définissant aussi bien le nombre que l'amplitude exacte de ses partiels: il s'agit là de ce qu'on peut désigner par

---

26) Dahlhaus écrit: *"... Die elektronische Musik ist die extreme Ausprägung einer der Aleatorik entgegengesetzten Tendenz: der Tendenz, den Interpreten zur Buchstabentreue zu zwingen, ihn also zu einem Werkzeug herabzusetzen und ihn schließlich abzuschaffen — in der elektronischen Musik gibt es ihn nicht mehr"* [Dahlhaus (1), p.240].

27) Pousseur écrit en 1953 dans son texte inédit: *"Le problème des timbres, enfin, est un problème complexe... . Investigation infinitésimale, certains l'appellent extra-musical, parce qu'il touche au travail de laboratoire"* [Pousseur (1)].

Klangfarbenkomposition (composition du timbre)[28]. Pour la première fois, la série avait accès à la structure même de chaque événement sonore, tout en donnant lieu à la symbiose entre structure du son et structure de l'œuvre dont le principe avait été en quelque sorte suggéré par l'homogénéité stylistique chez Webern[29]: *"Elektronisch lassen sich Klänge und Gemisch tatsächlich «komponieren», nicht nach Maßgabe des Naturtonschemas oder der Harmonielehre, sondern nach einer vorgegebenen kompositorischen Ordnung. Damit kann zum erstenmal die Klangstruktur zu einem Teil der Werkstruktur werden — das ist der große, unverlierbare Gedanke, den Anton Webern in die Musik getragen hat"* [Eimert (3), p.171].

C'est justement dans cette perspective que la collaboration entre Goeyvaerts et Stockhausen se développait, à savoir dans le sens d'une rationalité absolue du paramètre du timbre en conformité totale avec les données numériques sérielles qui régissaient l'œuvre. La logique sérielle de la composition devrait non seulement régler sa constitution formelle au niveau de la *macrostructure*, déterminant minutieusement le déroulement temporel des événements sonores constitutifs, mais aussi participer à l'organisation *microstructurelle* même des sons, c'est-à-dire en composant de façon rationnelle leurs timbres. De cette façon, la proscription du son concret semblait être

---

28) A propos de cette phase cruciale de l'histoire de la musique électronique, nous pouvons lire chez Humpert: *"In der Anfangszeit der elektronischen Musik stellt die serielle Technik einen systemantischen Ansatzpunkt dar, auch diejenigen musikalischen Elemente zu organisieren, die in der seriellen Instrumentalmusik nicht in eine Reihenordnung zu bringen waren. Das galt vor allem für die Klangfarbe, von der die Komponisten von den Akustikern gelernt hatten, daß sie grundsätzlich aus der Übereinanderschichtung einzelner Sinustöne entsteht..."* [Humpert (2), p.34]. Ou encore, chez Dahlhaus: *"Charakteristisch für die Stücke, die zu Anfang der fünfziger Jahre im Kölner Studio entstanden, ist das Verfahren, die Reihentechnik, eine Technik also, die in der Zwölftonmusik die Tonbeziehungen eines Tonsatzes reguliert, auf die Teiltöne, die zu einer Klangfarbe verschmelzen, zu übertragen"* [Dahlhaus (1), p.236].

29) Cependant, certains voient dans cette "construction consciente du timbre" une conséquence de la pensée **schönberglenne**, en se rapportant donc à la conception de la *"Klangfarbenmelodie"* déjà exposée par Schönberg théoriquement en 1911 dans son ouvrage *"Harmonielehre"* et, dans la praxis compositionnelle, avec *"Farben"* (1909), la troisième des pièces pour orchestre Op 16. [A propos des rapports entre ces deux réalisations, voir Dahlhaus, *"Schönberg und andere..."* — Dahlhaus (1) —, p.181-183]. C'est ainsi qu'écrit Beyer: *"... Die Idee, Klangfarben zu komponieren, das heißt, mit sich selbst in Relation zu setzen, so wie wir heute Tonhöhen zueinander in Beziehung bringen, ist nicht von heute. Sie wurde bereits 1911 von Schönberg in seiner Harmonielehre vorausgesagt"* [Beyer (1), p.76].

définitive[30], alors qu'une possible **continuité** ou **continuum** entre le **microtemps** et le **macrotemps musical** (*musikalische Mikro- und Makrozeit*) — tels qu'ils seront dénommés plus tard [cf. le texte *"... wie die Zeit vergeht..."* (1956) de Stockhausen (1), p.99-139, et particulièrement p.125] — s'ébauchait au cœur de la production électronique. (Bien que son accomplissement n'ait lieu qu'à la fin des années 50 et d'une manière déjà bien éloignée des prescriptions sérielles orthodoxes — plus précisément avec *"Kontakte"* (1959/60) de Stockhausen [voir aussi son texte *"Die Einheit der musikalischen Zeit"* (1961), in Stockhausen (1), p.211-221]).

La **synthèse** du son — parce que c'est justement de ce phénomène qu'il s'agit — occupera donc la place principale des recherches électroniques. Et si Schaeffer affirmait, en essayant de minimiser l'opposition entre ces deux versants, que *"la musique concrète [avait] la même prétention que la musique électronique qui croyait pouvoir réaliser la synthèse de n'importe quel son préexistant"*, mais en s'en différenciant, toutefois, du fait que la démarche parisienne passerait *"au préalable par une phase d'analyse"* [Schaeffer (4), p.60], la divergence entre les deux expériences électroacoustiques devenait en réalité tout à fait frappante, car le son concret, à Cologne, ne pouvait s'intéresser aux compositeurs post-wéberniens que dans la qualité d'objet de recherche pour une meilleure compréhension des propriétés du son. Pousseur écrit: *"... Étudier d'abord les propriétés élémentaires du matériau sonore, le réduire à l'essentiel, et essayer de reconstruire à partir de là toutes les autres choses, tous les phénomènes complexes dont nous avions besoin. C'était le commencement de la musique électronique au sens strict, et de son opposition, tout d'abord extrêmement marquée, à des pratiques telles que la «musique concrète». ... Stockhausen se dit que ce qui pouvait être fait dans une direction pouvait aussi l'être dans l'autre. Si la voie analytique est correcte, la voie synthétique doit aussi être possible.*

---

30) A propos de cette détermination rationnelle du timbre, cf. Sabbe (1), p.47. Pour ce qui est de la proscription du son concret, on peut lire toujours chez Sabbe, lorsqu'il se réfère à la correspondance entre Goeyvaerts et Stockhausen: *"Nicht nur war dabei die vollkommene Stabilität des Materials ein absolutes Erfordenis. Bald setzte sich auch der Gedanke durch, strukturgetreu würde das Material wohl erst sein, wenn es in seiner inneren Zusammensetzung die Gesamtstruktur des Werkes widerspiegele. Um diese adäquate Beschaffenheit von Materie und Totalgestalt im Material zu verwirklichen, war es notwendig, in die Klangmaterie einzudringen und in sie gestaltend einzugreifen. Eben dies war in Kürze nur mit elektronischen Mitteln möglich. Diese Überzeugung tritt in den Briefen deutlich zutage. Dabei wird die Untauglichkeit der Verwendung von «konkretem Material» festgestellt"* [Sabbe (1), p.42].

... Ainsi, en utilisant seulement des ondes sinusoïdales, on serait capable, par leur assemblage, de reconstruire — ou de construire de manière originale — chaque événement sonore imaginable" [Pousseur (12), p.35]. Face aux possibilités de composition et de synthèse du timbre, le compositeur se voit donc muni des instruments nécessaires pour l'édification, en évidente opposition à la musique instrumentale, d'un véritable **continuum de timbres**. Car, comme l'affirme Dahlhaus, "*die Anzahl der Klangfarben ist in der traditionellen Musik eng begrenzt: Man kann die Klangfarben zwar mischen; aber sie bilden keine zusammenhängende, lückenlose Reihe, sondern stehen sich, durch Sprünge voneinander geschieden, als Individualitäten gegenüber*", tandis que la musique électronique "*verfügt also, mindestens der Idee nach, über das Kontinuum der Klangfarben*"[31] [Dahlhaus (1), p.236].

A travers la sérialisation du facteur timbre dans la musique électronique — tout en poussant donc aux conséquences les plus extrêmes la rigueur de la pensée sérielle post-webernienne —, nous sommes devant un phénomène historique à la fois incisif et ambigu, à savoir: l'absence en même temps que l'**apothéose de l'écriture**. Phénomène **incisif**, d'une part, parce qu'il nous démontrera, et cela de façon assez convaincante, que la rigueur de la pensée musicale peut être médiatisée sans l'appui — autrefois absolument nécessaire — de l'écriture instrumentale, sans manquer de contribuer pour autant soit à l'évolution des styles, soit à l'approfondissement même des connaissances structurelles et donc à une appréhension scientifiquement plus détaillée des données sonores. Puisqu'avec l'avènement de la musique électronique, le niveau de particularisation des données structurelles s'est tellement agrandi que les limites d'une écriture conventionnelle — propre à un décodage plus immédiat parce qu'essentiellement adressé à l'interprète — sont par trop dépassées: écriture, certes, absente; mais structure restant de toute façon présente. Phénomène **ambigu**, d'autre part, parce qu'il poussera à l'extrême — au niveau de la constitution des sons — l'incongruité même du sérialisme, puisque le

---

31) Voir à ce propos Stockhausen (1), p.142. Bien que nous y retrouvions l'idée du **continuum**, celui-ci n'a rien à voir, bien entendu, avec le **continuum entre le microtemps et le macrotemps musical** auquel nous nous sommes référé auparavant. Tandis que le **continuum de timbres** chercherait l'édification d'une continuité sonore sur le terrain strict du paramètre du timbre, l'idée d'un **continuum du microtemps au macrotemps musical** envisagera — si nous partons par exemple d'un ralentissement des phénomènes vibratoires — une continuité allant de la perception fréquentielle et des timbres à celle de la forme, en passant par l'état intermédiaire de la perception rythmique. [Cf. Stockhausen (1), p.211-221].

niveau d'abstraction et d'idéalisme de la conception musicale — les structures sérielles étant déjà très éloignées d'une perception phénoménologique au niveau même de l'écriture instrumentale — atteint dans la sérialisation du timbre son apogée.

En effet, ce qui résulte de ce processus de sérialisation des composantes sinusoïdales ne pourrait se présenter que comme une agglomération éminemment verticale, essentiellement synchronique, dans la mesure où le timbre ne peut être entendu, nous l'avons vu, que comme une **résultante globale** de ses partiels constitutifs. *"Que l'agrégation soit très dense, qu'elle soit trop brève pour que l'oreille ait le temps de l'analyser, que sa structure d'intervalles dépasse une certaine limite de complexité ou encore qu'elle mette en jeu des spectres instrumentaux dont la simultanéité introduit un nouveau facteur de «brouillage» mutuel, il se produit ici un véritable renversement psychologique et les partiels fusionnent en une nouvelle et complexe unité sensible"*, tout en constituant donc une *"mixture que l'oreille n'arrive plus à réduire à la somme de ses composantes objectives"* [Pousseur (5), p.51]. Si d'un côté c'est de la recherche de ces **nouveaux timbres** qu'il s'agissait, de l'autre côté l'intelligibilité de ces manipulations, autrement dit, l'**audibilité** des structures sérielles au niveau du timbre se présente comme une opération fondamentalement irréalisable, parce qu'absolument contradictoire étant donnée l'essence même du timbre: si d'une part les partiels deviennent audibles, ils ne constitueront jamais un *timbre*, mais plutôt des **accords** constitués par des sons sinusoïdaux — ce qui va de pair avec la remarque de Boulez dans son article *"... Auprès et au loin"* (1954), lorsqu'il écrit que *"dans la plupart des cas, ... avec une superposition de sons sinusoïdaux, on obtient très rarement un timbre qui apparaisse comme tel ..."*, en se demandant *"dans quelles conditions... l'oreille peut percevoir réellement un timbre résultant et non un simple addition"* [Boulez (4), p.197]; si, par ailleurs, ces partiels parviennent à constituer un **timbre**, alors ils ne seront jamais analysables par l'écoute, tout en abdiquant sa qualité de *structure sérielle*, car, comme écrit Dahlhaus, *"entweder sind die einzelnen Momente einer Klangfarbe, die Teiltöne, als solche unhörbar, und das Resultat verwickelter Manipulationen sind Klanggebilde, <u>deren</u> <u>seriell</u> <u>regulierter</u> <u>Aufbau</u> <u>musikalisch</u> <u>gleichgültig</u> <u>ist</u>, <u>weil</u> <u>er</u> <u>nicht</u> <u>ins</u> <u>hörbare</u> <u>Phänomen</u> <u>gelangt</u>; oder man hört einzelne Teiltöne heraus, und das Ergebnis der Kombination von Sinustönen ist keine geschlossene, einheitliche, sondern eine* gleichsam aufgesplitterte Klangfarbe oder sogar ein Akkord, eine Sache der Mehrstimmigkeit und nicht der Klangfarbenkomposition"[32] [Dahlhaus (1), p.237, nous soulignons].

A la pensée des partisans des opérations sérielles au niveau du timbre dans la musique électronique, telle que celle-ci se présentait en 1953 et pour laquelle en *"faisant irruption dans l'infiniment petit, dans l'imperceptible, [c'était] encore la perception que l'on [informerait]"* [Pousseur (1)], on oppose donc la question posée par un Boulez révisionniste des années 80: *"Que vaut une technique lorsque ses prémisses ne sont plus perceptibles?"* [Boulez (10), p.123]. Que ce soit toujours à la perception que nous adressons nos messages, soient-ils le produit d'une opération ostensiblement concrète ou, au contraire, le résultat d'une élaboration tout à fait abstraite, cela nous paraît sur ces entrefaites assez évident; la question qui se pose, en tout cas, concerne plutôt la pertinence du fait de nous faire entendre, au lieu de ce que nous écoutons, ce que nous pensons écouter.

L'apothéose de l'écriture dans le contexte électronique — apothéose parallèle, voire déterminée par son absence —, rend ce problème encore plus inquiétant. En effet, si dans le cas de la musique sérielle instrumentale on pourrait recourir à la partition pour que l'écoute acquît au moins l'illusion d'une compréhension plus effective de l'oreille des structures mises en jeu, compréhension donc corroborée par l'action attentive de l'œil, dans le cas d'une œuvre enregistrée sur bande magnétique, l'analyse au moyen de la lecture ne devient aucunement accessible à l'auditeur, son contenu lui restant essentiellement inabordable[33]. Le rapport entre **écriture** et **perception** dans le premier cas se démontrant déjà fort problématique — étant donné que *"le résultat entendu [dépendra] d'autres critères de perception que du rapport direct aux intentions de l'écriture"* [Boulez (10), p.421] —, dans le deuxième cas,

---

32) Nous pouvons encore lire, toujours chez Dahlhaus, à ce propos: *"Ein Teiltonkomplex verschmilzt entweder zu einer Klangfarbe, die für das Gehör unanalysierbar, also nicht als komponierte Struktur wahrnehmbar ist, oder er erscheint, sofern er zerlegbar ist, als Akkord und nicht als Klangfarbe"* [Dahlhaus (1), p.238].

33) Dahlhaus écrit à ce sujet: *"Daß serielle Musik, um adäquat wahrgenommen und begriffen zu werden, eine Ergänzung des musikalischen Hörens durch Lektüre und Analyse voraussetzt oder mindestens nahelegt, ist demnach kein Gebrechen, das ihr anhaftet und das man ihr guten ästhetischen Gewissens vorwerfen könnte. Ihr musikalisches Daseinsrecht ist unbestreitbar, so wenig sie sich bloßem Hören erschließt. Dagegen ist die elektronische Musik, da ihr meist kein Notentext zugrunde liegt, der Lektüre und Analyse unzugänglich"* [Dahlhaus (1), p.238].

la perception se voit réduite à la condition d'une inconnue insoluble[34].

A ce moment-là, une première scission a lieu au cœur de la production de Cologne, puisque s'opposant radicalement à l'incursion du sérialisme dans le contexte électronique, Robert Beyer — avec Eimert, l'initiateur de la musique électronique — se désiste de sa collaboration au Studio du NWDR, en exerçant une critique sévère de l'attitude sérielle: "... *Im Grund schalten die seriellen Komponisten überhaupt nicht mit dem Material, weder mit dem alten noch dem neuen, sie schalten mit dem, was sich ausdenken und berechnen läßt, mit den Proportionen und Reihen*"[35] [Beyer (3), p.455]. En appartenant en fait à la première génération "post-futuriste", c'est-à-dire à celle des musiciens qui déjà dans les années 20 préconisaient l'emploi des appareils électroniques pour la réalisation des œuvres musicales[36], Beyer ne se voyait pas engagé pour la cause post-wébernienne, ce qui lui a permis en quelque sorte d'avoir une compréhension plus lucide — de toute façon moins passionnée — à l'égard des possibilités et des limitations du système sériel. Tout en lui conférant un caractère essentiellement **transitoire**, Beyer reconnaîtra, d'une part, le pouvoir d'émancipation du sérialisme face aux impositions formelles du passé au sein de la musique expérimentale, mais d'autre part, il attirera notre attention sur son inconsistance, provenant d'une prédétermination absolue et d'un

---

34) Boulez écrit de plus: "*Les rapports «pensés» restent inéluctablement virtuels, même si on les connaît, si on les a analysés, alors que se créent des rapports réels résultants qui masquent les relations structurelles*" [Boulez (10), p.421]. Certes, cela ne contredit pas en effet, comme l'affirme Dahlhaus, le fait qu'une démarche si abstraite ait le droit à l'existence — ce qui plaira bien sûr à une bonne partie de nos musicologues, si touchés par chaque découverte à l'égard des manipulations sérielles... —; mais en tout cas la **rigueur** en soi ne peut pas nous intéresser: ce n'est que dans le domaine de la perception de ce qui nous est donné à la conscience qu'elle peut trouver sa place et devient même souhaitable.

35) En outre, Beyer écrit sur le danger d'une excessive dépendance de la pensée instrumentale wébernienne face aux possibilités encore intactes fournies par le nouveau matériau électronique, tout en se référant aux musiciens sériels: "*Statt das Risiko neuer kompositorischer Vorstellungen einzugehen, interpretieren sie das Problem prinzipiell nicht anders als Webern, nur daß die Gestaltung in technisch-perfektionierter Ausführung erfolgt*" [Beyer (3), p.453].

36) Beyer avait publié déjà en 1928 un texte intitulé "*Das Problem der «kommenden Musik»*", dans lequel il prévoyait l'avènement d'une musique réalisée à l'aide des appareils électroniques. [Cf. à ce propos Humpert (2), p.30; et Morawska-Büngeler (1), p.7].

calcul tout à fait abstrait, vis-à-vis de la nouvelle matière électronique[37].

Quoi qu'il en soit, le sérialisme s'est introduit avec une grande conviction dans le travail en studio électronique. L'adhésion des musiciens post-wéberniens à celui-ci ne visait à rien d'autre qu'à apporter au sein de ses réalisations sur bande magnétique ses acquis incontestables en cours de route dans le domaine de l'écriture instrumentale. Car, comme l'affirme Boulez, du moins *"une chose était acquise, c'est d'une part le refus d'une hiérarchie autre que locale, d'autre part le refus de schémas formels préexistant à l'œuvre. Malgré toutes les contradictions et les lacunes, une chose était sûre: l'œuvre elle-même doit engendrer sa propre détermination"* [Boulez (10), p.157].

2.4. L'impasse de la musique sérielle

La nature contradictoire des intentions des compositeurs sériels par rapport à l'expérience électronique les mènera inévitablement à une impasse: d'une part, ils expriment le besoin d'enrichir les ressources sonores, besoin où se fait sentir l'émancipation des structures inharmoniques — dérivées en principe de leurs propres manipulations sérielles au niveau des partiels et donc opposées aux timbres conventionnels —, l'intérêt par les différents degrés ou *colorations* du bruit — des sons inharmoniques au "bruit coloré", et de celui-ci au "bruit blanc" — devenant une évidence; d'autre part, ils manifestent le désir d'un contrôle rigoureux de type sériel à tous les niveaux, quelque soit l'aspect sonore mis en jeu[38].

Cependant, assez vite les compositeurs post-wéberniens se sont apperçus de l'utopie du sérialisme intégral, à la suite soit de l'émancipation des événements presque incontrôlables tels que les bruits statistiques, soit de l'impossibilité de perception de la sérialisation du timbre. De ce point de vue, l'expérience électronique, à laquelle le compositeur sériel a donc recouru avec enthousiasme face aux limitations imposées par l'écriture

---

[37] Beyer écrit: *"Die serielle Technik fixiert das Komponieren in der Situation des Übergangs. Die auf totale Naturbeherrschung ausgehende Ratio ist einerseits stark genug, um das traditionelle Formwesen aufzulösen und den organischen Klang der handwerklichen Tonerzeugung zu sprengen. Sie ist andererseits zu schwach, um die hinter der Destruktion stehenden Musikvorstellungen höherer Art zu gestalten"* [Beyer (3), p.455].

[38] Voir à ce propos Pousseur (12), p.34.

instrumentale, a en fait porté le premier grand coup contre la soi-disant "série généralisée".

Si d'une part l'abstraction sérielle atteint son apogée dans la synthèse du timbre en studio, l'incrédibilité de la détermination totale sera, d'autre part, corroborée par trois aspects: le premier provenant de l'inexactitude de l'interprète dans la musique instrumentale; le deuxième, de l'avènement des données statistiques dans la musique électronique; le troisième, enfin, de la réception en soi des énoncés sériels.

Pour ce qui est de l'écriture instrumentale, l'opposition entre la précision des idées et l'imprécision des faits est devenue flagrante: au fur et à mesure que les structures rigoureusement contrôlées au niveau de la conception ne seront exécutées que d'une manière plus ou moins approximative, le compositeur sera obligé à consentir en quelque sorte à un compromis, au risque d'éliminer une fois pour toutes la musique instrumentale. C'est donc la structure même qui deviendra approximative — la technique des groupes s'avérant aux yeux des compositeurs un outil très efficace —, où l'interprète retrouvera, enfin, un plus haut degré de liberté gestuelle. C'est plutôt vers les caractéristiques d'ensemble qu'il devra alors diriger son attention. Son imprécision inéluctable sera donc incorporée par la structuration des œuvres. De cette façon, la détermination excessive des détails — dont le résultat ne se présentait que comme une certaine **indétermination** provenant des difficultés insurmontables lors de son exécution — donne lieu à la naissance des formes aléatoires, circonstance propice à l'arrivée d'un personnage comme John Cage en Europe, dont l'œuvre réservait, comme l'on sait, une place fondamentale au rôle du hasard et de l'imprévu. Si d'un côté les différences entre la démarche radicalement aléatoire d'un Cage et la concession partielle au hasard de la part des compositeurs sériels étaient évidentes[39] — étant donné que dans l'œuvre de ces compositeurs, le hasard devra, certes, contribuer à une plus grande flexibilité des structures surtout formelles, mais celles-ci devraient toutefois se voir toujours soumises à une surdétermination de type sériel —, on assiste, par ailleurs, à une vraie **révision** de la pensée sérielle.

---

39) Pousseur écrit déjà en 1953 très symptomatiquement: " [Le hasard] se situe en deçà, la liberté au-delà de toute nécessité"! [Pousseur (1)]. La nécessité étant la force motrice de nos actes, **hasard** et **détermination totale** — jusqu'alors constituant une opposition catégorique — trouvent paradoxalement des curieuses corrélations: "Dans les deux cas, il y a une sorte de croyance en un ordre supérieur de la réalité sur laquelle on ne saurait intervenir sans lui faire perdre un sens profond, plus fort que n'importe quel acte individuel" [Boulez (10), p.140].

Indubitablement, ce fait trouve une corrélation directe avec une prise de conscience de plus en plus aiguë à l'égard de l'incongruité du système sériel à partir de ses propres données fréquentielles — phénomène apparemment éloigné de notre approche parce qu'étroitement lié à la musique instrumentale, mais qui mérite quelque peu notre attention. Quoique son élucidation théorique ne se soit profondément accomplie qu'à la fin des années 60 avec le texte fondamental de Henri Pousseur, *"L'apothéose de Rameau (Essai sur la question harmonique)"* [cf. Pousseur (14)], et, beaucoup plus tard — plus précisément en novembre 1986 —, avec ce que nous considérons comme le texte le plus important jamais écrit par Pierre Boulez, *"Le système et l'idée"* [cf. Boulez (8), mais surtout Boulez (10), où le texte est publié intégralement], c'était sûrement son appréciation plus ou moins consciente au niveau de la pratique compositionnelle qui a entraîné la plupart des développements harmoniques au sein de la pensée sérielle — les *multiplications* de Boulez et les *réseaux harmoniques* de Pousseur en constituant les deux exemples les plus féconds: il s'agit de la dialectique ou de *"la lutte de la perception unitaire* [celle des intervalles] *contre la perception globale* [celle des contours, des profils ou, en d'autre termes, des "représentations figurales" ou simplement "figures"]*"* [Boulez (10), p.334].

En fait, c'est sur la base d'un malentendu primordial que toute la pensée sérielle a pu se développer, à savoir: la conception sur l'intervalle en tant qu'**entité absolue** et indépendante du contexte où il sera toutefois incorporé. C'est dans ce sens que Boulez élucide, en jetant un regard rétrospectif sur la démarche dodécaphonique, l'inconsistance même des principes sériels: *"L'intervalle en soi n'existe qu'incorporé. Or la série voulait avant tout lui donner une fonction génératrice en tant qu'absolu. ... Or toutes ces incorporations de l'intervalle luttent contre la notion même de la reconnaissance d'identité. ... Dès qu'il s'agit de plusieurs intervalles, voire d'un ensemble d'intervalles, la perception a besoin d'être orientée par de très puissants réseaux de relations, dans lesquels les intervalles feront preuve de leur validité. Seuls, ils ne peuvent pas grand-chose dans l'absolu. Incorporés, ils dominent toute la perception. Existence théorique et existence réelle d'un intervalle, c'est sur quoi la méthode de Schönberg a essentiellement buté, ce par quoi elle a été fragilisée"* [Boulez (10), p.340-341].

Du point de vue de la réception, une évaluation perceptive des opérations harmoniques effectuées par des méthodes telles que les *multiplications* ou les *réseaux harmoniques* ne pourra donc avoir lieu qu'au fur et à mesure que ces manipulations d'intervalles accorderont une importance fondamentale à l'**identité des profils**. Car ce que l'on perçoit au premier abord, c'est le **profil** des intervalles plutôt que ceux-ci dans leur valeur absolue[40]. Ce n'est que de cette manière que peut exister une perception attentive, au moyen de l'identification de profils plus ou moins reconnaissables (en tout cas **semblables** entre eux), des altérations des poids harmoniques provenant de ces opérations[41]. C'est dans ce sens qu'on lit chez Boulez: "*... On peut énoncer, si l'on parle en général de la relation figures-intervalles, que la sauvegarde du profil entraîne la soumission de l'intervalle à la directionnalité, que l'intervalle considéré comme matrice susceptible d'engendrer une famille d'intervalles de même quantité soumet le profil à des distorsions capables de rendre la figure originale méconnaissable*"; mais, de toute façon, "*la littéralité de l'origine* [l'intervalle] *est loin de faire bon ménage avec la perception si on néglige la médiation puissante qu'est la figure, la* Gestalt [profil]" [Boulez (10), p.385-386].

En ce qui concerne la musique électronique — en reprenant notre parcours —, l'utopie de la sérialisation du timbre, en introduisant inévitablement (parce que partant d'une équivoque théorique) le hasard dans des circonstances absolument prédéterminées, ne le fera pas tant comme instrument opératoire au niveau de la structuration des données formelles que comme résultat

---

40) Voir à propos de l'importance primordiale des contours des énoncés dans la première période linguistique dans l'acquisition du langage de la part de l'enfant, Jakobson (74), p.201-202. [Cf. aussi la notre approche sur l'**Intonation** en tant que phénomène linguistique/musical dans la dernière partie de notre travail].

41) C'est dans ce sens que j'ai conçu la pièce "*Profils écartelés*" pour piano et bande magnétique (composée en 1988, en hommage aux 60 ans de Henri Pousseur en 1989, et réalisée au Studio de Musique Électronique de Cologne — fondé par H. Eimert en 1965). Il s'agit d'une *solidarité* — ce mot, dilacéré radicalement dans le temps, sert de structure formelle de la seconde partie de l'œuvre, constituant ce que je désigne par *forme-prononciation* en même temps qu'une référence aux "*Trois visages de Liège*" de Pousseur — entre des méthodes harmoniques distinctes: *multiplications*, *réseaux harmoniques*, et mes propres *modules* (ou *modalités*) archétypiques (dont l'exposé théorique a été développé dans mon premier livre, "*Apoteose de Schoenberg — Ensaio sobre os Arquétipos da Harmonia Contemporânea*" [cf. Menezes (5), particulièrement p.225-276]), où la donnée structurelle la plus fondamentale constitue précisément **la manipulation des profils dynamiques**.

plus ou moins imprévisible de ces opérations[42]. Quoique produit d'un calcul extrêmement incisif et totalisant, la résultante sonore des superpositions sinusoïdales se présentait comme essentiellement hasardeuse. A cet égard, les événements statistiques se rebellaient contre toute prédétermination par leur propre nature incontrôlable.

Enfin, pour ce qui est de la réception des énoncés sériels, le hasard se faisait présent au fur et à mesure que les représentations figurales se faisaient absentes. Malgré le semblant d'ordre, l'impression obtenue au moment de l'écoute était d'une arbitrarité démesurée, d'un désordre total. C'est dans ce sens que Prieberg écrit, lorsqu'il se réfère aux réalisations sérielles électroniques du Studio de Cologne: *"Sebbene i pezzi abbiano una solida costruzione interna, non è possibile, o lo è solo dopo ripetute audizioni, scoprirvi dei rapporti. Sembra che l'ordine estremo a un certo punto si capovolga dialetticamente nel più confuso disordine"* [Prieberg (3), p.179]. Un bon argument pour que la démarche schaefferienne répliquât à l'entreprise de Cologne au moins une partie de ses critiques: *"Les structures sérielles... reposent souvent sur des jeux d'écriture et ne sont pas assurées d'être perçues..."* [Schaeffer (4), p.577][43]. A ce moment-là, la musique concrète prétendra assumer une position intermédiaire entre le sérialisme intégral et les opérations aléatoires, s'opposant à la monotonie sérielle[44] et prenant le parti (au moins d'après les *intentions* de Schaeffer) d'une écoute phénoménologique. C'est dans ce sens qu'on comprend le postulat concret qui envisage une **primauté de l'oreille** en s'opposant en quelque sorte, d'une part, à la démarche d'un Cage et, d'autre part, à celle d'un Boulez [voir le point 1.4.]. Quoi qu'il en soit, l'avènement de la technique des groupes et l'élaboration des multiplications harmoniques envisageaient, d'une certaine façon, le problème de la réception des données structurelles hautement élaborées, en la reconsidérant de manière beaucoup plus soigneuse.

---

42) Beyer écrira: *"Wenn in den seriell komponierten Werken Tongemische oder andere, der traditionellen Musik nicht geläufige Klangformen auftreten, so handelt es sich hierbei um nichts anderes als um Zufallsprodukte. ... Denn welche Proportionen klangbildend wirken, das läßt sich im voraus nun einmal nicht festlegen. Das kann die Ratio allein nicht ausmachen. Hier müssen die Entscheidungen des Ohrs hinzukommen"* [Beyer (3), p.454].

43) Voir aussi à propos du problème de la réception dans la musique sérielle le texte très important de N. Ruwet, rédigé en 1959: *"Von den Widersprüchen der seriellen Sprache"* [Ruwet (1); et, en français, Ruwet (2)].

44) Antoine Goléa, en se référant aux réalisations électroniques sérielles, les définira en 1961 comme *"peut-être parfaites sur le plan des principes, mais qui respiraient, chacune un peu plus, cette mort suprême de la musique qu'est la monotonie génératrice d'ennui"* [Goléa apud Schaeffer (8), p.15].

Quatre ans après la première étude électronique de Stockhausen — soit en 1957 —, l'histoire de la musique électronique connaîtra deux réalisations capitales du point de vue de la *désobéissance* à l'égard de ses principes: *"Glissandi"* de Ligeti (sa première composition électronique, réalisée à Cologne); et *"Scambi"* de Pousseur (réalisée au *Studio di Fonologia Musicale* à Milan). Dans le premier cas, l'idée de la sérialisation du timbre sera définitivement abandonnée[45]; dans le second, outre l'emploi exclusif et symptomatique du bruit, on assiste à une tentative unique au sein des réalisations électroniques dont le support était la bande magnétique, à savoir: l'intrusion d'opérations du hasard à partir du montage plus ou moins aléatoire de morceaux de bande au moyen desquels on était invité, d'après quelques remarques générales, à produire des versions diverses de l'œuvre. D'un côté, désobéissance; de l'autre, présence exclusive d'événements statistiques alliés — pour employer le terme de Pousseur lui-même — à la *sur-détermination* de la forme. A partir de ce moment-là, les musiciens électroniques tournent définitivement le dos aux préceptes de l'orthodoxie sérielle[46], devenus sur ces entrefaites caducs.

Néanmoins, c'est justement au milieu de ce parcours historique que nous nous trouvons devant ce phénomène qui, à vrai dire, constitue la révolution la plus surprenante de l'histoire de la musique électronique, et qui ne fera rien d'autre que d'entraîner les mutations de conduite auxquelles nous nous référâmes: l'insertion à la fois insoupçonnable et déconcertante des **sons concrets** dans les compositions électroniques.

---

45) Dahlhaus écrit: *"Von György Ligeti wurde darum die Idee der seriellen Strukturierung von Klangfarben preisgegeben"* [Dahlhaus (1), p.238].

46) Déjà en 1956, Hermann Heiss — un des compositeurs de la soi-disant École de Cologne — prend le parti contre l'emploi des techniques sérielles dans la musique électronique en une conférence publique à Darmstadt, s'opposant à cet usage, selon lui, arbitraire de méthodes extérieures aux propriétés de la nouvelle matière électronique. [Cf. Gentilucci (2), p.62-63].

2.5. De l'*abstrait* au *concret*: la *"concrétisation"* de la musique électronique et l'insertion de la *voix*

En 1955, une réalisation du Studio de Cologne (la première composition pour deux pistes de cette institution) a bouleversé le comportement des musiciens de l'École Sinusoïdale: *"Pfingstoratorium: Spiritus Intelligentiae Sanctus"* de Ernst Krenek, pour voix de soprano, voix de ténor et sons électroniques, intégrant notamment des **sons verbaux**, donc **concrets**. A cette époque, Bengt Hambraeus compose sa pièce électronique *"Doppelrohr II"*, basée sur un son d'orgue, et Stockhausen commence à travailler sur le *"Gesang der Jünglinge"* (1955/56, constituant la première réalisation pour quatre pistes — plus précisément pour cinq groupes de haut-parleurs — de ce Studio). Pour ce qui est de la composition de Stockhausen, comme l'on sait, il s'agit d'une des réalisations les plus significatives de l'entreprise de Cologne, point de repère historique de la musique électroacoustique. Dans cette œuvre, il y avait, associé aux sons d'origine électronique provenant cette fois non seulement des générateurs d'onde sinusoïdale, mais aussi des générateurs de bruits et d'impulsions (comme c'était d'ailleurs le cas des *"Klangfiguren II"* de Gottfried M. Koenig ou des *"Interferenzen"* de Giselher Klebe, pièces toutes deux également réalisées en 1955), *"l'élément le plus inattendu pour ceux qui connaissaient le radicalisme de Stockhausen à cette époque: la voix d'un petit garçon chantant le texte du «Cantique des trois jeunes gens dans la fournaise ardente», tiré du Livre de Daniel"* [Pousseur (12), p.36].

Nous sommes devant ce phénomène historique crucial que nous pouvons bien désigner par **concrétisation de la musique électronique**, décrite par Pierre Schaeffer — non sans un ton sarcastique — de la façon suivante: *"... Les pionniers avaient mis de l'eau dans leur vin. Tandis que les «concrets» échappaient peu à peu aux pièges de leurs tourne-disques, restés en vérité bien frustes, les «électroniques» faisaient à la musique concrète des emprunts à la fois inavoués et évidents: voix, instruments manipulés, tout leur était bon pour une musique qui ne gardait, de purement électronique, que le label d'origine..."* [Schaeffer (4), p.61].

Peu à peu, nous assistons à une affluence de plus en plus abondante de sons concrets dans le contexte de la musique électronique, affluence créant d'ailleurs, un précédent pour la future émergence de la musique électroacoustique dite *mixte*. En fait, la convergence entre instrument et bande magnétique avait été déjà préconisée par Maderna en 1952 avec *"Musica su due dimensioni"* pour flûte, cymbales et bande magnétique, réalisée, celle-ci, sous la supervision technique de Meyer-Eppler à l'*"Institut für Kommunikationsforschung und Informationstheorie"* de l'Université de Bonn [cf. Maderna (1), p.205]. Pour cette raison — et du fait qu'elle a également pour base la conception sérielle avant même la réalisation de l'étude sinusoïdale de Stockhausen —, cette pièce sera historiquement vue, quoique d'une manière plus ou moins marginale, comme appartenant à la production de l'École de Cologne. De toute façon, cette affluence de l'élément concret se développera jusqu'au point où la réalisation de pièces exclusivement électroniques devient une exception[47], accélérant de cette manière encore plus la dilution du système sériel[48].

Dès cette incorporation de l'élément concret à Cologne, l'opposition binaire entre la démarche française et celle de Eimert et de ses partisans en Allemagne est définitivement supprimée — au moins du point de vue des sources sonores. Cela s'est produit, pour ce qui est du développement du versant électronique, à partir de cet événement crucial: **l'insertion de la voix**.

On peut voir dans ce processus deux causes fondamentales qui se présentent comme des agents à la fois indépendants et convergents l'un par rapport à l'autre.

D'une part, le musicien électronique était mis face à une certaine impuissance de la synthèse par superposition de sons sinusoïdaux, car *"en travaillant avec des moyens électroniques, on a pu vérifier qu'il existait des méthodes beaucoup plus rapides pour réaliser les sons voulus que celle consistant à utiliser des ondes sinusoïdales. ... Il était nécessaire d'accepter, au moins provisoirement, une certaine pluralité originelle, même pour les matériaux électroniques"* [Pousseur (12), p.36]. Le but devient donc plus urgent que les moyens pour y aboutir, l'utopie de la synthèse

---

47) Humpert écrit: *"Überblickt man die gesamte Produktion elektronischer Musik der letzten Jahre, dann muß gesagt werden, daß inzwischen das Komponieren mit rein elektronischem Potential wohl schon als (allerdings sehr gewichtige) Ausnahme zu gelten hat"* [Humpert (2), p.144]. De ce point de vue, la version purement électronique de *"Kontakte"* (1959/60) de Stockhausen en constituera une des plus remarquables exceptions.

48) Nous lisons encore chez Humpert: *"Hand in hand mit dieser Materialausweitung (schließlich auf alles, was sich durch Mikrophone aufnehmen läßt) vertief die Auflösung der seriellen Kompositionstechnik"* [Humpert (2), p.40].

sinusoïdale s'avérant de plus en plus inadéquate. En fait, la connaissance de plus en plus approfondie des phénomènes transitoires rendait la synthèse par sons sinusoïdaux trop rudimentaire face à la possibilité de l'emploi des méthodes mixtes. Le *purisme* de l'École Sinusoïdale semblait donc échouer vis-à-vis des nouvelles nécessités de ses fervents partisans.

D'autre part, le besoin d'enrichir, à travers l'insertion du langage verbal, la **sémantique** des œuvres se fait sentir. C'était en effet la troisième fois dans l'histoire de la musique occidentale que les compositeurs, en période de crise, faisaient appel à la sémantique verbale, recourant à l'utilisation de la voix et à l'intelligibilité du verbe dans l'organisation structurelle des œuvres.

La première fois, il s'est agi du passage de la Renaissance à la période baroque, avec la rupture de la soi-disant *"seconda prattica"* baroque vis-à-vis de la *"prima prattica"* de la Renaissance; l'***expressio verborum*** gagne en intérêt, au moyen de la révolution opérée notamment par Monteverdi au sein du madrigal et avec l'invention du récitatif et de l'opéra, face à la non-intelligibilité des textes typique des motets pluritextuels de la Renaissance.

Dans le deuxième cas, cette incursion se manifeste dans l'appel des trois viennois — Schönberg, Berg et Webern —, en pleine phase du soi-disant *atonalisme libre*, au discours verbal. Le but était de récupérer en quelque sorte, après l'expérience radicale des *miniatures* de la forme — dont il restera des traces assez évidentes particulièrement chez Webern même après l'avènement du dodécaphonisme —, le *caractère discursif* de la musique. Le résultat le plus symptomatique de cette entreprise est sans aucun doute l'invention du *Sprechgesang* par Schönberg et ses répercussions futures sur son propre œuvre (dans lequel se fait sentir, plus tard, une reprise du récitatif et de l'harmonie triadique au cœur même de l'écriture dodécaphonique, tout en rapprochant une fois de plus la démarche de Schönberg de celle propre à l'époque baroque[49]).

Enfin, avec l'incursion de la matière verbale dans le studio électronique à travers l'insertion de la voix — qui s'avère en fait être *"le seul instrument commun à toutes les civilisations musicales"* [Schaeffer (4), p.490] —, s'ouvrait une voie allant vers une synthèse entre l'expérience électronique et l'expérience concrète, constituant

---

49) Sur les corrélations entre ces deux phénomènes historiques, voir Menezes (5), p.93-114.

de cette manière les conditions les plus propices pour qu'une personnalité comme celle de Luciano Berio en profitât[50]. Son parcours, extrêmement rigoureux et caractérisé par son intérêt particulier pour la voix et ses manifestations les plus différenciées, démontrait, certes, des points de convergence assez étroits avec la pensée sérielle (du point de vue d'une rigueur "grammaticale" [cf. à ce propos Berio (22)]), mais allait d'autre part fréquemment à l'encontre de son orthodoxie, tout en aspirant donc à un vrai *"sincretismo stilistico di tutte le esperienze musicali storiche"* [Santi (2), p.158]. C'est ainsi que Berio écrira, en faisant référence non seulement aux expériences de Paris et de Cologne, mais aussi à celles de New York avec l'avènement de la *"music for tape recorder"* (la version américaine de la musique concrète): *"... Le Studio de phonologie musicale, fondé en juin 1955 à la Radio-télévision italienne, est en mesure de proposer une synthèse parmi les expériences, diverses et parfois divergentes, achevées à ce jour dans les studios de Cologne (NWDR), Paris (RTF), New York (Columbia University) etc."* [Berio (5), p.60].

En ce sens, le Studio fondé par Berio et Maderna ne pourra jamais être vu comme un refus de l'expérience concrète, malgré la proximité entre la pensée musicale des compositeurs italiens et la démarche post-wébernienne. En effet, Berio se voyait même inspiré en quelque sorte par l'expérience concrète. On lit chez Santi, lorsqu'il se réfère au nouveau Studio de Milan: *"Da principio si pensò di chiamarlo Club d'Essai, in analogia con quello fondato nel 1948 presso la Radiodiffusion et Télévision Française..."*, où l'intention principale envisageait *"la produzione di composizioni di musica concreta ed elettronica"*[51] [Santi (2), p.156]. De ce point de

---

50) En août 1989 à Salzbourg, où Berio était invité comme *composer in residence* du Festival Mozarteum, nous avons pu entendre sa réponse curieuse, décidée et, pour nous, très symptomatique à la demande d'une étudiante l'interrogeant sur le compositeur qui l'aurait influencé de plus: *"Monteverdi!"* [Cf. aussi, à propos de Monteverdi et Schönberg, Berio (23), p.52; et à propos de l'intérêt de Berio par Monteverdi, Osmond-Simth (11), p.148-149].

51) Santi précise encore plus les intentions de Berio vis-à-vis de ce syncrétisme stylistique: *"... Lo Studio di Fonologia nasceva su ispirazione di esperienze precedenti, che Berio aveva accostato. E precisamente, in ordine cronologico: l'esperienza della tape music, conosciuta da Berio alla Columbia University nel 1953... ; l'esperienza della musica concreta, direttamente riferita da Pierre Schaeffer, che proprio fra il 1953 e il 1954 avemmo ad incontrare alla Radio di Milano, dov'egli venne a registrarvi delle conversazioni; l'esperienza della musica elettronica propriamente detta, avvicinata dapprima, credo, indirettamente a Darmstadt, dov'eravamo nel 1954, e dove Berio poteva incontrare coloro che nello Studio di Colonia operavano, da Eimert a Stockhausen; infine, proprio mentre maturava il progetto del Centro milanese, l'esperienza nuovissima dello Studio di Gravesano...* [fondé au printemps de 1954]*"* [Santi (2), p.157].

vue, le "documentaire" verbal-électronique *"Ritratto di città"* de Berio, réalisé déjà en 1954 en collaboration avec Maderna, constitue un premier et significatif signal de ce syncrétisme stylistique. En 1958, il s'agira de *"Thema (Omaggio a Joyce)"*, *"où tous les sons, même ceux qui sonnaient le plus «électronique», étaient dérivés du seul enregistrement de la voix de Cathy Berberian, disant le début du onzième chapitre d'«Ulysse»"* [Pousseur (12), p.38]. Même si l'on objecte à cela qu'il ne s'agit pas d'un emploi exclusif de sons dérivés de la voix[52], la matière verbale acquiert ici une importance structurelle — soit au niveau du matériau musical, soit à celui concernant la sémantique de la forme — sans précédent.

En effet, la portée de cette expérience ne sera équivalente qu'à celle d'une autre composition de Berio lui-même, *"Visage"* (1961), ou bien de l'œuvre électronique *"Epitaph für Aikichi Kuboyama"* (1960/62) de Eimert, totalement basée sur des sons verbaux (*"Sprachklänge"*, selon la terminologie employée par le compositeur). Si avec *"Kontakte"* (1959/60) Stockhausen avait poussé à l'extrême l'idée d'un **continuum du microtemps au macrotemps musical** à travers certains passages où la perception des fréquences évolue graduellement vers celle des rythmes et vice versa, avec *"Visage"* Berio célébrera définitivement la suppression de l'opposition entre les sources sonores concrètes et électroniques dans la mesure où nous nous trouvons devant un vrai **continuum entre voix et sons électroniques**, c'est-à-dire — dans un sens plus général — entre **langage** et **musique** [cf. Berio (23)]. Pour Eimert, cependant, le fait que la musique électronique ait incorporé des sons provenant de sources autres que celles éminemment **électroniques**, en employant — comme dans le cas de *"Epitaph..."* — la voix sans faire attention à un "dualisme" déjà inexistant entre **mot** (*Wort*) et **son** (*Klang*) [cf. Eimert (13), p.3], ne devrait aucunement constituer un argument pour une éventuelle suppression de l'opposition Paris-Cologne. Si en principe les différences reposaient sur l'**origine** des sons, elles devraient maintenant se baser exclusivement sur les **critères de**

---

52) Humpert, par exemple, écrit en se référant aux sons verbaux dans "Thema...": "Hinzu kommen einfache elektronische Klangverläufe — meist aus Tongemischen und Farbigem Rauschen gebildet —, welche die Klangfarben des Sprachmaterials sehr sparsam unterstüzen" [Humpert (2), p.178].

composition[53]: *"... In der Musik kommt es nie auf die Mittel an, sondern allein darauf, ob sie wirklich Musik, d.h. ob sie wirklich komponiert ist, ob sie kompositorischen Ordnungsgesetzen untersteht — das ist allein das Entscheidende"*[54], affirmera le chef de l'École de Cologne déjà auparavant dans le programme du 4 décembre 1957 au NWDR [Eimert apud Morawska-Büngeler (1), p.58]. L'opposition devrait de toute façon subsister d'après des principes d'ordre esthétique et même moral: *"Ob elektronisch oder konkret — es kommt nie auf die Mittel an, sondern allein darauf, was der Künstler aus ihnen macht, und das ist keine technische, sondern eine künstlerisch-moralische Frage"* [Eimert (14), p.43].

Nous voyons, toutefois, qu'il s'agissait d'une prise de position plus désespérée que raisonnable face au cours des événements, d'une dernière tentative pour sauver la cohérence si chère aux compositeurs post-wéberniens.

Paradoxalement cependant, l'insertion de la matière verbale dans le studio électronique ne fera rien d'autre qu'occasionner en quelque sorte un retour extrêmement fructueux aux principes à la fois les plus reculés et authentiques de la musique électronique, car en introduisant en 1949 le terme et l'idée d'une *musique électronique* en Allemagne, le Professeur Werner Meyer-Eppler envisageait en réalité justement cette proximité entre voix et sons électroniques — nous devons rappeler le sous-titre de son ouvrage historique: *"Elektronische Musik und* <u>*synthetische Sprache*</u>*"* [cf. Meyer-Eppler (1), nous soulignons]. D'incohérence, il n'était donc point question, bien qu'il ne s'agît même plus d'opposition...

---

53) Auxquels, d'ailleurs, Berio donne lui aussi une importance cruciale à cette époque-là, sans pour autant négliger la nette "concrétisation" de la musique électronique et ses possibles répercussions sur une souhaitable interaction entre les différentes sources sonores. Il écrit lors de la réalisation de *"Thema (Omaggio a Joyce)"*: *"... Seuls des critères de composition fondés sur une référence concrète et unitaire à la matière sonore permettent au musicien contemporain de coordonner le vaste champ de possibilités de la musique électronique"* [Berio (11), p.33]. Il nous est sur ces entrefaites assez évident que justement cette conjonction entre des critères compositionnels rigoureux et l'emploi pluraliste des sources sonores ait constitué en fait le facteur le plus fondamental pour l'avènement des systèmes assistés par ordinateur et des systèmes en *temps réel* d'aujourd'hui, dont la pertinence nous est incontestable.

54) Opinion partagée par Krenek même en 1956 — c'est-à-dire un an après la réalisation de son *"Pfingstoratorium"* qui, comme nous avons vu, consacre la concrétisation de la musique électronique [cf. Krenek (1), p.198-199]. [Voir aussi à ce propos Eimert (13), p.3; et Eimert (15), p.216-217].

C'est ainsi que les voies pour une nouvelle odyssée — cette fois-ci, celle qui s'occupera essentiellement des rapports entre **phonologie** et **musique**[55], et de laquelle on voit surgir quelques-unes des réalisations les plus significatives de notre époque — s'ouvraient aux yeux de ceux qui cherchaient — au sein maintenant d'une expérience plus générique que l'on peut alors désigner par **musique électroacoustique** — non seulement la cohérence, mais aussi et principalement l'édification d'une vraie sémantique musicale.

---

55) La dénomination du Studio électronique de Milan est à ce titre très symptomatique: Studio di **Fonologia** Musicale.

DEUXIÈME PARTIE

Berio selon Jakobson selon Berio: une approche sémiologique de son œuvre d'après les fondements de la phonologie structurale

1. Musique et langage: convergences et divergences

1.1. L'*Intonation* en tant que phénomène linguistique/musical

Du point de vue de la réception linguistique, c'est indubitablement à travers l'**intonation** prosodique que l'on s'aperçoit de façon immédiate de la contiguïté innée entre **langage** et **musique**. Les confins entre les fonctions distinctives de l'intonation en tant que *"moyen phonologique de distinction de phrases"* (*satzdifferenzierendes phonologisches Mittel* selon la terminologie de Troubetzkoy [cf. Troubetzkoy (1), p.199]) et l'intonation hors articulation linguistique en tant que *"dégagement d'émotions"* (*emotionsauslösende Intonationen* [cf. Troubetzkoy (1), p.25]) se démontrant difficile à préciser, l'approche phonologique, **fonctionnelle** de cet aspect linguistique l'a toujours classifié comme l'élément peut-être le plus "musical" du langage, en tout cas le moins susceptible à une analyse rigoureusement méthodique. [Cf. Troubetzkoy (1), p.24].

En effet, ce qui confère à l'intonation son caractère tout à fait singulier, c'est bien le fait qu'elle constitue, avec les variations de durée et d'intensité au cours de la prononciation, l'ensemble des **traits prosodiques**, en un mot, la **prosodie** du langage. En tant que trait prosodique, l'intonation s'avère prioritaire, dans l'acquisition du langage, face aux variations de durée et d'intensité [cf. Jakobson (74), p.201]. Sa priorité est certainement due à la propriété synesthésique de notre psyché qui tend à associer le mouvement des hauteurs à certains états affectifs, car si *"le changement de fréquence fondamentale se reflète dans la conscience surtout sous la forme d'un mouvement virtuel"* [Fónagy (1), p.21], c'est bien *"grâce à [ces] différences mélodiques qu'on peut exprimer toutes sortes d'états psychiques et de sentiments (satisfaction, mécontentement, étonnement, déception, mépris, haine, etc.)"* [Malmberg (1), p.94].

De toute façon, c'est grâce à son aspect surtout **structurel** que le phénomène de l'intonation établit des liens inexorables entre langage et musique: à l'opposé des traits distinctifs ou inhérents, qui déterminent les différentiations sémantiques essentielles au fonctionnement du langage au moyen de leurs caractères oppositifs manifestés sur l'axe des simultanéités, les traits prosodiques (parmi lesquels l'intonation s'avère prioritaire) ne peuvent dévoiler leurs potentialités oppositives que sur l'axe des successivités. Dans son remarquable texte sur la structure du phonème, *"Zur Struktur des Phonems"* (1939 — peut-être le plus important texte jamais écrit sur le phonème), Jakobson écrit: *"Alle prosodische Eigenschaften unterscheiden sich von den übrigen distinktiven Eigenschaften der Phoneme gerade dadurch, daß sie die Achse des Nacheinander in Anspruch nehmen"*[56] [Jakobson (22), p.308]. Autrement dit, pour les traits distinctifs le jeu des oppositions est **paradigmatique** et donc *in absentia*, tandis que pour les traits prosodiques il est **syntagmatique** et nécessairement *in praesentia*, la **séquence** temporelle étant donc la condition de leur existence. Or, la séquence ne jouerait-elle pas à vrai dire le rôle le plus important aussi bien pour la musique que pour le langage, à l'encontre de la perception visuelle pour laquelle l'espace s'avère prioritaire? Jakobson écrit: *"Both visual and auditory perception obviously occur in space and time, but the spatial dimension takes priority for visual signs and the temporal one for auditory signs. A complex visual sign involves a series of simultaneous constituents, while a complex auditory sign consists, as a rule, of serial successive constituents. Chords, polyphony, and orchestration are manifestations of simultaneity in music, while <u>the dominant role is assumed by the sequence</u>"* [Jakobson (55), p.336, nous soulignons; cf. aussi Jakobson (56), p.107-108]. De même que pour la musique, le langage, en tant que système de signes auditifs, a un caractère essentiellement **séquentiel**, bien que, bien entendu, **non-linéaire**: *"... One should not draw the frequently suggested but oversimplified conclusion that speech displays a purely linear character. It cannot be considered a unidimensional chain in time. It is a successive chain of phonems, but phonems are simultaneous bundles of concurrent distinctive features* [faisceau de traits distinctifs]*, and language exhibits also other structural properties which prohibit regarding speech as mere linearity. Nonetheless, <u>the predominantly sequential character of speech is</u>*

---

56) Et ailleurs: *"La réalisation des traits inhérents peut subir l'influence du contexte, mais leur définition ne dépend que de la relation entre les deux pôles de l'opposition, que ceux-ci se manifestent ou non tous les deux dans un énoncé donné, et quelles que soient les variations dues au contexte; au contraire, <u>un trait prosodique ne peut être défini que si les deux opposés apparaissent dans le même énoncé</u>"* [Jakobson (74), p.176, nous soulignons].

beyond doubt..."[57] [Jakobson (63), p.340, nous soulignons]. La prosodie, et par conséquent l'intonation sont fondamentalement **séquentielles**, et comme telles s'accordent parfaitement avec l'essence temporelle même du langage et de la musique.

Du fait que l'intonation constitue — aussi neutre soit-elle — un élément essentiel et toujours présent dans n'importe quelle flexion verbale[58], nous pourrions essayer d'établir quelques éléments fondamentaux en vue d'une corrélation sémiotique entre langage et musique, ce qui nous ramènerait une fois de plus à l'ancienne question de l'origine du Verbe et des articulations musicales. En effet, une telle approche rapporte cette problématique d'une manière plus ou moins explicite, mais ce n'est qu'à la base d'une discussion sur l'état actuel, **synchronique** du langage et de la musique, avec ses systèmes de signes particuliers et relativement autonomes, qu'une vraie corrélation pourra avoir lieu, c'est-à-dire en travaillant non pas avec des hypothèses, mais plutôt au niveau d'une réalité plausible. Puisque nous sommes convaincu, avec Saussure, que *"pour savoir dans quelle mesure une chose est une réalité, il faudra et il suffira de rechercher dans quelle mesure elle existe pour la conscience des sujets"* [Saussure (1), p.128].

Pour que nous puissions y aboutir, il nous semble assez pertinent de reprendre quelques notions introduites par le musicologue soviétique Boris Assafjew (1884-1949) dans son analyse marxiste de l'avénement des formes musicales et de cet aspect qui constitue justement, pour lui, le principe le plus fondamental de n'importe quelle manifestation musicale, à savoir: **l'intonation** (*Intonation*, selon la terminologie allemande sur laquelle nous nous basons).

De cette façon, nous retournons à notre premier point, c'est-à-dire à l'intonation, par laquelle langage et musique ne

---

57) Le rôle tout à fait primordial de la donnée séquentielle n'exclut cependant pas, dans le domaine musical, l'importance **structurelle** même de l'espace. De ce point de vue, nous ne pouvons pas partager de l'opinion de Jakobson lorsqu'il écrit: *"Dans les systèmes de signes auditifs, ce n'est __jamais l'espace mais seulement le temps__ qui agit comme facteur de structuration..."* [Jakobson (65), p.96, nous soulignons]. Il suffit de penser à l'œuvre d'un Gabrielli, ou, dans le présent, aux réalisations de musique électroacoustique ou instrumentale (telles que, par exemple, *"Gruppen"* ou *"Gesang der Jünglinge"* de Stockhausen; *"Allelujah II"*, *"Visage"*, *"Formazioni"* de Berio; *"Répons"* de Boulez) pour y constater la fonction structurelle de l'organisation spatiale des sons dans la musique.

58) Jakobson écrit: *"Die prosodischen Gegensätze sind diejenigen Eigenschaften, welche das Phonem als solches an die Zeitachse binden"* [Jakobson (22), p.308].

diffèrent guère l'un de l'autre, et par conséquent — malgré notre disposition allant vers une approche de l'état **actuel** de ces formes d'expression —, nous retournons aussi à notre deuxième point: plus précisément, à l'*expression primaire* d'une pensée, soit verbalement, soit musicalement. Une première définition alors s'ébauche: *"Ein Gedanke wird, um klanglich ausgedrückt zu werden, zur Intonation, wird also intoniert"* [Assafjew (2), p.225]. Pour Assafjew, c'est l'intonation qui **confère du sens**[59] à l'événement sonore, et hors d'elle il ne peut y avoir **musique**: *"Intonation bedeutet... die Sinngebung des Klanggeschehens. Ohne das Intonieren und außerhalb des Intonierens gibt es keine Musik"*[60] [Assafjew (1), p.210].

Le fait d'"**Intoner**" (un inévitable néologisme pour l'expression *intonieren*), c'est-à-dire le fait d'**être-dans-le-ton** (*Im-Ton-sein*) se présente, en tant que loi de l'intonation, comme expression de la pensée et de l'émotion aussi bien dans le **langage verbal** que dans le **langage musical**[61]. La distinction entre les deux s'avère à ce moment-là impossible d'être réalisée face à la *"tension tonale"* (*tonnliche Spannung*) commune à ces deux sphères de la communication humaine. En effet, dans la première période linguistique de l'enfant, ce sont aussi bien la production que la reconnaissance des **contours des phrases**, c'est-à-dire des *intonations*, qui acquièrent une valeur primordiale. Sur l'importance de l'intonation en tant que moyen d'expression primaire dans l'apprentissage du langage, Jakobson écrit: *"... La reconnaissance et la production [du contour tonal], comme d'un moyen de donner une coloration affective — plaisir ou déplaisir — aux phrases, ou plutôt aux énoncés, et de signaler la fin de ceux-ci, constitue toujours —* et maintenant Jakobson cite R. H. Weir — *«la première véritable phase linguistique, après celles des pleurs, du gazouillis et du babil»"* [Jakobson (74), p.201]. Pour Assafjew, musique et langage verbal auraient donc les mêmes racines, à partir desquelles toutefois ils se

---

59) Autrement dit, c'est au moyen de l'**Intonation** que le **sens** acquiert une **forme**, manifestée par les propriétés inhérentes à l'événement sonore qui la médiatise. Cela nous renvoie immédiatement à la conception de Hjelmslev, pour qui le **sens** est *"la pensée même qui, ainsi considérée, se présente provisoirement comme une masse amorphe, une grandeur non analysée"* [Hjelmslev (1), p.75].

60) Ou encore: *"Die Musik existiert nicht außerhalb des Intonationsprozesses"* [Assafjew (2), p.320]. Il faut remarquer ici que le concept d'**Intonation** a été introduit originairement par Boleslaw L. Jaworski (1877-1942) [cf. Assafjew (1), p.9].

61) Assafjew écrit: *"... Das Im-Ton-sein... [ist] ein Gesetz der Intonation als Äußerung des Denkens und Fühlens in der verbalen wie auch in der musikalischen Sprache"* [Assafjew (2), p.231].

sont peu à peu développés de façon autonome: *"Assafjew geht vielmehr von der Hypothese aus, daß sowohl die Sprache als auch die Musik sich aus einer ursprünglichen synkretischen Einheit heraus entwickelt haben, der eine «tonnliche Spannung» (als akustische menschliche Ausdrucksfähigkeit) eigen ist ..."* [Dieter Lehmann/ Eberhard Lippold in Assafjew (1), p.16; cf. aussi Assafjew (2), p.384].

A partir d'un schéma neuroanatomique concernant les hémisphères cérébraux qui constituent les deux moitiés symétriques, droite et gauche, du cerveau, Jakobson a pu exposer de façon détaillée le rôle de chacun de ces deux hémisphères par rapport à la réception du langage. L'éminent linguiste a constaté qu'à la symétrie cérébrale s'oppose une **écoute asymétrique**, au moyen de laquelle les fonctions linguistiques proprement dites et les fonctions non-linguistiques se sont nettement séparées les unes des autres: tandis que l'hémisphère droit, connecté à l'oreille gauche, démontre une capacité plus accentuée pour le déchiffrement des signaux auditifs mélodiques et bruiteux, en tous cas **extérieurs** au discernement des mots, des phonèmes et des traits distinctifs, l'hémisphère gauche, connecté à l'oreille droite, est plus capable de discerner les sons ou les propriétés acoustiques propres à la distinction linguistique des signifiés, c'est-à-dire les traits distinctifs[62]. Il est très intéressant d'observer — en pleine conformité avec la conception selon laquelle l'**intonation** est à l'origine, soit de la musique, soit du langage verbal — l'hypothèse de Lev Balonov/Vadim Deglin citée par Jakobson à propos de l'âge relatif des deux hémisphères cérébraux, l'activité de l'hémisphère droit (non-linguistique), où la reconnaissance des intonations trouve sa place de façon optimale, étant beaucoup plus ancienne que celle de l'hémisphère gauche (linguistique), probablement développée dans une phase postérieure des civilisations: *"Les mécanismes de production sonore et les fonctions auditives de l'hémisphère droit se révèlent beaucoup plus anciens que leurs équivalents dans l'hémisphère gauche, lesquels assurent l'articulation du discours et*

---

62) D'un côté, nous lisons à propos de l'hémisphère droit: "*L'oreille gauche et l'hémisphère droit... sont... plus sensibles aux autres types de stimuli auditifs, tels que les tons musicaux et les mélodies (connues ou non) ... et les émissions orales étrangères au langage...*"; tandis que, de l'autre côté, Jakobson attire la notre attention sur "*le rôle privilégié de l'oreille droite et, par conséquent, de l'hémisphère cérébral gauche... dans la perception des sons du langage...*" [Jakobson (74), p.42]. Et ailleurs: "*... The right ear has a more exact discrimination of speech sounds and the left ear a more exact discrimination of other sound stimuli*" [Jakobson (63), p.338]; "*Questo prova che, in origine, i suoni del linguaggio si collocano come una categoria a parte a cui il cervello reagisce in un modo specifico...*" [Jakobson apud Rudy (1), p.275; cf. aussi Jakobson (72), p.83].

la discrimination des sons du langage à partir des traits distinctifs" [Balonov/Deglin apud Jakobson (74), p.61-62]. L'origine du langage serait donc étroitement conditionnée par le développement postérieur des fonctions linguistiques propres à l'hémisphère cérébral gauche.

En ce qui concerne l'aspect social de cette évolution, soit du langage verbal, soit des données **musicales** — et cela constitue l'aspect le plus évidemment **marxiste** de sa théorie —, elle sera pour Assafjew de toute façon déterminée par l'évolution même de l'écoute de l'homme **en société**[63]. *Im-Ton-sein, Intonieren,* ou *Intonation* constituent donc des concepts qui ne pourront jamais être vus séparément de la **"processualité"** historique (néologisme pour le terme *Prozessualität*) à laquelle ils s'attachent. La **forme musicale** — qui pour Assafjew n'est rien d'autre que des *"connexions ou enchaînements sonores historiquement déjà cristallisés"* (*bereits herauskristallisierte Klangverknüpfungen* [Assafjew (1), p.212]) — sera alors vue comme **procès**, où création (composition), exécution (interprétation), et réception (écoute) forment un tout dont l'interaction de ses éléments sera fortement déterminée par cet aspect qui — introduit par Assafjew dans un contexte essentiellement complexe — acquiert à nos yeux une importance tout à fait fondamentale: la **mémoire auditive** (*auditives Gedächtnis*). C'est ainsi que nous lisons chez Assafjew: *"Das Phänomen der Intonation verbindet das Musikschaffen, die Aufführungspraxis und das musikalische Hören auch als kulturelle Genese zu einer Einheit, nämlich als Wahrnehmungstätigkeit mit Erkenntnischarakter, die mit der Evolution des Gehörs, der auditiven Aufmerksamkeit und des <u>auditiven Gedächtnisses</u> verbunden ist ..."*[64] [Assafjew (2), p.385, nous soulignons].

C'est précisément à partir de la *reconnaissance* (*Erkenntnischarakter*) potentielle des formes musicales ou des intonations plus ou moins cristallisées — au moyen de la mémoire

---

63) *"Der Begriff Intonation als Sinngebung von Tonbeziehungen im Klanggeschehen versteht gesellschaftliche Determiniertheit und soziale Rechtfertigung als höchstes Kriterium jeder musikalischen Erscheinung"* [Assafjew (1), p.219]. Et encore: *"Der Ton (die Spannung und Anstrengung, die für die Äußerung eines Affekts, eines andauernden emotionalen Zustands erforderlich ist, ganz gleich ob im musikalischen Ton oder im Wort) bildete sich in seiner Evolution in engem Zusammenhang mit der Evolution des Ohrs des gesellschaftlichen Menschen"* [Assafjew (2), p.383].

64) Sur le caractère social de l'intonation, nous lisons encore chez Assafjew: *"Wie jede lebendige Erscheinung vollzieht sich auch die Intonation der Menschen immer als Prozeß, als Genese, und da die Menschheit sozialen Charakter hat, schafft sie auch die Musik als eine soziale Tätigkeit"* [Assafjew (2), p.351-352].

auditive et, partant, d'une **conscience musicale collective** (Assafjew parle constamment d'un *"gesellschaftliches Bewußtsein"*) — qu'une scission entre musique et langage est devenue de plus en plus prononcée, et cela à travers une **spécialisation** toujours croissante, du côté de la musique, de ce que Assafjew désigne par *science des intervalles (Intervallik)*. La précision de plus en plus incisive de l'intervalle en tant qu'*indicateur de la tension propre à l'intonation (Indikator* ou *Träger der intonatorischen Spannung* [cf. Assafjew (2), p.258 et p.280]), et l'évolution assez frappante des structures musicales dans l'histoire envisageant surtout la composition des **intervalles** constituent donc la raison sinon d'une séparation absolue, au moins d'une distinction assez nette entre musique et langage verbal (ou poésie), précédant de cette façon une inévitable scission subséquente: *"Die Absonderung (aber noch nicht Abtrennung) der «Tonkunst» des Wortes (Poesie) von der «Tonkunst» des musikalisch gestalteten Klanges wurde durch die Entstehung einer neuen Ausdruckserscheinung im gesellschaftlichen Bewußtsein bestimmt, die für die verbale Sprache bereits nicht mehr erforderlich war: ich meine das* Intervall *als exakte* Determinante *der emotionalen Bedeutungsqualität der* Intonation ..." [Assafjew (2), p.384]. L'**harmonie**, science des proportions d'intervalles, émerge, nous le constatons, en tant qu'élément le plus éminent du discours musical — l'**intonation mélodique** en constituant sa manifestation la plus élémentaire —, et l'**intervalle** sera vu comme une *forme primordiale* de la musique en tant qu'expression autonome[65], bien qu'il ait irréfutablement, et justement pour cette raison, son origine au sein même du Verbe[66].

De cette façon, la musique, déterminée dialectiquement par des circonstances historiques et inéluctablement liée à la *processualité* constitutive de ses formes, gagne en autonomie face aux autres systèmes linguistiques, il s'en suite que parler du **contenu** (*Inhalt*) de ses intonations signifie donc parler d'une **sémantique musicale** — terme introduit en 1925 par Assafjew à la fin de son livre *"Die musikalische Form als Prozeß"*, paru toutefois cinq ans plus tard [cf. Assafjew (1), p.221].

---

65) "... *Das Intervall* [stellt] *eine der Urformen der Musik* [dar] ..." [Assafjew (2), p.233].

66) Ce que nous démontre clairement l'histoire de l'intervalle et de son émancipation graduelle dans la musique occidentale (dont les réflexes sur l'écriture musicale nous irons aborder plus tard), car, comme affirme Assafjew, *"die Geschichte der Grundlegung der Intervalle unseres europäischen Tonsystems im gesellschaftlichen Bewußtsein zeigt sehr deutlich deren vokales Wesen"* [Assafjew (2), p.227].

A partir de ses postulats principaux, nous constatons que la théorie de Assafjew constitue une des contributions les plus fondamentales en regard d'une approche sémiotique de la dichotomie entre **langage** et **musique**. Mais si d'un côté son exposé contient des notions assez pertinentes afin que nous puissions tracer des parallèles et établir les divergences entre ces deux sphères de l'expression — telles que celles de l'*intonation*, la *processualité*, la *science des intervalles*, la *tension tonale*, la *mémoire auditive*, la *conscience musicale collective* —, Assafjew cherchera, par ailleurs, à attribuer à la **mélodie** et au **rythme** le rôle de pierres fondamentales de sa notion peut-être la plus importante, c'est-à-dire de la **sémantique musicale**. Sa rhétorique, quoiqu'adressée à une approche très actuelle — c'est-à-dire à une analyse linguistique des corrélations entre langage verbal et musique —, repose essentiellement sur deux concepts étroitement liés à la musique tonale, à la musique du passé. Pour Assafjew, le développement musical ne pourrait apparaître qu'à travers un jeu sur la régularité rythmique[67], tandis que la mélodie constituerait l'élément le plus expressif et le plus essentiel de n'importe quelle attitude musicale[68]. Bien qu'elle se présente à nos yeux comme essentiellement contemporaine, la conception de Assafjew a pour base, nous le voyons, les fondements de la musique périodique du XIXème siècle.

Mais c'est à la lumière de cette contradiction qu'un premier parallèle avec la musique de Luciano Berio peut s'établir. Si d'une part la mélodie a joué un rôle remarquable dans l'histoire de la musique modale et tonale, notamment en ce qui touche le développement de ce que Assafjew dénomme *Intervallik*, elle a, d'autre part, atteint son point culminant avec la saturation du système tonal et, par conséquent, avec la crise du tempérament. A partir de l'avènement de la musique dite atonale, le rôle de la mélodie, particulièrement en ce qui concerne l'emploi de la voix, a été sensiblement atténué ou même — quoique subsistant occasionnellement jusqu'à nos jours — complètement annulé face à

---

67) A propos du rythme, Assafjew écrit: *"Die Intonation ist so eng verknüpft mit dem Rhythmus, der als disziplinierender Faktor beim musikalischen Ablauf in Erscheinung tritt, daß es außerhalb der Gesetzmäßigkeiten der Rhythmusbildung gar keine musikalische Entwicklung gibt"* [Assafjew (2), p.255].

68) Pour ce qui est de la mélodie, nous lisons chez Assafjew: *"... Die Melodie [war und bleibt] die hauptsächlichste Erscheinungsform der Musik und ihr am besten verständliches und ausdrucktragendes Element"* [Assafjew (2), p.386, note 75].

l'intérêt croissant pour les articulations verbales les plus différenciées[69]. De cette façon, matière verbale dans son intégrité et intonation musicale — au sens conféré par Assafjew — se retrouvent curieusement dans la musique contemporaine — notamment après l'avènement des musiques électroacoustiques et avec le développement de plus en plus répandu des études en phonétique et phonologie —, tout en reproduisant en quelque sorte, dans un contexte propice à la suppression de toute opposition, leur origine présumée commune. A la prépondérance absolument vocalique, typique de la musique modale/tonale, s'oppose donc le *continuum* si aspiré entre **verbe** et **son** et un équilibre entre voyelles et consonnes beaucoup plus proche de la parole, l'auditeur étant dès lors constamment placé devant la "musicalité" inhérente à sa propre langue.

De ce point de vue, l'œuvre de Berio constitue peut-être l'exemple le plus singulier de toute sa génération d'une prise de conscience radicale de ce retour à l'origine de la musique en tant qu'intonation de la parole[70], sans pour autant négliger la *processualité* qui l'a déterminée et, par conséquent, le fait que la voix ait été historiquement identifiée à l'inflexion mélodique. En ce sens, la **mélodie** aura bien sûr lieu dans l'œuvre bérien, mais elle se présentera presque toujours comme une donnée de l'histoire, une incursion critique, ou bien comme une *épiphanie* (lyrique et parfois dramatique) d'un geste vocal associé au passé; en tout cas comme une des facettes, parmi bien d'autres, des manifestations vocales. C'est dans ce sens que Berio écrit: *"Renouer avec la voix n'est pas forcément renouer avec la mélodie. C'est d'abord et avant tout s'approcher au plus près de ce qui lie l'homme et le son"* [Berio (23)].

Un exemple frappant de cette position est sans aucun doute "A-Ronne" (1974/75) pour 8 chanteurs, que le compositeur définit comme un *"documentaire"*. La pièce, *"une vocalisation élémentaire*

---

69) A propos d'une critique sur une possible reconquête de la mélodie dans la musique contemporaine, voir Berio (49), p.107-111.

70) Berio écrit: *"Quand une pensée musicale requiert la participation de paroles, la barrière (l'«arbitraire» des linguistes) entre son et signifié"* — en se référant à la conception saussurienne du signe linguistique — *"est dépassée parce que son et signifié sont insérés et transposés dans uns structure temporelle capable de les associer de façon «différente», capable d'inventer et d'instituer des ressemblances et des équivalences et, donc, de les transformer"* [Berio (31), p.53].

d'un texte" [Berio (43), p.5[71]] de E. Sanguineti que Berio définit comme *"une séquence très articulée et discontinue de modes de dire"* [Berio (43), p.6], constitue un répertoire exhaustif des manifestations vocales, où *"les épisodes occasionnels chantés n'ont pas en fait une signification musicale autonome: ils sont des moments parmi bien d'autres — et peut-être parmi les plus simples — dans la liturgie des gestes vocaux"* [Berio (43), p.6]. De cette façon, il jette dans son œuvre un regard à la fois critique et partiel sur le parcours historique — quoique non-linéaire — du Verbe, *"dall'A al Ronne"*, c'est-à-dire à partir de l'origine de son inflexion (symbolisée par la lettre A) à la dernière lettre de l'ancien alphabet italien, constituant symboliquement un répertoire totalisant de comportements vocaux qui excède la palette gestuelle fournie de façon circonscrite par le présent. Nous nous rapportons donc au commencement de la parole et de la musique, à l'**intonation première**, dont les traces demeurent de façon inévitable et intransigeante à chaque prononciation: *"Le sens musical de «A-Ronne» est primordial: il est commun à toute expérience, du langage de tous les jours à celui du théâtre, où les changements d'expression impliquent et appuient des changements de signifié"* [Berio (43), p.5].

Ce qui en résulte, c'est la constitution d'une *"«grammaire» du comportement vocal"* [Berio (43), p.6], dont la dialectique entre les deux dimensions, celle du texte écrit et celle de son articulation (ou interprétation) vocale, établit une analogie avec l'essence dialectique même de la musique vocale et de la langue quotidienne, *"où le rapport entre les deux dimensions (la grammaticale et l'acoustique) est substantiellement responsable des possibilités infinies du discours et du chant humains"* [Berio (43), p.6].

Pour qu'une telle dialectique entre texte écrit et interprétation vocale vînt au jour, autrement dit, pour que les gestes vocaux puissent, à travers diverses *lectures*, en modifier continûment le sens en mettant l'accent à chaque fois sur différents aspects référentiels du texte, il a fallu procéder à une opération tout à fait fondamentale, à savoir: apporter au sein du comportement vocal essentiellement séquentiel et perpétuellement en dissolution [cf. Jakobson (74), p.92-93] la réversibilité temporelle typique du texte

---

71) Presque toutes les citations en français du texte concernant la référence bibliographique Berio (43) ont été soumises à des corrections parfois radicales de la part de l'auteur de ces lignes, toujours à partir du texte original italien, étant donné la mauvaise qualité de la traduction française.

écrit. Si en lisant un texte, le temps s'avère essentiellement réversible à nos yeux [cf. Jakobson (75), p.74], tout en rendant possible un déchiffrement beaucoup plus flexible et exhaustif de ses significations référentielles, l'articulation vocale d'un texte écrit ne peut tenir compte de ses nuances au niveau des signifiés qu'au fur et à mesure qu'elle fait appel à une périodicité du texte. C'est-à-dire qu'elle prend en compte l'inévitable retour périodique et donc susceptible d'une autre lecture, d'une nouvelle interprétation, enfin, d'un autre *traitement prosodique*. Une solidarité entre écriture textuelle et geste vocal se produit donc: le texte prête au geste vocal sa réversibilité temporelle; le geste vocal, en revanche, confère au texte des caractères prosodiques absents, comme nous le verrons plus tard, dans l'écriture. De cette façon, le texte de Sanguineti, avec ses *gestes culturels* [cf. Berio (67)] hautement référentiels, est répété à peu près une vingtaine de fois au cours de ces trente minutes, pendant lesquelles le traitement vocal si diversifié constitue peut-être l'exemple le plus fécond, parmi les œuvres du compositeur italien, de ce qu'il désigne par *"teatro per gli orecchi"*[72] — en faisant référence au *"madrigale rappresentativo"* de la fin du XVIème siècle italien (plus précisément au *"theatro dell'udito"* de l'œuvre *"L'Amfiparnaso"* (1597) de Orazio Vecchi [cf. Dreßen (1), p.198-199; et voir à ce propos Conati (1)])[73].

Si la voix en tant qu'instrument musical a été historiquement connotée avec la mélodie, ce fait ne sera aucunement déconsidéré par Berio, et il s'avère bien symptomatique que dans des œuvres essentiellement vocales telles comme *"Thema (Omaggio a Joyce)"*, *"Visage"*, *"Sequenza III"* et *"A-Ronne"* le **chant** joue un rôle promordial justement à la fin de ces pièces. Il est donc placé dans un moment très important de l'œuvre du point de vue dramatique.

---

72) Et curieusement auquel Assafjew, dans un tout autre contexte, fait en quelque sorte attention lorsqu'il écrit sur la nécessité d'une *"écoute des gestes"* (*Hören der Geste* [cf. Assafjew (1), p.194]).

73) Déjà auparavant, lorsqu'il se référait à *"Circles"* (1960), Berio avait écrit: *"Les aspects théâtraux de l'exécution appartiennent à la structure de l'œuvre elle-même, qui est avant tout une structure d'actions: à être entendue comme théâtre et à être vue comme musique"* [Berio (55), nous soulignons]. Plus tard, à la fin de son texte *"Notre Faust"* (1969), en entretenant une polémique avec Pousseur à l'occasion de la création de l'opéra *"Votre Faust"* (1960/68) du compositeur belge à Milan, Berio fera référence à cette phrase, lorsqu'il nous propose de *"regarder avec [les] oreilles et entendre avec [les] yeux"* [Berio (31), p.56]. (Et phrase à laquelle Pousseur fera allusion — également sur un ton polémique — à la fin de son texte *"Stravinsky selon Webern selon Stravinsky"* (1971), lorsqu'il rend hommage à Stravinsky *"avec la tranquillité de ceux dont les yeux ont vu et les oreilles, entendu"* [Pousseur (18), p.126]).

A l'exception de *"A-Ronne"*, c'est comme s'il s'agissait d'une directionnalité à une *mélodie* finale[74], et si dans *"A-Ronne"* nous nous trouvons — par opposition aux autres œuvres citées — devant la présence plus ou moins évidente de la donnée mélodique déjà à d'autres moments de la pièce, ce ne sera qu'à la fin que le chant acquerra, selon le compositeur, une autonomie particulière en tant que tel. Par rapport au rôle des épisodes chantés dans cette pièce, Berio écrit que *"seul le bref épisode final, fondé sur une série d'«allitérations» harmoniques très élémentaires, possède sa propre autonomie musicale"*[75] [Berio (43), p.6].

Pour ce qui est de la musique instrumentale, l'œuvre peut-être la plus *mélodique* de Berio est justement celle où la mélodie hésite de plus à se constituer, et cela jusqu'à un point où les flexions mélodiques se confondent avec l'essence même de l'œuvre, déterminant la totalité de son propre discours. Berio l'a décrite de cette façon: *"Un orchestre de chambre joue une mélodie. Ou, pour être plus précis, il décrit une mélodie, mais seulement au sens où une ombre décrit un objet ou un écho décrit un son. La mélodie se développe sans cesse, quoique de manière discontinue, par des répétitions et des digressions autour d'un centre changeant, distant et peut-être indescriptible"* [Berio (70), p.11]. Il s'agit de *"Requies"* (1984), composé à la mémoire de Cathy Berberian (morte en 1983), dont le symbolisme nous est évident: la mélodie, à la fois omniprésente et absente, y occupe la place de la voix — de cette voix qui était, elle aussi, omniprésente dans la production bérienne, mais qui y devient dès lors irrévocablement absente. Un hommage, donc, à ce personnage qui a déterminé de façon catégorique le parcours du maître italien.

---

74) Dans ce sens, il faut y rehausser le fait que Berio ait placé, dans *"Sequenza III"*, le verbe *to sing* (chanter) comme dernière expression sémantique de la pièce.

75) Nous nous demandons, toutefois, si Berio ne se réfère pas à la "parodie baroque" qui se développe de la page 35 à la page 38 de la partition (UE) et qui possède à nos yeux une autonomie mélodique beaucoup plus prononcée que l'épisode final des pages 39-40. Au point de vue de la forme, elle se situe également "à la fin" de la composition, elle peut donc être considérée elle-aussi comme *"breve episodio conclusivo"*.

1.2. Quelques rapports entre la musique et le langage

1.2.1. Phonème et morphème

Si déjà dans notre travail sur *"Visage"* la théorie de Roman Jakobson, un des principaux personnages du Cercle Linguistique de Prague, nous avait fourni des concepts extrêmement adaptés à une interprétation approfondie de cette œuvre, nous recourrons désormais à un autre penseur très influent dans l'activité linguistique en Tchécoslovaquie, cette fois dans le domaine de la sémiotique musicale: Jaroslav Jiránek. A notre avis, la contribution de Jiránek réside justement dans le développement de la théorie de Assafjew. Conçue différemment que dans la pensée de Assafjew, l'**intonation** — qui acquérait pour le musicologue soviétique un sens plus général en tant que principe à la fois dialectique et historique — signifiera pour Jiránek **la somme des contextes musicaux les plus petits et dotés d'une signification et expression plus ou moins analogues face à un sujet concret, déterminé par des circonstances sociales**[76]. Par conséquent, l'intonation sera identifiée, pour employer un terme si cher à Berio, au **geste musical**.

Nous en déduisons que Jiránek confère à l'intonation un sens **gestuel**, donc **distinctif**. En circonscrivant le concept de Assafjew au domaine des **gestes musicaux** les plus petits, le musicologue tchèque établit — quoiqu'il n'en parle pas en ce sens — un parallèle entre **intonation** et **morphème** (ou **unités formelles minima**), c'est-à-dire, *"la plus petite unité linguistique dotée d'un sens propre"* [Jakobson (30), p.163], dotée donc d'une signification et expression propres[77]. Bien que le phonème possède en lui-même un caractère éminemment gestuel (et donc une "valeur expressive *in potentia"* [cf. Jakobson (74), p.221]), matérialisé au moment de sa réalisation articulatoire *"comme si en remontant vers les couches*

---

76) *"Summe der kleinsten konkreten... Musik-Ton-Kontexte, die für ein gewisses, historisch konkret bestimmtes, gesellschaftliches Subjekt... relativ gleiche Bedeutung und Ausdruck haben ..."* [Jiránek apud Lehmann/Lippold in Assafjew (1), p.18]. Et ailleurs: *"Diese Einheit musikalischer Bedeutung* [Intonation] *läßt sich als Menge der kleinsten konkreten (d.h. konkret klingenden) musikalischen Klangkontexte definieren, die für ein historisch bestimmtes gesellschaftliches Subjekt... relativ gleiche Bedeutung und gleichen Ausdruck haben ..."* [Jiránek (1), p.60].

77) A l'opposé de l'acception linguistique française de **morphème** en tant qu'**affixe**, nous nous référons ici plutôt au concept de **morphème** tel qu'il a été défini aussi par Troubetzkoy: *"... Ein Phonemkomplex, der in mehreren Wörtern auftritt und dabei mit derselben (materiellen oder formalen) Bedeutung verbunden ist"* [Troubetzkoy (1), p.225].

profondes de la conscience, les sons du langage se transformaient graduellement en éléments gestuels..."[78] [Fónagy (1), p.120], et bien que les traits distinctifs qui constituent le phonème, une fois pris isolément, soient dotés eux aussi d'une *charge sémantique immédiate* — étant donné que *"l'opposition sur laquelle se fonde chaque trait distinctif ... est toujours porteuse d'une association synesthésique qui lui confère une <u>nuance sémantique</u> immédiate"* [Jakobson (74), p.284-285, nous soulignons] —, l'articulation phonétique aussi que l'association *immédiate* des propriétés acoustiques d'un trait distinctif à un signifié quelconque — aussi précis soit-il — ne peuvent apparaître qu'au moyen d'une opération appuyée en quelque sorte sur la **synesthésie**, donc sur une certaine *médiateté*. En cherchant à établir une corrélation entre l'intonation — dans le sens conféré à ce terme par Jiránek — et la structure de la langue, c'est au morphème que nous devons donc faire appel. De cette façon, l'intonation doit inéluctablement être identifiée avec le geste musical essentiellement distinctif — dans son acception bérienne même[79] —, lequel se présente en tant que **complexe sonore** ou **contexte sonore** (*Klangkontext*, dans la terminologie de Jiránek) doté d'une signification particulière et correspondant au **complexe de phonèmes** (*Phonemkomplex*, dans la terminologie de Troubetzkoy) qui constitue la notion de morphème dans le langage.

Les rapports entre complexes **sonore** (intonation, geste musical) et **phonèmes** (morphèmes) se présentant de façon évidente à nos yeux, nous pouvons donc pousser à l'extrême la corrélation langage/musique en établissant un parallèle entre le son ou l'**événement sonore** dans la musique, qui constitue alors l'entité (dotée de caractéristiques acoustiques propres) la plus élémentaire d'un énoncé musical déterminé et sur laquelle l'articulation musicale se développe en vue de l'élaboration d'un contexte significatif, et le **phonème**, qui, pour Jakobson, signifiait *"tout terme d'opposition phonologique non susceptible... d'être dissocié en unités*

---

78) Cf. à propos de la fonction gestuelle de l'articulation, Fónagy (1), p.105-106; et à propos des concepts de **gestes articulatoires** de Maurice Grammont et de **gestes phoniques** de Otto Jespersen, Jakobson (74), p.223.

79) *"Par geste, nous pouvons donc entendre"*, selon Berio, *"simplement l'action de faire quelque chose, de susciter une communication quelconque"*, ou encore d'*"assumer les significations et prendre une position critique devant l'histoire qu'il contient"*. Autrement dit, le geste est vu comme *"un contexte significatif inséparable à son tour de son historicité ..."* [Berio (16), p.41]. (Sur l'importance du geste chez Joyce et ses réflexes dans l'œuvre de Berio, voir Dreßen (1), p.29-32].

phonologiques plus petites et plus simples"[80] [Jakobson apud Troubetzkoy (1), p.34, note 1]. Malgré le fait que la notion même de **phonème** ait été soumise à de remarquables révisions, où le phonème abdique sa supposée *indivisibilité* primaire et donne subséquemment lieu à une définition tout en tenant plutôt compte de son caractère conjonctif en tant que **faisceau de traits distinctifs simultanés**[81], le rapprochement entre ces deux concepts — **événement sonore** pour la musique, **phonème** pour le langage — devient tout à fait évident, puisque en considérant les deux dimensions du langage, c'est-à-dire l'axe paradigmatique et l'axe syntagmatique, le phonème s'avère même indivisible: "*Le phonème forme... la plus petite unité phonologique à deux axes — celui des simultanéités et celui des successivités...*" [Jakobson (23), p.315, nous soulignons]. Etant donné que "*it is a two-dimensional unit which cannot be subdivided into smaller bidimensional units*" [Jakobson (27), p.106], il en résulte que "*das Phonem ist also die kleinste zweidimensionale phonologische Einheit*" [Jakobson (22), p.309, nous soulignons]. En outre, de même que l'événement sonore constitue l'élément-de-base d'un geste musical, sans pour autant gagner en autonomie du point de vue de la signification face au contexte, le phonème dans le langage lui aussi "*participe à la signification, sans avoir pourtant de signification propre*"[82] [Jakobson (30), p.164].

Mais si d'une part ces parallèles s'établissent de manière catégorique, d'autre part, une première divergence s'ébauche entre langage et musique: alors que le temps de réalisation, soit du phonème, soit du morphème dans la prononciation s'avère toujours limité dans le langage, l'événement sonore ainsi que l'intonation — autrement dit, le geste musical — peuvent acquérir dans la musique des dimensions beaucoup plus diversifiées. Le temps de l'événement

---

80) Troubetzkoy définit les phonèmes de la façon suivante: "*Phonologische Einheiten, die sich vom Standpunkt der betreffenden Sprache nicht in noch kürzere aufeinanderfolgende phonologische Einheiten zerlegen lassen, nennen wir Phoneme*" [Troubetzkoy (1), p.34]. Et ailleurs: "*... Das Phonem [ist] die Gesamtheit der phonologisch relevanten Eigenschaften eines Lautgebildes*" [Troubetzkoy (1), p.35].

81) Cf. cette définition de 1932 du phonème in Jakobson (30), p.165, et (75), p.32-33. Sur la **complexité synchronique** du phonème, Jakobson écrira plus tard: "*Le phonème, faisceau de traits distinctifs, apparaît donc comme une unité, certes importante, mais dérivée, un complexe, l'assemblage simultané d'un ensemble d'unités élémentaires concurrentes*" [Jakobson (74), p.36, nous soulignons]. En outre, nous lisons la définition suivante de 1932: "*By this term [phoneme] we designate a set of those concurrent sound properties which are used in a given language to distinguish words of unlike meaning*" [Jakobson (9), p.231].

82) Jakobson observe remarquablement: "*Um mit Husserl zu sprechen, ist im Phonem der bedeutungsverleihende Akt, keineswegs aber der bedeutungserfüllende Akt gegeben*"! [Jakobson (22), p.292].

sonore, autrement dit, du geste musical, est donc fondamentalement différent de celui du phonème et du morphème: il s'avère, en fait, beaucoup plus flexible que la temporalité irréductible — au moins jusqu'à nos jours — et réduite de la parole.

On peut déduire à partir de ces prérogatives, qu'une véritable corrélation entre langage verbal et musique ne pourrait donc avoir lieu qu'au fur et à mesure que l'on soumet les données musicales à une analyse fondamentalement "phonologique": de même que les aspects fonctionnels du langage ne s'avèrent analysables de façon absolument adéquate qu'au moyen des concepts développés par l'étude phonologique des sons verbaux, on ne pourrait pas non plus comprendre profondément les lois qui déterminent l'essence même du langage musical sans le soumettre à une approche **fonctionnelle** et **distinctive** de ses données constitutives, de ses **intonations**.

Bien qu'elle paraisse tout d'abord abstraite, une telle démarche nous semble cependant tout à fait pertinente, et cela malgré la spécificité apparemment irréversible de ces codes linguistiques particuliers. Pour qu'elle se justifie, toutefois, il faudrait que nous nous rendions compte de ces deux faits fondamentaux: d'une part, de la contiguïté prééminente entre langage et musique justement à travers la sphère phonologique du langage (et cela malgré la différenciation entre l'hémisphère cérébral gauche, "phonologique", et l'hémisphère cérébral droit, "musical"[83]); par ailleurs, des conditions historiquement déterminantes et, partant, responsables de la spécification de leurs codes linguistiques respectifs.

Une analyse comparative — encore une fois guidée par l'entreprise de Jiránek en même temps qu'entrevoyant une approche postérieure plus circonscrite à l'œuvre bérien — entre langage et musique au point de vue de leur constitution nous conduit à des résultats intéressants[84].

---

83) Du fait que les événements sonores arrivent d'une façon non-unilatérale à nos deux oreilles et que la perception de ces stimulus acoustiques parvient simultanément dans les deux hémisphères cérébraux, cette différenciation anatomique peut, en effet, constituer la raison la plus "naturelle" d'un mélange de ces codes à partir de la seule écoute, en écoutant le langage verbal comme *musique* et en entendant la musique comme *langage*.

84) Dans ce processus, il faut remarquer que notre approche ne coïncide pas toujours avec celle de Jiránek. Quoique motivée par la conception du musicologue tchèque, notre analyse développera parfois des conceptions autonomes, divergences dont le lecteur se rendra certainement compte. En revanche, l'entreprise de Jiránek abordera certains aspects auxquels notre discours ne fera pas allusion (tels que le "caractère statique" du langage et le "caractère dynamique" de la musique, etc.).

1.2.2. Sens et signifié

Dans le langage, nous avons déjà appris à travers la théorie saussurienne que le **concept** en tant que **fait de conscience** se voit médiatisé, dans l'acte de la communication verbale, par son **image acoustique** [cf. Saussure (1), p.28], en constituant ce que nous désignons par **signe** linguistique [cf. Saussure (1), p.98]. Chaque signe est donc muni d'un **signifiant** (c'est-à-dire, dans le cas d'un mot, d'un ordre sonore constitué d'une séquence de phonèmes qui le constituent — pour Saussure ordre fondamentalement *arbitraire*, *immotivé* par rapport au concept [cf. Saussure (1), p.100-101], mais dont la **nécessité**, la **motivation** phonologique nous ont bien été démontrées tant par Jakobson que par Troubetzkoy et par d'autres linguistes post-saussuriens), et d'un **signifié** (c'est-à-dire d'un concept qui préside la constitution de ce mot)[85]. **Signifiant** et **signifié** se présentent comme termes d'une équation n'étant rien d'autre que le **signe**; ils correspondent donc respectivement à l'image acoustique et au concept du signe qu'ils constituent, et c'est le constant **déplacement** de leur rapport qui traduit les altérations que le signe subit[86].

Si nous comparons maintenant des langues différentes dans des circonstances sémantiques analogues, ou autrement dit, si nous voulons exprimer quelque chose en faisant usage de langues distinctes, nous ferons certainement appel à des mots différents, parfois à des structures grammaticales fort différenciées, sans pour autant effectuer des changements substantiels dans cette *signification* générale et commune à ces langues, et de laquelle nous sommes parti. Il s'agit, dans ce cas, d'une pensée, d'un concept plus général qui président les fonctions d'une langue déterminée et qui se prêtent, bien sûr, à des structures parfois tout à fait différentes. En d'autres termes, nous sommes devant une *signifiance* d'ordre général et susceptible de diverses mises au point.

---

85) Nous pouvons y énoncer une autre intéressante définition de ces concepts: les **signifiants** sont des discriminations psychiques des *réalisations phoniques* possibles, tout en correspondant aux **signifiés** qui, eux, sont des discriminations entre les *significations* possibles. [Cf. Tullio de Mauro in Saussure (1), p.419, note 56].

86) Saussure écrit: "*Quels que soient les facteurs d'altérations, qu'il agissent isolément ou combinés, ils aboutissent toujours à un déplacement du rapport entre le signifié et le signifiant*" [Saussure (1), p.109].

Ce "concept général", la linguistique l'a dénommé **sens**[87]. Bien qu'il soit susceptible de transformations plus ou moins intenses, de changements sémantiques plus ou moins profonds selon la structure linguistique à laquelle il se soumet[88], le sens reste de façon intransigeante en tant que *facteur commun* face à ces mises au point parfois radicalement en contraste l'une par rapport à l'autre, comme *"une grandeur qui n'est définie que par la fonction qui la lie au principe de structure de la langue et à tous les facteurs qui font que les langues diffèrent les unes des autres"* [Hjelmslev (1), p.74].

Un aspect très important de la théorie de Jiránek réside précisément dans sa transposition au niveau musical des concepts concernant le **sens** et le **signifié** linguistiques.

Pour Jiránek, la musique possède elle aussi — en étroite corrélation avec le langage verbal — des sens et des signifiés, qui se manifestent à travers les intonations respectivement historiques et dynamiques. Dans le domaine de la musique, nous entendons par **sens** des *segments de l'expérience musicale en tant qu'éléments significatifs et socialement communicables*[89]. Le sens est donc directement associé aux énoncés historiques, à des données stylistiques appartenant à un répertoire d'intonations qui constitue le style d'une époque et qui détermine de façon dialectique l'avènement même de l'œuvre. Doté, d'une part, d'une charge sémantique irrévocable concernant le développement du code linguistique musical lui-même, et, d'autre part, d'un caractère éminemment constitutif en ce qui touche l'élaboration des nouvelles intonations, le sens sera défini par Jiránek comme des **éléments sémantiques interactifs** (*semantische Eintrittselemente*). Pour ce qui est du signifié dans la sphère musicale, il constituera à son tour les

---

87) Le **sens** peut correspondre, en termes saussuriens, à la **signification**, c'est-à-dire à la contrepartie de cette autre face des entités linguistiques, la **valeur**. Ces deux notions, **signification** et **valeur**, sont fondamentalement **contextuelles**, mais tandis que la **valeur** d'une entité linguistique est circonscrite aux contextes d'une langue déterminée, sa **signification** extrapole les frontières d'une langue quelconque et institue une identité conceptuelle entre ses diverses acceptions. [Cf. à ce propos Saussure (1), p.158-162; et Mauro in Saussure (1), p.464-465, note 232].

88) Hjelmslev écrit, lorsqu'il se réfère à l'application d'un même sens dans des langues diverses: *"On s'aperçoit que [le sens] doit être analysé d'une manière particulière dans chacune de ces langues, ce que nous ne pouvons expliquer qu'en disant [qu'il] est ordonné, articulé, formé de manière différente selon les différentes langues"* [Hjelmslev (1), p.75].

89) Ou, comme le définit Jiránek: *"Segmente der menschlichen Lebenserfahrung als gesellschaftlich kommunizierbare Bedeutungselemente"* [Jiránek (1), p.69-70].

significations particulières et dynamiques issues du nouveau contexte de l'œuvre dans son élaboration ou réception[90]. Ces significations, Jiránek les dénommera (en empruntant le terme à Sáva Sabouk) **sémantèmes** (*Semanteme*). Tandis que le caractère d'un élément sémantique interactif s'avère comme essentiellement "répertoriel" — c'est-à-dire qu'il constitue un énoncé linguistique propre à un répertoire stylistique déterminé —, le sémantème devient le résultat, tant au niveau de la conception qu'à celui de la perception, des articulations effectuées par le compositeur à partir des données stylistiques propres à ce répertoire. En tant que résultat de ces opérations stylistiques, le signifié musical appartient, au moins potentiellement, également au récepteur, tout en devenant en quelque sorte indépendant d'une liaison absolument exclusive avec le compositeur qui l'a conçu.

Nous constatons, tant au niveau du sens quant à celui du signifié musical, que la signification musicale ne peut se constituer qu'au moyen d'une inéluctable dépendance face aux données structurelles de la syntaxe musicale elle-même, ce qui nous renvoie à la définition jakobsonienne de musique en tant qu'*"un langage qui se signifie soi-même"* [Jakobson (65), p.99]. Nous y avons affaire, avec Jakobson, à une *"semiosis introversive"*[91] [Jakobson (65), p.100].

Nous vérifions, d'autre part, qu'une autre particularité du domaine musical s'y fait présente, en établissant une distinction face au langage verbal, distinction accentuée au cours du développement historique du code musical: tandis que la compréhension, au niveau de la réception linguistique, du signifié dans le langage dépend essentiellement de son caractère "monophonique", le signifié, dans la musique, peut également être véhiculé au moyen d'une structure "polyphonique" ou même "hétérophonique". Si le signifié verbal ne peut être déchiffré par celui qui l'entend que s'il est clairement exposé (ce qui pour le langage implique fondamentalement la prédominance absolue de l'émission verbale univoque portant ce

---

90) *"Neue einzigartigen Bedeutungen, die im Schaffen oder in der Apperzeption eines bestimmten Kunstwerks als dynamische Bedeutungseinheiten entstehen"* [Jiránek (1), p.70].

91) A cette *semiosis* introversive correspondrait alors une quatrième variété du rapport entre *signans* et *signatum* — à l'opposé des **icônes** (fondés sur un rapport de **similarité effective**), des **Index** (fondés sur une **contiguïté effective**), et des **symboles** (fondés sur une **contiguïté attribuée, assignée**) —, à savoir: une **similarité assignée** (c'est-à-dire un moyen-terme entre les icônes et les symboles) [cf. Jakobson (65), p.100]. D'autre part, nous comprenons par là l'incongruité des opérations "hasardeuses" dans la musique, car c'est justement la classe des index qui se trouve en quelque sorte exclue du domaine musical, les index fournissant, selon Jakobson, *"le plus vaste domaine de signes interprétés par leurs récepteurs sans qu'existe aucun émetteur volontaire"* [Jakobson (65), p.97].

signifié), dans la musique le signifié peut, parfois, résider également dans son essence *multiphonique*, dans son émission en plusieurs couches. Une structure hétérophonique dans la musique peut donc — contrairement au langage — ne pas compromettre la compréhension de son signifié; elle peut même au contraire, et selon la circonstance (c'est-à-dire selon la contexture musicale dans laquelle le signifié musical s'insère), la renforcer. (Dans ce contexte, il est intéressant de s'apercevoir des tentatives existant dans la musique contemporaine afin d'élaborer des pièces pour instruments essentiellement monophoniques, mais envisageant tout de même une perception polyphonique des énoncés musicaux. Les *"Sequenze"* pour instruments solistes de Berio en constituent un bon exemple).

En reprenant l'appel au discours verbal fait par Schönberg, dans la première phase de l'atonalisme libre, appel auquel nous nous sommes déjà référé, nous pouvons élucider les concepts de sens et signifié à la lumière d'un exemple concret: *"Pierrot Lunaire"* (1912). En analysant cette œuvre du point de vue de l'histoire de la musique vocale, elle acquiert une valeur historique incontestable. En tant qu'éléments sémantiques interactifs, nous avons la présence du flux verbal, présence associée à l'harmonie atonale essentiellement non-discursive et les répercussions de cette rencontre: c'est-à-dire la dialectique entre, d'une part, le recours au discours verbal et l'extension musicale relative soutenue fondamentalement par l'action du langage verbal (comme dans *"Erwartung"* (1909)), et, d'autre part, l'expérience des formes extrêmement concises des œuvres instrumentales antécédentes. En tant que signifié, nous nous trouvons devant la consolidation du *Sprechgesang*, l'invention peut-être la plus cruciale du parcours schönbergien. Provenant de la nécessité d'une reprise discursive en pleine phase de l'atonalisme pré-sériel, et associé directement à l'influence des chants des cabarets sur son créateur, le *Sprechgesang* — remplaçant totalement le chant dans *"Pierrot Lunaire"* — constitue le sémantème le plus évident de cette œuvre capitale. En résumé, le sens de *"Pierrot Lunaire"* est le contexte non-discursif propre à la première phase de l'atonalisme dans son affrontement avec l'essence discursive du verbe; le signifié, en revanche, la sédimentation du *Sprechgesang* en tant que révolution, au niveau du chant, semblable à des transformations auxquelles l'harmonie dans les pièces antécédentes s'est vue soumise.

En jetant une fois de plus un regard sur *"Visage"* de Berio, sens et signifié nous semblent également assez intelligibles. En les résumant à l'extrême, nous pouvons les définir de la façon suivante: tandis que le sens de *"Visage"* est constitué par la concrétisation de la musique électronique à travers l'insertion de la voix, l'édification d'un continuum entre voix et sons électroniques et la subséquente suppression absolue de l'opposition entre musique concrète et musique électronique constituent son signifié.

1.2.3. **Langue et parole**

La corrélation entre langage et musique peut être poussée plus en avant, plus précisément en ce qui concerne la distinction saussurienne, dans le langage, entre **langue** et **parole**. De même que signifiant et signifié établissent, au niveau des éléments constitutifs du langage, une relation réciproque qui institue le signe, de même langue et parole, dans une sphère plus générale, se présentent comme deux aspects interdépendants qui constituent, tous les deux, le **langage** (*Sprache, human speech, linguaggio, linguagem*). Essayant de les synthétiser au maximum, nous pouvons les définir en affirmant que la **langue** (*Sprachgebilde, language, lingua, língua*) *"est un ensemble de conventions nécessaires adoptées par le corps social pour permettre l'usage de la faculté du langage chez les individus"*, tandis que la **parole** (*Sprechakt, speaking, parola, fala*) consiste dans l'acte concret au moyen duquel la communication verbale s'établit, ou, autrement dit, dans *"l'acte de l'individu réalisant sa faculté* [linguistique] *au moyen de la convention sociale qui est la langue"* [Saussure apud Mauro in Saussure (1), p.419, note 63]. Bien que la langue appartienne à un domaine plus collectif et la parole, en revanche, à la concrétisation plus ou moins *individuelle* de cette faculté linguistique, cette dichotomie ne doit pas être vue — comme d'ailleurs le fait Saussure lui-même lorsqu'il écrit que *"la langue n'est pas une fonction du sujet parlant..."*, et que *"la parole est au contraire un acte individuel..."* [Saussure (1), p.30; cf. aussi p.38] — comme une dichotomie entre une sphère *collective* et une sphère *individuelle* du langage, car, comme écrit Jakobson, *"la propriété privée, dans le domaine du langage, ça n'existe pas: tout est socialisé"* [Jakobson (31), p.33]. De même que la langue, **intention d'identité** [cf. Jakobson (15), p.237], subit l'influence de l'individu, la parole possède elle aussi, en tant que **manifestation personnelle** [cf. Jakobson (15), p.237] mais **intersubjective**, un caractère nécessairement social et donc collectif[92]. D'une façon plus convaincante, on peut dire que la langue représente les **valeurs en puissance**; la parole, à son tour, les **valeurs en acte** du langage[93]. On constate que, dans le langage, la langue n'existerait donc pas sans l'acte concret qui est la parole[94]. Mais si la parole consiste en un acte personnel et essentiellement transitoire, la langue a, en revanche, un caractère général et constant, tout en servant de base, en tant que **structure**, aux opérations linguistiques de la parole concrète[95]. Par conséquent, la réciprocité inéluctable de ces deux faces du langage n'a pas empêché que la linguistique saussurienne et la phonologie classique n'aient délineé comme objet de leur étude qu'**un** de ces aspects du langage, à savoir: la langue. Car ce qui les intéressait, c'était plutôt la compréhension et l'analyse approfondie du côté structurel et fonctionnel du langage,

---

92) Jakobson écrit: *"En définissant la langue comme «la partie sociale du langage, extérieure à l'individu», en opposition à la parole, simple acte individuel, Saussure ne tient pas compte de l'existence d'un code personnel qui supprime la discontinuité temporelle des faits de parole isolés et qui confirme la préservation de l'individu, la permanence et l'identité de son moi; il ne tient pas compte non plus de la nature interpersonnelle, sociale, du «circuit de la parole», doué d'une faculté d'adaptation et impliquant la participation de deux individus au moins"* [Jakobson (69), p.19; cf. aussi (22), p.284-285].

93) On peut trouver cette conception dichotomique du langage constitué par ces deux sphères nettement différenciées — c'est-à-dire, en termes saussuriens, la *langue* comme valeurs *in potentia* en opposition à la *parole* comme valeurs *en acte* — déjà autérieurement à Saussure, plus précisément chez Baudouin de Courtenay: *"Baudouin rechnete vom Anfang seiner Tätigkeit an mit der prinzipiellen Wichtigkeit der Unterscheidung zwischen «Sprache als eines bestimmten Komplexes gewisser Bestandteile und Kategorien, die nur in potentia existiert» (Saussures langue) und der «Sprache als eines sich ununterbrochen wiederholenden Prozesses» (Saussures parole)"* [Jakobson (6), p.391; cf. aussi (28), p.387; et (40), p.218-219].

94) Troubetzkoy écrit: *"Ohne konkrete Sprechakte [paroles] würde das Sprachgebilde [langue] nicht bestehen"* [Troubetzkoy (1), p.5].

95) Nous lisons chez Troubetzkoy: *"Dans Sprachgebilde [langue] besteht im Bewußtsein aller Mitglieder der gegebenen Sprachgenossenschaft und liegt unzähligen konkreten Sprechakten [paroles] zugrunde"* [Troubetzkoy (1), p.5].

responsable de sa concrétisation en tant que réalité concrète[96].
C'est ce en quoi consiste en fait la base du **structuralisme**.

De même, la musique ne peut pas exister sans sa **langue** et sa **parole**, et un parallèle entre langage et musique s'avère en ce sens absolument pertinent. C'est ainsi que, dans le domaine musical, nous pouvons désigner par **langue** les **systèmes de référence**[97] à partir desquels les compositeurs élaborent leurs pièces, tandis que par **parole** nous entendons les **applications contextuelles** des règles dérivées de ces systèmes. Autrement dit, les systèmes de référence ne sont rien d'autre que des **méthodes** (Jiránek les dénommera différemment: *Intonationsbewußtsein der Zeit*, c'est-à-dire **conscience contemporaine d'intonations**), alors que les applications contextuelles peuvent être identifiées avec les **œuvres** (et sur ce point, notre terminologie coïncide avec celle de Jiránek: *Werke* [cf. Jiránek (1), p.71; et aussi Nattiez (2), p.81]).

Mais si ce parallélisme, du point de vue de la langue et de la parole, nous semble incontestable, c'est au moyen de cette analogie apparemment absolue entre langage et musique qu'une distinction assez nette se fait sentir entre ces formes d'expression: si d'un côté, pour ce qui est du langage, la parole possède un caractère éminemment pratique et occasionnel, l'action de l'individu se présentant comme essentiellement transitoire, en ce qui concerne la musique, par ailleurs, la parole, c'est-à-dire les œuvres, constituent — bien qu'elles appartiennent également au domaine de la manifestation personnelle — la partie la plus fondamentale aussi bien pour la consolidation que pour l'évolution et les transformations des systèmes de référence mis en jeu (c'est-à-dire

---

96) Ce qui constitue bien sûr la cause principale d'une démarcation de champs analytique entre **phonologie** (comme **science des sons de la langue** (*Sprachgebildelautlehre*)) et **phonétique** (comme **science des sons de la parole** (*Sprechaktlautlehre*)) [cf. Troubetzkoy (1), p.7]. Il faut remarquer, cependant, qu'une telle délimitation ne doit pas exclure l'analyse phonologique des réalisations phoniques dans la chaîne parlée, ce qui ne peut se passer que dans le domaine de la parole. C'est en ce sens que Jakobson s'oppose à cette démarcation entre phonologie et phonétique à partir de la distinction langue/parole, tout en rehaussant la distinction fondamentale entre ces deux sciences à partir de l'importance que la **fonction** ou la **forme** phonique acquiert pour la phonologie: "*Die übliche Gegenüberstellung der Phonologie als Sprachgebildelehre* [Sprachgebildelautlehre dans la terminologie de Troubetzkoy] *und der Phonetik als Sprechhandlungslehre* [Sprechaktlautlehre pour Troubetzkoy] *erweist sich... als ungenau. Die Phonologie verhält sich zur Phonetik wie eine Form- bzw. Funktionslehre zu einer ausgesprochenen Stofflehre*" [Jakobson (22), p.286, nous soulignons; voir aussi p.201].

97) Par ce terme nous entendons les systèmes de composition sur lesquels les compositeurs — contemporains ou non — édifient leurs œuvres, la tonalité se présentent en tant que système de référence le plus répandu de l'histoire de l'écriture musicale.

de la langue). Dans le langage, nous le constatons, la parole joue donc un rôle beaucoup plus transitoire et circonscrit que les œuvres dans la musique. En effet, les interférences personnelles sur la structure de la langue à partir de l'individu qui parle s'avèrent être fondamentalement dépendantes d'une répercussion plus généralisée au niveau de toute la communauté linguistique. Dans le cas de la musique, le compositeur qui "parle" à travers sa composition a, par comparaison au sujet-parlant du langage, un pouvoir potentiel d'interférence sur les règles et sur la structure de la langue (c'est-à-dire des systèmes de référence) beaucoup plus considérable, ou du moins beaucoup plus immédiat.

Caractère *transitoire* de la parole dans le langage, pouvoir d'interférence *immédiat* de l'œuvre musicale dans la musique, il semble que nous avons affaire, en fait, à une contradiction éclatante en raison des contours difficiles à préciser. Mais cette contradiction apparente est certainement due à l'essence même de l'opposition existant entre la temporalité de la parole dans le langage et celle des œuvres dans la musique: d'un côté, le flux continu, incessant et généralisé de la parole, soit comme concrétisation de la langue dans une communauté linguistique, soit comme activité linguistique généralisée de la civilisation, tout en se présentant comme essentiellement **transitoire** en raison de son but sémantiquement **immédiat**; de l'autre côté, le temps relativement discontinu, intermittent et partitif des réalisations musicales, dont le pouvoir d'interférence sur les méthodes compositionnelles se voit en quelque sorte récompensé par l'**immédiateté** de leurs opérations face à la discontinuité propre au temps de leur avènement particulier. En tout cas, c'est justement dans ce contexte qu'il faut même se demander jusqu'à quel point le **parcours**, la **trajectoire** d'un compositeur (c'est-à-dire l'ensemble de ses réalisations) ne s'avère-t-il pas d'une importance beaucoup plus prononcée que celle de ses œuvres prises isolément[98].

---

98) Berio écrit: *"Sans doute, à toute époque, et pour un auteur donné, une œuvre tisse avec toute autre un réseau significatif"* [Berio (15), p.132]. Cela nous renvoie immédiatement à la comparaison astucieuse de Dahlhaus entre le caractère immédiat de la politique et l'essence parfois historiquement perdurable des œuvres musicales: *"... Anders als in der politischen Geschichte, in der das Wirkungslose nichtig ist, kann in der Musikgeschichte auch ein Werk, aus dem nichts folgt, bedeutend sein"*! [Dahlhaus (1), p.340]. Il est intéressant de voir qu'une œuvre musicale, par opposition aux actions politiques, peut parfois acquérir une signification singulière justement parce qu'elle n'a pas entraîné des conséquences absolument subséquentes à sa réalisation! Ce fait, nous le voyons, prouve catégoriquement l'incongruité des conceptions staliniennes sur l'art.

C'est pour cette raison que Jiránek insistera sur l'individualité de la musique par opposition à l'universalité du langage [cf. Jiránek (1), p.73-74], puisque le processus créatif dans la musique se déroule à l'inverse de celui propre au langage: tandis que dans celui-ci la parole devient tout à fait personnelle (quoique essentiellement **intersubjective** [cf. Jakobson (28), p.389-391]) à partir des données linguistiques d'ordre général (c'est-à-dire à partir de la langue en tant que structure prééminente)⁹⁹, dans la musique on est devant un processus qui va des applications contextuelles de l'individu, donc subjectives (c'est-à-dire des œuvres du compositeur) à l'acception collective, donc objective de ses réalisations (c'est-à-dire aux interférences ou transformations plus ou moins profondes que le compositeur effectue à travers ses œuvres et son parcours créatif sur les systèmes de référence, sur les méthodes)¹⁰⁰. Il n'est pour autant pas possible d'affirmer que, pour la musique, c'est la *langue* qui constitue l'objet le plus intéressant. En effet, une approche approfondie de la musique vis-à-vis de ses structures ne peut avoir lieu que si l'on se met à analyser profondément, structurellement et fonctionnellement des œuvres, c'est-à-dire les réalisations personnelles des compositeurs, leurs *paroles* — et cela en envisageant non seulement les réalisations prises isolément, mais aussi et principalement le parcours, la trajectoire créative du compositeur en question. Les applications contextuelles des intonations (ce que la terminologie de Assafjew désignerait peut-être par *Umintonierung*), propres à chaque réalisation personnelle, acquièrent donc dans la musique une dimension et une importance tout à fait primordiales.

---

99) A vrai dire, Jiránek part de la conception saussurienne selon laquelle la langue est absolument **collective** et la parole, **individuelle** et **subjective**. Nous ne pouvons appliquer, dans notre approche, les concepts de Jiránek que dans la mesure où nous les *corrigeons* en quelque sorte, car comme nous a déjà bien montré Jakobson, la langue a aussi un caractère **individuel** de même que la parole possède un caractère **social** indéniable et est essentiellement **intersubjective**, donc **non-individuelle** (ou **dividuelle**, si l'on veut). Jiránek écrit, en revanche: "*Im Akt der sprachlichen Kommunikation schreitet man vom Allgemeinen zum Individuellen, vom Objektiven zum Subjektiven* fort" [Jiránek (1), p.73, nous soulignons].

100) Nous lisons chez Jiránek: "*Der Vorgang ist hier* [in der Musik] *also umgekehrt: er stellt eine Bewegung von der individuellen konkreten sinnlichen Erfahrung zur allgemeinen Verständigung und vom Subjektiven zum Objektiven dar*" [Jiránek (1), p.74]. Ce processus peut être vérifié même quand il s'agit d'une *composition collective*, réalisée à partir d'une réflexion et d'une praxis collectives. Ici, les décisions du groupe occupent la place de l'individu, mais "l'individualité" des propositions reste de toute façon intouchée: elle est, en fait, déplacée au niveau de cette coordination, toujours **circonscrite**, de plusieurs individus. (Nous pensons, par exemple, au travail magnifique réalisé en 1971 par l'Ensemble Musiques Nouvelles de Liège sous la coordination de Henri Pousseur, en hommage à Stravinsky: "*Stravinsky au futur, ou l'apothéose d'Orphée*").

1.2.4. Phonologie, lexicologie et syntaxe

Nous sommes enfin arrivés au point que nous nous étions proposé de traiter. C'est en analysant le langage, tout en tenant compte des niveaux ou des sphères de la langue déterminées par des normes bien précises, qu'une corrélation avec les modalités propres aux intonations musicales à l'égard de leurs systèmes de référence peut être délinéée de façon incisive[101].

En la regardant plus attentivement, nous constatons que la langue peut être subdivisée en trois niveaux, du plus particulier (concernant les phonèmes et leurs enchaînements dans le flux verbal) au plus général (règles de coordination et d'agencement des énoncés à partir des classes et des lois grammaticales), tout en passant par l'état intermédiaire concernant la structure même du mot (à partir des données morphologiques et lexicales). Nous savons, certes, que ces subdivisions ne peuvent avoir qu'une utilité pratique dans le sens d'une approche à la fois analytique et didactique, leurs limites se démontrant plus que mouvantes[102]. Toutefois, leur relative autonomie nous permettra de mettre en relief le véritable caractère de la corrélation langage/musique. En effet, si d'une part *"l'autonomie interne relative de chaque système n'exclut pas une interaction et une interdépendance* [autrement dit, une **solidarité**] *continuelles"* [Jakobson (30), p.174-175], *"leur interdépendance"*, d'autre part, *"n'implique pas un manque d'autonomie"* [Jakobson (30), p.171].

C'est ainsi que la langue s'articule en trois niveaux distincts:

a) le niveau **phonologique** ou la **phonologie**, c'est-à-dire le niveau qui concerne les fonctions des phonèmes dans la chaîne parlée et les lois auxquelles ceux-ci se soumettent en vue de la concrétisation de la parole;

---

101) Pour ce qui est de cette comparaison, nous sommes également parti de l'approche de Jiránek. Cependant, il faut remarquer que notre exposé se différencie en certains points de la démarche du musicologue tchèque. Pour une compréhension détaillée de ces différences parfois extrêmes, voir Jiránek (1), p.71-73 et 90-93. En ce qui concerne les concepts convergents d'importance inéluctable, nous y ferons allusion explicitement au cours de notre exposé.

102) Voir, à propos des interrelations entre la phonologie et l'aspect grammatical du langage, Jakobson (30), p.161-175 (où le linguiste met en relief l'interaction entre ces deux domaines en vue de cette branche linguistique qu'il désigne par mor(pho)phonologie); et, à propos d'une critique des divisions traditionnelles de la grammaire en morphologie, syntaxe et lexicologie, Saussure (1), p.185-188 (où l'auteur ne propose, dans le domaine de la grammaire, qu'une distinction entre les rapports associatifs et les rapports syntagmatiques du langage tels que ceux-ci ont été exposés de la page 170 à la page 184 de son ouvrage).

b) le niveau **lexicologique** (ou encore **morphologique**) ou la **lexicologie**, niveau concernant le répertoire de mots, c'est-à-dire la typologie des vocables mis à la disposition du sujet-parlant par "l'amas de concepts" qui constitue le vocabulaire de la langue; et

c) le niveau **syntaxique** ou la **syntaxe**, qui concerne les lois et les règles grammaticales de l'agencement des mots en énoncés.

On constate qu'à chacun de ces niveaux correspond un caractère ou une propriété bien définie: au niveau phonologique, le caractère **distinctif**; au niveau lexicologique, le caractère **conceptuel/idéologique**; et, enfin, à celui de la syntaxe, le caractère **structurel**. Si d'une part ces trois niveaux se voient concrétisés par la réalité sonore plausible de la parole, les niveaux lexicologique et syntaxique peuvent, d'autre part, être transmis également au moyen de l'écriture. Mais, si en lisant un texte on s'aperçoit aussi bien des concepts que des lois syntaxiques, la perception des fonctions phonologiques ne peut avoir lieu qu'au moyen de l'**écoute** de la réalisation verbale de la langue, autrement dit, de la parole. Tandis que la compréhension linguistique peut aussi être médiatisée au moyen de la lecture[103], le niveau phonologique — par opposition aux niveaux lexicologique et syntaxique — ne peut exister indépendamment de la réalité sonore concrète du langage.

En regardant maintenant le phénomène musical au point de vue de ses systèmes de référence (*Intonationsbewußtsein*, méthodes compositionnelles), nous constatons, là aussi, l'existence plus au moins autonome de trois niveaux auxquels ceux-là s'assujetissent au moment de leurs applications contextuelles:

a) le niveau des **propriétés acoustiques** (*Gattungsintonationen* selon Jiránek) ou **niveau acoustique** en tant que facteur de provenance physique et distinctive des sons;

b) le niveau du **genre musical** (*Genreintonationen* selon Jiránek) ou **niveau instrumental**, concernant les possibilités d'articulation musicale fournies par la palette de timbres mise à disposition du compositeur selon tel ou tel "ensemble instrumental" (y compris les moyens électroniques); et

---

103) Jiránek écrit: *"Lassen sich auch die phonologischen Normen nicht von der konkret sinnlichen Lautform trennen, so besteht diese Möglichkeit bei den lexikalischen und grammatischen Normen. Dadurch kann die sprachliche Verständigung auch über geschriebene Äußerung erfolgen"* [Jiránek (1), p.72].

c) le niveau du **style musical** (*Stilintonationen* selon Jiránek) ou **niveau stylistique**, concernant aussi bien l'interdépendance entre le système de référence (la méthode) et les données stylistiques que le degré de détermination de la part de la méthode sur les traits stylistiques de l'œuvre.

Bien que les parallèles entre les niveaux de langue et ceux des systèmes de référence musicaux nous semblent au premier abord assez pertinents, quelques disparités plus ou moins évidentes attirent notre attention.

Premièrement, en ce qui concerne les caractères distinctifs, conceptuel/idéologique et structurel, nous constatons que ce n'est qu'aux niveaux **distinctif** et **structurel** qu'une étroite corrélation se fait sentir de façon inéluctable. Dans la mesure où le niveau acoustique dans la musique possède un caractère éminemment **distinctif**, et le niveau stylistique, un caractère indubitablement **structurel** (partant, en conformité totale avec respectivement les niveaux phonologique et syntaxique du langage), le caractère **conceptuel/idéologique** dans la musique circule — à l'opposé du langage, où il s'établit de façon inéluctable dans le niveau lexicologique — du niveau instrumental (c'est-à-dire des genres musicaux) au niveau stylistique et vice versa. Ce fait sert à nous montrer, d'un côté, la pertinence des données distinctives et structurelles lors d'une approche linguistique de la musique, mais, d'un autre côté, il nous rend évidentes une fois de plus la fragilité, la précarité et l'inconstance d'une approche *idéologique* du langage musical, étant donné le caractère fondamentalement fluctuant et changeant de l'idéologie sur le terrain de la musique.

Deuxièmement, on constate une divergence entre langage et musique en ce qui concerne le "pouvoir d'articulation" des éléments constitutifs de leurs codes selon le niveau de la langue ou du système de référence musical. Pour ce qui est de la langue, d'une part, on observe qu'il existe *"dans la combinaison des unités linguistiques une échelle ascendante de liberté. Dans la combinaison des traits distinctifs en phonèmes, la liberté du locuteur individuel est nulle; le code a déjà établi toutes les possibilités qui peuvent être utilisées dans la langue en question. La liberté de combiner les phonèmes en mots est circonscrite, elle est limitée à la situation marginale de la création de mots. Dans la formation des phrases à partir des mots, la contrainte que subit le locuteur est moindre.*

Enfin, dans la combinaison des phrases en énoncés, l'action des règles contraignantes de la syntaxe s'arrête et la liberté de tout locuteur particulier s'accroît substantiellement, encore qu'il ne faille pas sous-estimer le nombre d'énoncés stéréotypés" [Jakobson (34), p.47-48]. Du niveau phonologique/distinctif au niveau syntaxique/structurel, et de celui-ci au niveau sémantique propre aux énoncés (notamment dans le langage poétique), on assiste, *grosso modo*, à une échelle de plus en plus prononcée de liberté relative dans l'articulation linguistique. La langue, nous semble-t-il, a toujours été caractérisée par cette différentiation de degré de liberté selon son niveau d'articulation; ses mutations au cours de l'histoire n'ont pas touché l'essence même de cette échelle de liberté, et le langage apparaît sous cet aspect comme essentiellement *statique*.

En ce qui concerne la musique, d'autre part, on observe là aussi la présence d'un degré de liberté plus ou moins accusé selon la sphère acoustique à laquelle on adresse son attention et selon l'époque sur laquelle on discourt, mais on constate, toutefois, que ces rapports acquièrent un caractère beaucoup plus variable que dans le cas du langage. De même que dans le langage, la musique dispose, en principe, d'une plus grande liberté d'élaboration au niveau de l'interaction entre le système de référence et les données stylistiques, le niveau instrumental et les propriétés acoustiques provenant de celui-ci étant fondamentalement conditionnés par les circonstances historiques et sociales avec lesquelles la pensée musicale établit des rapports dialectiques. Mais si l'on observe le système tonal, par exemple, avec à peu près 400 ans d'histoire, on voit, certes, qu'il s'agit, d'une part, d'un solide système de référence qui a été capable d'entraîner au cours de son évolution des changements de styles très remarquables, mais on constate, d'autre part, que son avènement, avec l'établissement du tempérament à la fin du XVIIème siècle, apporte avec lui une première rupture face à cette présumée hiérarchie de degrés de liberté par rapport à ces trois niveaux de l'articulation musicale: l'avènement du système tempéré — bien qu'il ait rendu possible la consolidation du système tonal — a représenté en fait une coupure concernant les libertés d'émissions modales des instruments musicaux, qui se voyaient dès lors soumis, soit à l'accordage tempéré, soit à l'émission réglée par le tempérament égal. On constate que le niveau acoustique, du point de vue de l'émission fréquentielle, subit des restrictions avec l'avènement du système tempéré, restrictions auxquelles il ne s'assujettissait pas auparavant.

Le processus historique de la musique s'avère, déjà à la lumière de cet exemple bien évident, trop dynamique pour qu'on puisse le soumettre à un classement plus ou moins rigide de ses potentialités expressives. En outre, un autre point de cet aspect divergent par rapport au langage est rendu évident par l'histoire musicale: au cours du développement du système tonal, avec ses changements de styles, on assiste à un vrai bouleversement de ces degrés de libertés concernant les trois niveaux de l'articulation musicale; avec la crise insurmontable du système tonal, ce processus atteint son apogée, et si le niveau stylistique ne renoncera point aux libertés acquises dans ce moment de crise (où l'on voit des personnalités tout à fait opposées les unes par rapport aux autres, avec leurs styles ou "solutions" personnelles, de Debussy à Mahler, de Skryabin à Ives, de Schönberg à Stravinsky, de Varèse à Webern), le niveau instrumental et surtout le niveau acoustique se voient placés à des circonstances absolument nouvelles, en prénonçant en quelque sorte l'avènement des musiques électroacoustiques. La liberté des styles s'introduit donc dans les sphères instrumentale et acoustique, et on ne peut plus parler, à ce moment-là, d'une *échelle* de liberté.

Dès lors, on assiste à des essais de plus en plus systématiques allant vers un règlement absolu, dû à une dernière tentative d'établissement d'un système de référence **commun**, des données stylistiques, tandis que les domaines instrumental et acoustique resteront, on pourrait dire, émancipés. Si le système tonal a été capable d'entraîner des styles fort différents au cours de son histoire, on voit que, dans la musique, cette liberté d'interaction entre système et style s'avère tout à fait relative: elle dépendra essentiellement de la *nature* même du système de référence en question. On est, alors, en pleine phase du sérialisme total, ou "l'échelle de liberté" se voit restituée à l'inverse: le style est absolument contrôlé, tandis que le niveau instrumental s'avère très flexible. Pour ce qui est du niveau acoustique déjà émancipé, il se rebellera bien sûr, comme nous l'avons déjà constaté, contre les règles de l'orthodoxie sérielle[104].

---

[104] Il est intéressant, dans ce contexte, de nous rendre compte de la nature du titre du texte fondamental de Boulez *"Le système et l'idée"*, auquel nous nous sommes déjà référé antérieurement: il s'agit probablement d'une paraphrase du titre du livre de Schönberg *"Le style et l'idée"*. Si l'**idée** musicale a été confrontée, soit au **style** (chez Schönberg), soit au **système** (chez Boulez), il est assez important d'examiner, enfin, les rapports entre **système** et **style**.

Enfin, avec le surpassement du système sériel intégral et la crise insurmontable — au moins jusqu'à nos jours — des systèmes de référence communs, la liberté s'intègre de nouveau dans la sphère des articulations stylistiques, s'interposant ainsi à tous les niveaux de l'articulation musicale, aux dépens, en revanche, d'un pouvoir de communication plus immédiat de ses énoncés face à sa réception sociale, dont le manque est précisément dû à cette absence de **référentialité commune** au niveau des méthodes, devenues de plus en plus personnelles. Une histoire, on le voit, assez divergente — parce que fondamentalement **non-linéaire** — de celle du langage.

Troisièmement, enfin, si dans le cas du langage une dépendance absolue par rapport à la réalité sonore concrète de la parole ne se fait sentir qu'au niveau phonologique, dans celui de la musique, par contre, cette dépendance totale face à une réalité sonore manifeste et indéniable devient une caractéristique commune aux trois niveaux exposés ci-dessus. Qu'il s'agisse du niveau des propriétés acoustiques, de celui concernant le genre musical, ou bien encore de celui du style, seule la réalité sonore concrète constitue leur raison d'être. Tous ces niveaux, sans exception, ne deviennent réalité musicale qu'au moyen de leur concrétisation en tant qu'événements sonores susceptibles, donc, d'être **écoutés**[105].

Or, nous comprenons bien alors les raisons de Berio lorsqu'il affirme, dans un entretien avec Umberto Eco, que pour lui *"[l']importante... è di non cercare parallelismi formalistici fra esperienza musicale e linguaggio"*, étant donné que *"le loro differenze sintattiche sono irriducibili"* [Berio (62), p.334]: nous avons constaté auparavant (lors de notre examen des niveaux de langue), et nous venons de le rappeler, que seul le niveau phonologique ne peut devenir indépendant de la parole, de sa concrétisation en tant que réalité sonore. De cette façon, ce fait nous permet finalement d'élucider, en même temps que nous nous éloignons de l'approche de Jiránek, la corrélation entre langage et musique: leur contiguïté s'avère incontestable justement à travers la sphère **phonologique** du langage. Si les *différences irréductibles* entre ces deux moyens de la communication — musique et langage — se manifestent de façon la plus évidente par leurs *enjeux syntaxiques* (au niveau **syntaxique** pour le langage; au niveau **stylistique** pour la musique), tout en relevant, avec Eco, le fait que *"quando la musica si misura con la*

---

105) Jiránek écrit à ce sujet: *"Im Unterschied zur Sprache läßt sich keine dieser Ebene von der konkret sinnlichen Klangform trennen"* [Jiránek (1), p.72].

parola, lo fa per affermare la sua autonomia, e la diversità del suo senso" [Eco (4), p.334], cela nous amène, en vue d'une corrélation, non pas au rapport musique/langage, mais plutôt à celui entre **articulation musicale** et **système phonologique**. En raison de la dépendance absolue entre phonologie et réalité sonore de la langue, nous ne pouvons éclaircir de façon catégorique une possible correspondance — ou même chercher des *parallélismes formalistes* (ou mieux: **structuraux**) — entre la musique et le langage que si nous observons, donc, la liaison organique entre **musique** et **phonologie**.

Cependant, **corrélation** implique nécessairement **autonomie** des codes, et il est intéressant de vérifier que celle-ci a été assurée historiquement justement par un paradoxe.

1.3. Le rôle et les limitations des écritures

Si d'un côté l'affinité entre langage et musique se fait sentir surtout à travers les rapports entre le niveau phonologique de la langue et sa concrétisation sonore dans la chaîne parlée — l'aspect phonologique du langage étant **absent** dans l'écriture —, d'un autre côté, une des caractéristiques de la pratique musicale constitue l'aspect le plus contradictoire (donc **divergent**) de cette analogie: du point de vue historique, l'élaboration rigoureuse des trois niveaux concernant les méthodes compositionnelles — c'est-à-dire les niveaux acoustique, instrumental et stylistique — n'a pu s'édifier, malgré la dépendance absolue de ces niveaux face à leur audibilité concrète, qu'au moyen de l'**écriture musicale**. Ce n'est qu'à travers l'écriture qu'un contrôle absolu des données musicales a eu lieu dans l'histoire de la musique, en promouvant les mutations des méthodes et les changements des styles, et c'est justement en ce sens qu'on peut lire la critique de l'improvisation en tant qu'absence de rigueur de la part de Berio, lorsqu'il écrit: *"... Le vrai problème de l'improvisation, par rapport à la composition écrite, c'est que l'improvisation divise l'espace musical de manière assez grossière. Elle tend, tout au plus, à une segmentation en «syllabes» et non, comme dans la musique écrite, en «phonèmes»..."*[106] [Berio (49), p.111-112].

De cette façon, nous nous trouvons devant un paradoxe frappant pour ce qui touche la contiguïté entre musique et langage: d'un côté, le lien qui unit l'attitude musicale aux manifestations verbales ne peut s'instaurer qu'au moyen de la sphère phonologique, c'est-à-dire à travers le domaine verbal qui n'est pas représenté par l'écriture du langage; mais, d'un autre côté, la musique n'a pu maîtriser et développer de façon systématique ses données fonctionnelles, elle n'a pu préciser ses intonations et établir de manière rigoureuse les règles syntaxiques de ses méthodes qu'au moyen de sa propre écriture. A travers son essence, la musique s'identifie avec le domaine phonologique; à travers son écriture, elle établit des liens inexorables avec les sphères lexicale et syntaxique du langage.

---

106) Déjà dans un texte de 1964 Berio manifestait métaphoriquement sa conception sur une poétique musicale — sur une **musicalité** — réalisée à partir d'un souci minutieux des événements sonores, autrement dit, des **gestes musicaux**, lorsqu'il écrivait: *"Ogni opera e poetica veramente significative devono potersi configurare come progetti linguistici e istituire i loro peculiari nessi semantici a partire dai fonemi, da un «grado zero» della lingua..."* [Berio (17), p.127; cf. aussi p.129].

A ce moment-là, une question — nous semble-t-il — absolument fondamentale se pose à nos yeux: quels sont donc les rapports réels entre l'écriture verbale et l'écriture musicale vis-à-vis de leur fonction représentative?

Examinons premièrement l'écriture verbale — que nous désignerons souvent par écriture linguistique. Pour cela, nous recourrons encore une fois à l'examen de Saussure dans son texte fondamental *"Cours de linguistique générale"*[107].

Tout d'abord, on constate que l'écriture linguistique se présente comme une *langue figurée*. Quoique *"l'écriture soit en elle-même étrangère"* [Saussure (1), p.44] au langage en tant que rapport sonore concret entre langue et parole, c'est au moyen de ses recours graphiques que la langue devient figurale, qu'elle est visuellement représentée. Ce fait nous conduit, cependant, à deux conclusions de principe: premièrement, nous constatons que *"langue et écriture sont deux systèmes de signes distincts"*, et partant qu'ils possèdent leurs particularités et leurs caractéristiques propres; deuxièmement, nous en déduisons que *"l'unique raison d'être du second [c'est-à-dire de l'écriture] est de représenter le premier [la langue]"* [Saussure (1), p.45]. L'écriture naît, donc, comme moyen de représentation graphique d'une réalité primaire: celle de la médiation sonore de la langue par la parole. L'objet linguistique étant constitué par le **mot parlé**, l'avènement de l'écriture renferme en soi la menace d'un bouleversement au cœur des systèmes de représentation linguistique: en raison de l'éternelle dialectique entre l'historicité de la provenance des faits et l'oubli des motivations originaires[108] dû aux conditions opérationnelles actuelles des codes ou systèmes de représentation, l'écriture présentera une nette tendance à usurper le rôle de la parole. Saussure écrit à ce sujet: *"Le mot écrit se mêle si intimement au mot parlé dont il est l'image, qu'il finit par usurper le rôle principal; on en vient à donner autant et plus d'importance à*

---

107) Notre analyse n'envisagera l'écriture verbale ou musicale que dans leur rapport avec respectivement les faits de langage et les données musicales. Pour ce qui est du degré d'arbitrarité dans le choix des moyens représentatifs dans l'écriture verbale — dont les observations peuvent dans ce sens s'appliquer également à celui des moyens graphiques dans l'écriture musicale —, voir Saussure (1), p.165-166.

108) Ce même oubli qui est, d'une part, déjà présent dans la vie des langues et auquel Jakobson fait référence lorsqu'il parle d'un *"rôle important joué par l'oubli dans la mobilité perpétuelle du langage"* [Jakobson (74), p.87], et, d'autre part, responsable en grande partie des transformations qui s'éloignent des motivations originaires, car ce *"qui caractérise l'oubli verbal, [c'est] que les noms ou les mots oubliés continuent à agir et malgré leur anonymat, tentent de réapparaître à la surface, [subissant], toutefois, toutes sortes de déformation, en cours de route"* [Fónagy (1), p.176].

la représentation du signe vocal qu'à ce signe lui-même. C'est comme si l'on croyait que, pour connaître quelqu'un, il vaux mieux regarder sa photographie que son visage"[109] [Saussure (1), p.45].

Pour que l'écriture puisse acquérir une telle importance et une influence si prononcée sur le jugement linguistique, elle doit quand même être favorisée par certains facteurs qui lui confèrent un prestige inéluctable. Saussure en nomme quatre; nous constatons que les deux premiers concernent directement les propriétés perceptives, alors que les deux derniers se rapportent plutôt aux conséquences historiques et même académiques de cette usurpation.

Premièrement, *"l'image graphique des mots nous frappe comme un objet permanent et solide"*, le lien qui l'unit à la langue étant *"beaucoup plus facile à saisir que le lien naturel, le seul véritable, celui du son"* [Saussure (1), p.46]. Sans aucun doute, la réversibilité du temps dans la lecture — à laquelle nous nous sommes référé (à travers Jakobson) auparavant —, par opposition à l'irréversibilité temporelle de l'écoulement sonore, joue également un rôle fondamental en ce qui concerne la compréhension sémantique. Cette réversibilité a à son tour une étroite corrélation avec notre deuxième facteur: *"Chez la plupart des individus les impressions visuelles sont plus nettes et plus durables que les impressions acoustiques"* [Saussure (1), p.46]. En fait, les impressions sonores établissent des liens avec les émotions psychiques de façon beaucoup plus directe que les impressions visuelles, en se circonscrivant parfois dans le domaine de l'inconscient, tandis que la représentation visuelle montre la nette tendance à une *prise de conscience*, à une manifestation perdurable et partant beaucoup plus saisissable de la chose. C'est pourquoi dans le cas du langage, alors, *"l'image graphique finit par s'imposer aux dépens du son"* [Saussure (1), p.47].

Enfin, Saussure attire notre attention sur deux facteurs, nous dirions, subsidiaires et complémentaires: d'une part, il nous dira que *"la langue littéraire accroît encore l'importance imméritée de l'écriture"*, dans la mesure où la langue se voit réglée par le code de l'écriture, se voit soumise à un usage rigoureux au point de vue grammatical, ce qui entraîne bien sûr des conséquences notoires:

---

109) Il est très intéressant de voir ici — en nous rappelant de notre analyse sur l'œuvre bérienne — le mot *visage* comme métaphore de la réalité sonore et concrète du langage...

"On finit par oublier qu'on apprend à parler avant d'apprendre à écrire, et le rapport naturel est renversé"[110] [Saussure (1), p.47]. D'autre part, quand la langue et sa représentation orthographique se trouvent, au cours de l'histoire, en désaccord, *"la forme écrite a presque fatalement le dessus, parce que toute solution qui se réclame d'elle est plus aisée"* [Saussure (1), p.47; cf. aussi Jakobson (74), p.93]. Nous constaterons, comme conséquence extrême de ce processus plutôt académique que phénoménologique, que *"moins l'écriture représente ce qu'elle doit représenter* [c'est-à-dire la langue et sa médiation concrète par la parole], *plus se renforce la tendance à la prendre pour base"* [Saussure (1), p.52], et cela malgré la contradiction inhérente aux deux systèmes de signes par rapport à leur dynamisme à travers le temps, puisque si *"la langue évolue sans cesse, ... l'écriture tend à rester immobile"*, *"la graphie [finissant] par ne plus correspondre à ce qu'elle doit représenter"* [Saussure (1), p.48]. Le signe graphique, créé pour représenter le signe oral, devient alors la norme, et l'usurpation du rôle de la parole par l'écriture devient donc irréfutable. A ce moment-là, la **représentation** acquiert une plus grande importance que la **réalité**; l'**intelligibilité conceptuelle** prend la place de la **perception sensible**; le signe graphique, tout en corroborant à ce déplacement de la perception sonore au concept, en institue le primat de celui-ci sur celle-là: c'est comme si la sphère du signifié du mot — en employant une métaphore maintenant au niveau de la constitution même du signe linguistique — gagnait définitivement en importance face à celle de son signifiant. Et dans ce contexte, on pourrait bien se demander: est-ce qu'il ne s'agirait pas, à ce moment-là, de la voie qui nous conduit à l'**arbitrarité**? Et, en poussant à l'extrême cette interrogation: en dénonçant la *"tyrannie de la lettre"*; en affirmant avec une clairvoyance étonnante que *"ce qui fixe la prononciation d'un mot, ce n'est pas son orthographe,* [mais bien] *son histoire"*; en reconnaissant, enfin, que la **forme** du mot, *"à un moment donné, représente un moment de l'évolution qu'il est forcé de suivre et qui est réglée par des lois précises"* [Saussure (1), p.53], Saussure n'aurait-il pas laissé s'échapper la grande opportunité de se prononcer contre le principe qu'il contradictoirement proclamera, cependant, comme un de ses postulats fondamentaux, à savoir: la thèse de l'*arbitrarité du signe linguistique*? La contradiction est

---

110) Jakobson écrit, tout en se référant au rôle important de l'écriture, que cette *"importance... ne doit toutefois pas faire oublier [que l'écriture] n'est après tout qu'une réalisation secondaire, au sens de dérivée"* [Jakobson (74), p.90, nous soulignons].

évidente, car c'est Saussure lui-même qui avait remarquablement affirmé, d'une part, qu'*"une unité matérielle n'existe que par le sens, la fonction dont elle est revêtue"*, et, d'autre part, qu'*"un sens, une fonction n'existent que par le support de quelque forme matérielle"* [Saussure (1), p.191-192], tout en rehaussant la réciprocité inexorable du rapport signifiant/signifié. Si l'éminent linguiste en déduit que *"dans la langue, on ne saurait isoler ni le son de la pensée, ni la pensée du son"* [Saussure (1), p.157], comment s'est-il prononcé pour le principe selon lequel *"le lien unissant le signifiant au signifié est arbitraire"* [Saussure (1), p.100]?

Déjà en 1922 Otto Jespersen soulignait, dans une critique sur le principe de l'arbitraire chez Saussure, que ce qui caractérise la conception saussurienne, c'est bien le fait que *"it pays much more attention to what words have come from that to what they have come to be"* [Jespersen (1), p.410]. Nous pouvons, à notre tour, dégager de cet état de fait la conséquence la plus catégorique de cette problématique concernant les liens entre son et sens dans le langage, problématique allant à l'encontre des principes saussuriens: **motivé et différentiel sont deux qualités corrélatives!**[111] Puisque le commentaire de Jespersen à ce propos nous semble assez pertinent: *"... Of course it would be absurd to maintain that all words at all times in all languages had a signification corresponding exactly to their sounds, each sound having a definite meaning once for all"*[112] [Jespersen (1), p.397, nous soulignons]. Il faut même admettre une certaine marge de variation de l'essence représentative propre à la motivation des signes, car *motivé* ne peut aucunement signifier *immuable*. Au contraire, c'est un dynamisme qui est à la base des motivations, et à travers lequel nous arrivons à définir les signes linguistiques des langues particulières une fois comparées les unes

---

111) Saussure écrit en revanche: "Arbitraire et différentiel *sont deux qualités corrélatives*" [Saussure (1), p.163].

112) Nous soulignons ici les trois points fondamentaux relevés par Jespersen à ce propos: *"1) No language utilizes sound symbolism to its full extent, but contains numerous words that are indifferent to or may even jar with symbolism; ... 2) words that have been symbolically expressive may cease to be so in consequence of historical development, either phonetic or semantic or both; ... 3) on the other hand, some words have in course of time become more expressive than they were at first; we have something that may be called secondary echoism or secondary symbolism"* [Jespersen (1), p.406-407]. Il est à remarquer que ce nouveau symbolisme peut également, selon Jespersen, être la conséquence d'un déplacement du rapport signifiant/signifié à partir d'un changement du **signifié** (c'est-à-dire du concept) vers la motivation, et non pas nécessairement du signifiant (c'est-à-dire des sons): *"Through changes in meaning, too, some words have become symbolically more expressive than they were formerly..."* [Jespersen (1), p.408].

avec les autres: ils sont en effet **radicalement motivés et relativement arbitraires**[113].

Quoi qu'il en soit, nous constatons — même si nous sommes d'accord, d'une part, avec la prospective d'une analyse fonctionnelle et téléologique des sons du langage, d'une étude phonologique sur la motivation (en tant que phénomène **contigu** entre signifiant et signifié) du signe linguistique, et, d'autre part, avec la conception selon laquelle *"la correspondance naturelle entre son et sens constitue un processus crucial, constamment renouvelable"* [Jakobson (74), p.223-224] au moyen de laquelle *"in all languages the creation and use of echoic and symbolic words seems to have been on the increase in historical times"* [Jespersen (1), p.411], autrement dit avec la conception selon laquelle le langage évolue d'une manière de plus en plus conséquente vers cette **motivation fondamentale**[114] — que la tendance occasionnellement prédominante de l'*arbitrarité* concernant les liens qui unient ces deux faces du signe est due surtout aux effets des désaccords entre le mot parlé et sa représentation figurale, "saisissable", au moyen de l'écriture. Quoiqu'absolument nécessaire et pleinement justifiable du point de vue historique, l'écriture renferme en elle, nous le voyons, la tendance, due à son caractère virtuellement **duratif**, à prendre la représentation de la chose au lieu de la chose en elle-même, en nous ouvrant donc la voie à une distanciation parfois trop dangereuse et *immémorielle* par rapport à la perception sensible et concrète des faits de langage[115].

Pour ce qui est de l'écriture musicale, la question se pose différemment en raison des circonstances historiques diverses lors de son avènement, mais les problèmes et les dangers, nous le verrons, sont de même nature que ceux occasionés par la représentation figurale du langage.

---

113) A l'opposé de ce qu'écrit Saussure: *"Les divers idiomes renferment toujours des éléments des deux ordres — <u>radicalement arbitraires et relativement motivés</u>..."* [Saussure (1), p.183, nous soulignons].

114) Saussure même, avec sa conception sur l'arbitraire du signe en tant que principe primaire du langage, reconnaît la force incontestable de la motivation lorsqu'il écrit: *"Dans l'intérieur d'une même langue, tout le mouvement de l'évolution peut être marqué par un passage continuel du motivé à l'arbitraire et de l'arbitraire au motivé"* [Saussure (1), p.183].

115) Nous lisons chez Jakobson: *"Le caractère virtuellement durable des communications écrites représente-t-il, pour l'individu comme pour la société, un facteur extrêmement important, garant d'une part de la relative permanence, de la nature testamentaire, mémoriale, du texte écrit, et allégeant d'autre part le travail de mémorisation..."* [Jakobson (74), p.93]. Cette contradiction est donc à la base de l'écriture: d'un côté, son caractère **mémorial** en tant que registre testamentaire, de l'autre côté, son caractère **immémorial** (nous nous y permettons un néologisme) face aux motivations originaires des signes.

Tout d'abord, il faut reconnaître les convergences et les divergences entre l'une et l'autre forme d'écriture: bien que la "base matérielle" des deux systèmes linguistiques (c'est-à-dire du langage et de la musique) soit fondamentalement la même, à savoir le **son** avec ses propriétés acoustiques (fondamentalement fréquence, timbre, durée, intensité) et son articulation temporelle en unités plus ou moins complexes, les notations du langage et de la musique se différencièrent dès leurs débuts en corrélation avec la spécialisation de chacun de ces systèmes de signes particuliers. Tandis que pour le langage l'opposition entre son défini (avec ses variantes formantiques) et bruit (avec ses différents modes d'attaque et ses variantes de timbre en fonction de la coloration des voyelles) — opposition concrétisée par l'opposition binaire fondamentale entre voyelles et consonnes — s'établissait en tant que caractéristique essentielle devant être représentée par l'écriture, pour la musique il devenait plus urgent, en revanche, de dresser une notation qui envisageait plutôt, soit le phénomène de l'intonation vocalique et des relations d'intervalles, soit les relations proportionnelles des durées, à travers lesquelles les inflexions mélodiques et les relations d'intervalles (l'*Intervallik*, dans la terminologie de Assafjew) ont pu se développer[116].

Si l'écriture linguistique omettait, avec l'établissement de l'alphabet, la transcription de l'intonation et des relations de durée des phonèmes dans leurs réalisations, en excluant donc la **prosodie** de son contexte, l'avènement beaucoup plus tardif de l'écriture musicale est dû, par contre, justement aux relations d'intervalles et de durées, développées de façon toujours plus systématique et exhaustive que dans le langage parlé. De cette façon, l'écriture musicale est née en raison de la spécialisation du code musical vis-à-vis des **propriétés prosodiques** du langage et a corroboré de façon décisive la démarcation historique des limites entre les codes musical et linguistique. Tandis que l'écriture en tant que représentation figurale du langage s'est avérée — comme l'affirme Saussure — essentiellement statique, immobile et stagnante, en résistant incisivement aux mutations phoniques de la parole, l'écriture musicale n'a pas toujours seulement correspondu graphiquement aux changements des méthodes compositionnelles,

---

116) Voir à propos de la relation entre ces systèmes d'écriture et l'avènement du *Sprechgesang*, Menezes (5), p.98-99, où l'auteur de ces lignes fait référence à une conversation très intéressante, à l'égard des divergences entre la notation du langage et celle de la musique, entre Henri Pousseur et Michel Butor; et aussi Berio (71), p.30.

mais elle a principalement **motivé** ces transformations structurelles, en leur fournissant l'outil nécessaire et efficace du **registre** visuel apte à l'exercice de ses fonctions.

De cette façon, l'écriture assume sur le terrain de la musique occidentale une importance comparable à celle de la parole dans le domaine du langage. Si dans le cas du langage on peut affirmer — comme le fait Saussure — que le "rapport naturel" est renversé lorsqu'on oubli que l'apprentissage de l'écriture est postérieur à celui de la parole, dans le cas de la musique le phénomène se présente tout autrement: on est généralement habitué à apprendre la musique et à acquérir la pratique instrumentale au moyen même de l'écriture musicale — au moins l'association musique/écriture musicale s'avère, déjà dans l'apprentissage musical, suffisament étroite pour que l'on puisse les dissocier comme deux sphères autonomes; en musique, le "rapport naturel" est donc davantage renversé. En effet, les méthodes et l'évolution des systèmes de référence impliquent nécessairement l'apprentissage et la maîtrise absolue de l'écriture, éléments auxquels on ne peut renoncer sous peine d'aboutir à une agaçante superficialité. C'est au moyen de l'écriture, enfin, que la rigueur et l'inévitable *technicité* de la pensée musicale ont pu se développer.

En vue d'une précision toujours croissante de ses pouvoirs expressifs — en vue de correspondre donc à l'évolution et aux mutations des méthodes —, l'écriture musicale a parcouru historiquement le chemin allant vers une représentation de plus en plus attentive et fidèle des événements sonores. En effet, l'histoire de la musique est, *grosso modo*, l'histoire d'une coordination et d'une prise de conscience, au niveau de l'écoute, de plus en plus incisive des propriétés acoustiques: à commencer par les hauteurs, les durées, puis les intensités et, enfin — quoiqu'avec beaucoup de résistance —, les timbres. On pourrait dire métaphoriquement que l'histoire du langage s'est centrée sur l'évolution des *signifiés*, tandis que l'histoire de la musique s'est occupée plutôt de l'évolution des *signifiants*. Le parcours historique de la musique nous montre effectivement que les propriétés acoustiques citées ci-dessus se sont graduellement libérées, d'une manière plus ou moins concomitante, des conventions auxquelles elles se voyaient soumises. A cette évolution graduelle — qui n'est rien d'autre que l'évolution de la perception auditive — correspond aussi une évolution de l'écriture musicale, dans laquelle on assiste à une affluence de plus en plus marquante de signes en rapport direct avec la technicité toujours plus croissante de la pensée musicale.

Si d'une part le caractère essentiellement distinctif de leurs systèmes de notation et, d'autre part, le "rapport naturel" entre ces systèmes de signes et leur représentation figurale constituent deux aspects divergents entre langage et musique face à leurs écritures, nous y avons donc affaire à un troisième point divergent: à l'opposé de l'écriture linguistique, l'écriture musicale s'avère essentiellement dynamique. Le perfectionnement continu de celle-ci à travers son histoire l'oppose catégoriquement à la relative immuabilité de l'écriture du langage[117].

Au cours de ce perfectionnement graduel, l'écriture musicale a recouru de façon toujours plus insistante à l'écriture verbale en vue de ses nécessités descriptives. Si le mot écrit était présent en sa qualité de support textuel et fondement sémantique des flexions mélodiques aux commencements de l'écriture musicale, il s'y fera présent — maintenant en tant qu'élément descriptif — même quand les structures musicales revendiquaient leur indépendance face au verbe (phénomène qu'on observe notamment dès l'époque baroque, où la subdivision entre le genre vocal et le genre instrumental est devenue une évidence). Bien que l'écriture musicale ait fait appel à des signes graphiques issus de l'évolution propre à ses nécessités représentatives, évolution correspondant à la croissante spécificité et à la technicité de son langage, la présence de plus en plus remarquable du mot en tant qu'indicateur de caractère au cœur même de la première s'avère dès lors incontestable. A vrai dire, l'écriture musicale n'a pu correspondre de façon catégorique à l'évolution de la pensée musicale qu'au fur et à mesure qu'elle a recouru à l'affluence croissante des pouvoirs sémantico-descriptifs de l'écriture verbale. En tant que système autonome de signes, elle était fort insuffisante face aux particularités provenant de l'évolution des méthodes compositionnelles. On assiste, donc, à une

---

117) Il faut remarquer que l'écriture linguistique a été soumise à des transformations considérables, voire radicales dans le domaine de l'**écriture poétique**, notamment à partir de Mallarmé. L'avènement de la **poésie concrète** au Brésil en 1955, issue, soit des opérations effectuées par Mallarmé, e.e.cummings et d'autres à l'intérieur du vers, soit de la référentialité "verbivocovisuelle" d'un Joyce, et les répercussions les plus récentes de la tendance visuelle du poème — comme par exemple dans la poésie que le jeune poète brésilien Philadelpho Menezes désigne par "*poesia inter-signos*" — constituent l'exemple le plus net de l'importance de l'élément visuel dans l'écriture linguistique, en même temps qu'ils démontrent l'incongruité absolue de ce qu'on appelle "poésie sonore" (qui s'avère extrêmement précaire comme poésie et, comme musique, simplement inexistante).

véritable et progressive saturation de signaux graphiques et verbaux au cœur de la représentation figurale de la musique[118].

Ce processus sera encore plus accentué lorsque le verbe sera incorporé avec son plein pouvoir expressif par la musique contemporaine, autrement dit, avec l'effacement du rôle de la mélodie — en tant que principale procédure verbo-musicale — provenant de la crise infranchissable du système tonal. A ce moment-là, la dialectique entre l'écriture musicale et le mot comme moyen expressif nous rend flagrant cette constatation: si l'intonation mélodique a joué un rôle fondamental à l'égard de la démarcation entre langage et musique comme deux systèmes de signes particuliers lors de l'avènement de l'écriture musicale (la donnée mélodique constituant, en sa qualité de moyen d'expression prosodique, alors associée irréductiblement au verbe, le principe de base pour les opérations effectuées par les méthodes compositionnelles qui sera plus tard généralisé au niveau des flexions instrumentales), la notation des intervalles — aussi précise soit-elle — ne s'avérait, lors d'une rencontre du verbe avec l'écriture musicale dans la musique contemporaine tout en envisageant la totalité des pouvoirs expressifs de la manifestation verbale, que comme représentation d'**une** des facettes parmi bien d'autres de la prosodie du langage (plus précisément, comme représentation figurale du profil mélodique de la parole).

C'est ainsi qu'écriture musicale et écriture linguistique s'affrontent l'une l'autre dans un contexte qui ne célèbre rien d'autre que leur impuissance expressive. Cet affrontement aura justement lieu, par conséquent, lors d'une approche exhaustivement expressive du verbe dans le contexte musical. Confrontation apparente, cette rencontre d'écritures, ayant comme sédiment expressif la parole et le mot, devient donc **solidarité** dans un contexte où l'opposition musique/langage se voit supprimée.

L'exemple peut-être le plus significatif de ce phénomène est constitué par l'écriture de *"Sequenza III"* (1966) pour voix de femme (UE 13723 mi) de Berio. Une foule d'indications verbales sert à

---

118) Nous trouvons un exemple frappant de cette saturation dans les deux dernières pages de la partition (Heugel) de *"Le soleil des eaux"* (première version: 1948) de Boulez, où nous trouvons, parmi des indications éminemment musicales et d'autres verbales, les indications suivantes: *chanté sans vibrer, sans nuances; prendre rapidement baguettes de caisse claire; étouffer les cordes près de la table; bisbigliando à 2 mains très rapide; après avoir attaqué, laisser les baguettes posées sur les lames; c.l.battuto (avec un peu de crin); presque sans vibrer; étouffez très précisément sur la 4e. croche; diminuer sans ralentir la rapidité du bisbigliando; ralentir le bisbigliando et s'effacer imperceptiblement;* etc..

conférer aux inflexions de la voix leur vrai caractère prosodique[119] (exemple 1a). La coexistence de la notation musicale "traditionnelle", des signes spéciaux, de la présence du mot écrit comme support du comportement vocal, et de la transcription phonétique internationale, tout cela associé aux indications prosodiques appuyées par le pouvoir descriptif de l'écriture verbale, édifie une écriture musicale qui se développe parfois sur cinq niveaux distincts de la représentation figurale (exemple 1b).

Exemple 1a: caractères prosodiques dans *"Sequenza III"*

anxious
apprehensive
bewildered
calm
coy
distant
distant and dreamy
dreamy
dreamy and tense
echoing
ecstatic
extremely intense
extremely tense
fading
faintly
frantic
frantic L.
gasping
giddy
impassive
increasingly desperate
intense

joyful
languorous
muttering
nervous
nervous L.
noble
open L.
relieved
serene
subsiding
tender
tense
tense L.
tense muttering
urgent
very excited and frantic
very tense
walking on stage
whimpering
whining
wistful
witty

---

[119] Le recours à l'écriture verbale comme indication prosodique a également été employé par Berio — et cela de façon fort systématique — dans *"A-Ronne"*, ce qui rapproche encore sous cet aspect ces deux œuvres dont la parenté nous semble tout à fait évidente. [Voir à propos des indications prosodiques dans *"A-Ronne"*, Dreßen (1), p.163-167].

Exemple 1b: extrait de la page 1 de *"Sequenza III"*

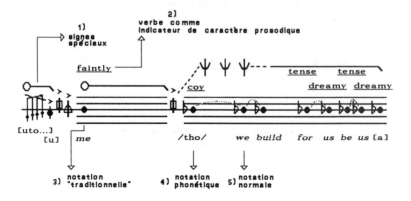

Mais si l'écriture musicale a contradictoirement fait appel à l'écriture linguistique, pour répondre au besoin d'une représentation efficace du mot et de ses propriétés prosodiques dans le contexte de la musique contemporaine, en d'autres termes, si elle a justement revendiqué l'appui de la représentation figurale du verbe par l'écriture (d'où la prosodie était donc paradoxalement absente), pour édifier au moyen de cette solidarité figurale ce que nous pourrions dénommer *écriture prosodique*, un autre aspect de son impuissance s'avérait fondamentalement inabordable: son incapacité à représenter le timbre. A cet égard, l'écriture musicale n'avait pas de notation à laquelle elle aurait pu recourir. Dans le domaine du timbre, elle sera donc toujours condamnée à s'assujettir à des conventions, en restant inévitablement arbitraire.

Comme nous l'avons déjà constaté auparavant, c'est à travers la sérialisation du timbre dans le domaine de la musique électronique que la précision de la pensée musicale structurale, d'une part, avait été poussée à l'extrême, à savoir à "l'apothéose de l'écriture musicale", à l'apogée de la détermination détaillée des événements musicaux. En effet, dans ce contexte, l'écriture musicale était, nous nous en rappelons, nécessairement absente surtout en raison de son impuissance face au facteur timbre. Mais, d'autre part, cette sérialisation du timbre a en fait été le facteur responsable de la mise en échec du système sériel intégral face à ses postulats les plus rigoureux et orthodoxes. Nous constatons, dans ce processus, que le timbre s'est avéré essentiellement irréductible, soit à une représentation figurale au moyen de l'écriture, soit à la manipulation sérielle de ses propriétés — ou, au moins, à une manipulation de type sériel qui se prétend être exclusive ou même indispensable, au niveau de la perception des timbres, pour aboutir à ce qu'on entend comme résultat sonore final.

Toutefois, c'est justement dans ce contexte que nous arrivons à une conclusion tout à fait cruciale: si le timbre s'est rebellé contre les tentatives de sérialisation de ses propriétés dans le domaine de la musique électronique, ce fait n'a été occasionné que par l'influence des lois sérielles qui présidaient à l'écriture instrumentale de la fin des années 40; autrement dit, bien que l'écriture se démontrât incapable d'exercer son pouvoir de détermination absolue sur le timbre dans le domaine instrumental, au moins a-t-elle essayé d'exporter au sein de la production électronique — dont elle était absente — ses principes rigoureusement sériels. L'apothéose de l'écriture consistait effectivement à effectuer ce déplacement de méthode ou de système de référence (le système sériel) à l'intérieur de la production électronique: bien que l'écriture fût absente, les principes des opérations au niveau du timbre étaient rigoureusement régis par une *écriture sous-tendue*, de type sériel; par une écriture, cependant, déjà en crise dans le domaine instrumental, et qui cherchait bientôt à se sauver d'une frappante banqueroute de ses principes intouchables.

Quoi qu'il en soit, ces règles sérielles de l'écriture, comme nous le savons, n'ont pas évité dans ce processus leur propre faillite — il n'en a resté (et cela jusqu'au présent même) que certaines *procédures* concernant le contrôle et la rigueur vis-à-vis du matériau musical et de ses qualités (procédures, en tout cas, déjà présentes en quelque sorte dans les pratiques musicales antérieures même à l'avènement du système dodécaphonique). Bien au contraire: c'est justement au moyen de ce déplacement des *principes figuraux* (tels qu'étaient en fait les principes sériels) au niveau de la réalité concrète du langage musical, c'est-à-dire au niveau des **phénomènes sonores**, devant lesquels le compositeur se trouvait — sans la médiation d'une représentation figurale — en studio électronique, que leur incongruité s'est avérée tout à fait évidente, et leur banqueroute, irréversible.

Cela nous ramène par conséquent au déroulement de notre comparaison entre ces deux systèmes d'écriture: si l'écriture musicale s'est révélée essentiellement divergente par rapport à l'écriture linguistique; si ses rapports avec l'apprentissage et l'indispensable technicité du code musical se sont avérés beaucoup plus étroits que les rapports conventionnels qui lient l'écriture linguistique à la langue et à la parole; si son caractère — à l'opposé de l'écriture du langage — s'est vu être essentiellement dynamique et changeant, en conformité avec l'évolution du code musical; si elle s'est bien prêtée non seulement en tant que registre, mais encore en tant qu'outil nécessaire aux mutations des méthodes; en résumé, si l'écriture musicale a acquis une importance absolument fondamentale dans l'histoire, la vie et l'évolution du code musical, en se présentant aux compositeurs comme l'instrument ou le support visuel au moyen duquel ils peuvent véhiculer leur langue, exercer leur parole, développer leur langage, elle ne pourra leur servir dans toute sa plénitude que si l'on se rend également compte de ses limites. Son irréfutable prestige, sur le terrain de la musique, doit s'allier à la condition déterminante et non moins importante des phénomènes musicaux, à savoir: le fait que les données musicales soient intimement liées à la sphère, nous dirions, "phonologique" de la musique, autrement dit, à la phénoménologie de l'écoute.

Partant, il ne suffit pas de relever le rôle de l'écriture ou de tracer sa typologie en discourant sur l'écriture libre ou l'écriture obligée, si l'on oublie de parler de ses limitations[120]. Ecriture et langage musicaux étant beaucoup plus interdépendants que langage et écriture verbaux, les dangers des déplacements dépourvus de sens s'accroissent proportionnellement, en faisant place à des réalisations fictives et hasardeuses où la rigueur préside effectivement aux principes opérationnels, mais peu aux faits de langage. En raison d'une excessive croyance en l'écriture, le compositeur peut — comme nous l'a déjà montré l'histoire musicale de ce siècle — en devenir prisonnier, en prenant l'écriture pour base au lieu de concentrer son attention passive et son intention active

---

120) En fait, on ne peut soutenir le concept d'**écriture** dans l'acception boulezienne qu'en le remplaçant définitivement par celui d'**élaboration**. Cela devient évident lorsque Boulez parle d'une *écriture interne* à propos de l'élaboration du timbre d'un certain objet sonore. Or, l'**écriture**, en tant que représentation figurale des sons, ne peut exister qu'**externement** à ceux-ci — et cela même dans le cas des soi-disant musiques "spectrales", car le spectre d'un timbre n'y sera pris que comme *métaphore* pour l'élaboration instrumentale. C'est en effectuant cette substitution terminologique d'**écriture** par **élaboration** qu'on comprend alors le sens de la pensée de Boulez lorsqu'il écrit: "*L'écriture peut se situer à l'intérieur des objets, pour les construire, ou à l'extérieur, pour les organiser: ce sont deux types, ou deux stades, d'écriture*" [Boulez (12), p.545-546].

(compositionnelle) à la réalité des contextes sonores, sur laquelle, enfin, l'écriture doit elle-même se baser. Et quand cela se passe, le résultat, lui-aussi, devient inévitablement prisonnier de l'écriture, donnant ainsi lieu à une structure hiérarchique et pyramidale où le compositeur et la réalisation de son œuvre — placés aux deux extrémités — se voient séparés par le sommet constitué par l'écriture, érigée en principe sacré. Le "rapport naturel" est, alors, effectivement renversé: car le but de l'écriture musicale est de parvenir à l'interaction, et non à une dichotomie entre idée et résultat. Une situation qui, comme nous le voyons, peut sûrement captiver ceux qui ont besoin d'idoles, de papes et de martyrs, mais qui ne peut être même d'une grande utilité pour la musique.

2. Structures subliminales en musique:
Berio et la Phonologie

En définissant la **corrélation** phonologique comme une série de couples de phonèmes, Jakobson constatera que chacune de ces paires oppositives *"comprend, d'un côté, l'opposition d'une même qualité à son absence et, de l'autre, un substrat commun..."* [Jakobson (19), p.218-219; cf. aussi (4), p.3]. Si musique et langage ou, en rétrécissant encore plus ce parallèle, si musique et phonologie sont corrélatives entre elles, on doit donc se rendre compte qu'à côté de leur identité (substrat commun), on a toujours affaire à des différences particulières. De toute façon, c'est justement par le biais de la mise en jeu de ces différences qu'il faut relever leurs substrats communs.

Pour y arriver, nous nous servirons des critères classificatoires de la phonologie synchronique tels que les a exposés Troubetzkoy dans son ouvrage désormais classique *"Grundzüge der Phonologie"* (1938), tout en faisant appel à des notions soit antérieures (Saussure, Stumpf, Jakobson, Bühler, etc.), soit postérieures (Pousseur, Lyotard, ou encore Jakobson, etc.) à celles de Troubetzkoy. Nous rappelerons aussi quelques notions concernant la phonologie diachronique (notamment à partir du texte fondamental de Jakobson *"Principes de phonologie historique"* (1930)).

Le domaine de notre approche étant l'œuvre de Luciano Berio, dans lequel, selon Häusler, *"die Umsetzung des Phonetischen [— on doit entendre par là «du **phonologique**» —] in musikalische Struktur"* [Häusler (1)] s'avère être une des caractéristiques les plus marquantes, nous chercherons à établir la façon la plus convenable pour l'aborder dans le sens de la corrélation musique/phonologie. Dans cette perspective, non seulement plusieurs notions fondamentales exposées par Troubetzkoy et Jakobson face aux particularités de la phonologie nous servirons pour atteindre notre but (comme par exemple la discrimination spécifique des traits distinctifs universaux), mais encore nous effectuerons un changement substantiel dans l'ordonnancement originaire de ces critères analytiques. C'est indubitablement sur les notions les plus essentielles (*Grundbegriffe*) que nous nous arrêterons le plus.

Dans ce parcours, le lecteur s'apercevra de la validité

universelle ou presque universelle de quelques notions phonologiques par rapport aux structures musicales. En effet, la corrélation entre ces deux sphères linguistiques paraît assez évidente (par exemple les notions concernant les **fonctions délimitatives**, la question des **différences**, des **oppositions**, de la **pertinence** et de la **redondance** des traits constituant les structures, celle de la **neutralisation des oppositions**, etc.). D'autre part, il se rendra compte de la place tout à fait singulière de l'œuvre bérien par rapport à d'autres notions spécifiques, telles que celles de l'opposition entre **déconstruction** et **stratification** (celle-ci entendue, chez Berio, comme construction vers une certaine **complexité** des rapports entre les traits constitutifs des structures), de la **synchronie dynamique** (particulièrement apparente, chez Berio, dans la complexité synchronique des structures apparemment "séquentielles"), du **continuum**, ou encore des propriétés prosodiques (en ce qui concerne le **registre** phonologiquement pertinent en relation avec l'intervalle de tierce, dont l'importance dans l'œuvre bérien est incontestable). En outre, l'implication mutuelle des notions abordées sera mise de plus en plus en évidence.

Il s'agira, en tout cas, de déceler les constantes communes à ces deux sphères de la communication, au-delà de l'emploi occasionnel, dans un de ces domaines, de l'un ou l'autre aspect spécifique emprunté à l'autre système de signes.

2.1. Notions-de-base (*Grundbegriffe*)

2.1.1. Le continuum

Nous avons vu auparavant, d'une part, l'importance primordiale aussi bien pour le langage que pour la musique de la donnée séquentielle [cf. le point 1.1. de cette partie], et, d'autre part, le caractère continu de la parole considérée de façon plus globale en tant qu'activité synchronique d'une certaine communauté linguistique [cf. le point 1.2.3. de cette partie]. En effet, nous pouvons pousser à l'extrême cette généralisation de la parole jusqu'au point de la considérer sous l'aspect diachronique, c'est-à-dire en envisageant l'histoire et la succession des divers états de langue, sans pour autant tenir en échec le principe de cette continuité fondamentale qui, elle, traduit l'essence même de la séquence momentanée de l'acte de la parole.

De cette façon, l'évolution historique de la langue ainsi que sa réalisation momentanée au moyen de la parole concrète n'abolit aucunement ce facteur déterminant du langage: le **continuum sonore**. Déjà au sujet de l'origine des langues, Saussure écrivait: *"On peut d'abord penser à l'origine première, au point de départ d'une langue; mais le plus simple raisonnement montre qu'il n'y en a aucune à laquelle on puisse assigner un âge, parce que n'importe laquelle est la continuation de ce qui se parlait avant elle. Il n'en est pas du langage comme de l'humanité: la continuité absolue de son développement empêche d'y distinguer des générations..."* [Saussure (1), p.295-296, nous soulignons]. En reniant l'idée d'une segmentation mécanique de la dynamique des langues, Saussure ne s'est effectivement pas opposé à l'idée d'une linguistique synchronique dans laquelle l'objet d'étude ne serait rien d'autre que l'état momentané des langues — nous savons, au contraire, que c'est contre l'historicisme linguistique du XIXème siècle que le maître genevois s'est élevé, en mettant en relief (certes, parfois de façon trop persistante et dogmatique) la pertinence de la linguistique synchronique [cf. Jakobson (28), p.382]. En relevant le caractère transitoire des changements, ainsi a-t-il au moins en quelque sorte anticipé sur la conception de la **synchronie dynamique** jakobsonienne, conception pour laquelle *"l'autonomie et l'interdépendance du synchronique et du diachronique"* [Saussure (1), p.124] constitue le principe le plus fondamental.

Si on les analyse du point de vue historique, les langues peuvent donc être vues comme des structures mobiles et changeantes, et chacun de leurs états se présente en tant que dépassement de l'état immédiatement antérieur, tout en traduisant au moyen de leurs organisations phonologiques la recherche continuelle de l'actualisation de l'expression linguistique. Phénoménologiquement, cette continuité des mutations va de pair avec la notion même de *vérité*, qui *"se définit en devenir comme révision, correction et dépassement d'elle-même"*[121] [Lyotard (1), p.38].

Le continuum transperce toutes les dimensions du temps linguistique. Si la prononciation, en tant qu'acte de parole, doit être

---

121) *"La vérité n'est pas un objet, c'est un mouvement..."* [Lyotard (1), p.39]. Particulièrement intéressant à nos yeux nous semble être la belle définition de Merleau-Ponty: *"... La vérité est un autre nom de la sédimentation..."* [Merleau-Ponty apud Lyotard (1), p.44].

vue comme **réalisation** de la langue [cf. Troubetzkoy (1), p.21 et 36], le continuum sonore, *facteur virtuel* de l'histoire inévitablement absente parce que passée et condition déterminante de l'état présent, mais en même temps sous-tendue dans chaque acte linguistique et déterminant des mutations en cours de route, trouve dans la parole le lien de sa manifestation comme *facteur réel* du langage. La discrimination des unités et des entités linguistiques étant toujours possible grâce à la dialectique constante entre l'essence immuable et les variations contextuelles — ce qui permet aux sujets-parlants de saisir des **identités** sans lesquelles la langue ne saurait s'établir comme système[122] —, les conditions de ce processus concernant l'identification des unités/identités linguistiques n'impliquent aucunement la suppression de la continuité inexorable du parler. En se référant à L. Bloomfield, Jakobson décrit de la façon suivante le flux de la parole: *"A continuum which can be viewed as consisting of any desired, and, through still finer analysis, an infinitely increasable number of successive parts"* [Jakobson (29), p.425]. Dans le fonctionnement du langage, le continuum sonore est donc une condition à laquelle le sujet ne peut guère échapper: *"Die distinktive Funktion ist für die Sprache als solche unentbehrlich...; dagegen ist die äußere Abgrenzung der bedeutungsgeladenen Schallkomplexe gar nicht unbedingt notwendig. Diese Komplexe können in einem ununterbrochenen Redefluß ohne jede Andeutung ihrer Grenzen aufeinander folgen"* [Troubetzkoy (1), p.241-242]. Certes, *"die Möglichkeit einer Pause zwischen den einzelnen Wörtern eines Satzes ist immer vorhanden"* [Troubetzkoy (1), p.30], mais ce qui s'avère fondamental, c'est bien cette *"mobilité perpétuelle du langage"*[123] [Jakobson (74), p.87].

Nous avons donc affaire à deux niveaux distincts du phénomène du continuum dans le langage: d'un côté, le continuum des états de langue au cours de l'histoire, qui doit son caractère *virtuel* à la virtualité de l'histoire elle-même, disponible, à son tour, en tant que trésor *mémoriel, répertoriel*; de l'autre, le continuum propre à chaque fait de parole, dont le caractère *réel* est dû à l'aspect

---

122) Saussure écrit: *"Le problème des identités se retrouve partout... . Toutes les fois que les mêmes conditions sont réalisées, on obtient les mêmes entités"* [Saussure (1), p.151].

123) A cet écoulement ininterrompu des sons verbaux correspond, du point de vue articulatoire, une mobilité gestuelle continue des organes de l'appareil vocal: *"... Les articulations sont beaucoup moins stables qu'on ne le pensait autrefois... . Les organes se trouvent en mouvement constant d'un point à l'autre dans l'appareil phonatoire..."* [Malmberg (1), p.61-62; cf. aussi Jakobson (27), p.11].

concret et immédiatement saisissable du parler. Il s'agit donc de deux dimensions temporelles distinctes, autrement dit, de deux types de continuum: d'une part, un **continuum virtuel** et duratif; d'autre part, un **continuum réel** et évanescent.

Lorsque Berio cherche à établir les facteurs qui conditionnent la perception musicale de manière saillante, en les définissant, *"dans la musique plus récente, [comme] l'intégration de n'importe quel phénomène sonore — depuis la parole jusqu'aux instruments, du «bruit» au «son» — en un <u>continuum harmonique généralisé</u>"* [Berio (20), p.48, nous soulignons], il décrit catégoriquement la place singulière de la musique post-tonale, vis-à-vis des systèmes de référence, face à la continuité des rapports structurels, telle que nous l'avons constatée dans le langage. Berio reconnaîtra que pour qu'une composition réussisse à développer et à synthétiser ses éléments en aboutissant à une *nécessité formelle*, cette synthèse de la forme dépendra des *"prédispositions associatives les plus habituelles de notre perception formelle"*, mais il soutiendra, cependant, que *"la présence brute [de ces prédispositions] a perdu tout pouvoir de suggestion depuis que la musique a cessé d'avoir recours aux réactions primaires de contraste..., en se manifestant dans le continuum sensible des moyens et dans la continuité indivisible d'un cercle formel dont l'ouverture, en n'importe quel point, laissera s'accomplir la forme"* [Berio (3), p.19]. **Composer** signifierait alors déceler ces facteurs imprévisibles — pour reprendre les termes de la théorie de l'information, ces facteurs **improbables**, ou encore, avec Eco, ces *"halos d'ouverture"* (*"aloni di apertura"* [cf. Eco (1), p.75]) propres à chaque acte de la communication humaine — pour pouvoir procéder aux *discriminations*[124] des unités/entités pertinentes dont la nouvelle forme musicale a besoin. Au moyen de cette opération envisageant une certaine discontinuité, c'est bien la continuité virtuelle de l'écoulement temporel qu'assure, à travers les mutations des méthodes, sa fonction historique: *"La dialectique formelle de la musique réside dans la découverte d'une discontinuité de rapports, d'une distance entre perception et mémoire: à cause de cette discontinuité, la compréhension même de l'unité de référence de l'œuvre et les réactions aux raccords mnémoniques qui stabilisent le signifié temporaire de la musique (qui est toujours et seulement ce qu'elle nous semble être à chaque instant) changent dans le temps"* [Berio (3), p.19-20].

---

124) Discriminations ou, en termes bouleziens, coupures: *"Le continuum se manifeste par la possibilité de couper l'espace suivant certaines lois; la dialectique entre continu et discontinu passe donc par la notion de coupure..."* [Boulez (3), p.95].

Mais si la discontinuité à laquelle Berio se réfère, se rapporte en tant qu'application contextuelle à une nécessité toujours actuelle de rupture face aux exigences des systèmes de référence devenus désormais mécaniques et inexpressifs, et si ces changements des méthodes ne s'avèrent être rien d'autre que la condition même du continuum virtuel et transitoire de l'histoire des styles, chaque fait de parole dans la musique, c'est-à-dire chaque œuvre musicale ne doit pas pour autant obligatoirement exclure le continuum de son organisme. Dans le cas de la musique de Berio, bien au contraire, la dialectique entre entités discriminées et *"continuum harmonique généralisé"* propre à la musique contemporaine (notamment à celle postérieure à l'avènement de la musique électronique) va prendre des dimensions considérables, puisqu'un des traits stylistiques les plus évidents sinon aspirés de l'œuvre bérien réside justement dans le fait d'incorporer le continuum sonore par la forme musicale à l'intérieur même d'une œuvre.

Ainsi nous trouvons-nous, en regardant l'œuvre de Berio — et en correspondance absolue avec le phénomène du langage —, devant les deux types de continuum sonore exposés ci-dessus: d'un côté, le continuum réel constituant la texture structurelle de certaines pièces au cours de sa trajectoire créatrice; de l'autre, le continuum virtuel manifesté par ce que Osmond-Smith dénomme *"commentary techniques"*, qui *"constitute [one] of Berio's most enduring compositional devices"* [Osmond-Smith (3), p.256] et ne s'avèrent être qu'un autre nom de ce que l'on a désigné (avec Eco) par *"opera aperta"* (**œuvre ouverte**) ou, en anglais (avec Joyce), *"work in progress"* [cf. Berio (14), p.39; et Osmond-Smith (4), particulièrement p.84].

Pour ce qui est des *works in progress* chez Berio, trois ramifications peuvent y être observées, allant du niveau le plus abstrait au niveau le plus concret par rapport à l'individuation des données structurelles soumises à des reprises créatives. En tant qu'opération plus générique et abstraite, il nous faut observer les nombreuses utilisations des formes historiques au cours de la production bérienne; le *work in progress* prend corps ici à travers la continuité plus ou moins reconnaissable de certains genres musicaux concernant la forme, dont voici quelques exemples:

- 134 -

* *"Toccata"* (1939); *"Preludio a una Festa Marina"* (1944); *"Petite Suite"* (1947); *"Magnificat"* (1949); *"Concertino"* (1951); *"Study"* (1952); *"Cinque Variazioni"* (1952/53); *"Variations"* (1955); *"Serenata"* (1957); *"Tempi Concertati"* (1958/59) [*concerto grosso*]; *"Laborintus II"* (1965) [*oratorium*; *canzonetta*; *rappresentazione*]; *"Sequenze"* [malgré que le renvoi à la *séquence* du moyen âge soit nié par Berio]; *"Sequenza III"* (1966) [*rondó*]; *"Sinfonia"* (1968/69) [malgré que Berio souligne le sens étymologique du titre]; *"Air"* (1970); *"Recital (for Cathy)"* (1971); *"Agnus"* (1971); *"Concerto"* (1972/73); *"A-Ronne"* (1974/75) [*madrigale rappresentativo*]; *"Cries of London"* (1974/76) [*rondó*]; *"Opera"* (1969/77) [malgré que Berio souligne le sens étymologique du titre]; *"La Vera Storia"* (1977/78) [*opéra*]; *"Duetti"* (1979/82); *"Lied"* (1983); *"Un Re in Ascolto"* (1979/84) [*opéra*]; *"Requies"* (1983/84) [*requiem*].

Au niveau le plus concret, le *work in progress* se manifeste lors de l'emploi (quoique généralement partiel) d'une structure issue de quelque réalisation antérieure de Berio lui-même; dans ce cas, le *work in progress* (à vrai dire une *"structure in progress"*) constitue une recherche autour d'un matériau musical par rapport à ses applications contextuelles. Notons par exemple l'emploi de quelques sons de *"Momenti"* (1960) dans *"Visage"* (1961); la transformation de certaines *"Sequenze"* dans les *"Chemins"* correspondants; l'incorporation des *"Quaderni I, II et III"* (1959/62) pour orchestre dans *"Epifanie"* (1959/61; version définitive: 1965); ou celle de *"O King"* (1967) comme IIème mouvement de *"Sinfonia"* (1968/69); la prolifération de la *"Sequenza III"* (1966) pour voix de femme soliste dans une structure polyphonique dans *"A-Ronne"* (1974/75); ou encore l'auto-citation de *"Cries of London"* (1973/74) et de *"Sequenza VIII"* (1975) dans *"Coro"* (1974/76).

Enfin, c'est entre ces deux niveaux que se situent les *works in progress* provenant de l'évolution ou du développement de nouveaux genres ou de formes musicales élaborées par Berio lui-même. En ce qui les concerne, on peut citer toute la série de *"Sequenze"* pour instruments solistes; les *"Chemins"* I, II, III, IV (ainsi que *"Corale"* (1981) et, dans un certain sens, *"A-Ronne"*) en tant que prolifération polyphonique des *"Sequenze"*; *"Allelujah I"* (1956) et *"Allelujah II"*

(1956/58); les *"Quaderni"* I, II, III; les *"Rounds"* dans leurs différentes versions; la série pour piano *"Wasserklavier"* (1965), *"Erdenklavier"* (1969), *"Luftklavier"* (1985); la série d'œuvres fondées sur des matériaux folkloriques *"Folk Songs"* (1964), *"Il Ritorno degli Snovidenia"* (1976/77), *"Voci"* (1984).

En effet, pour Berio, *"rien n'est jamais fini. Même l'œuvre achevée est le rite et le commentaire de quelque chose qui a eu lieu avant, de quelque chose qui arrivera plus tard. <u>La question ne provoque pas une réponse, mais un commentaire</u>... et une autre question..."* [Berio apud Stoianova (4), p.425, nous soulignons; cf. aussi p.433]. De plus, chez Berio, le continuum sonore virtuel acquiert, au moyen du commentaire musical, une autre dimension, encore plus étendue, avec les **transcriptions**, qui peuvent avoir comme objet d'approche des réalisations fort éloignées dans le temps (comme par exemple dans le cas des transcriptions de Monteverdi), tout en apportant au sein de l'œuvre bérien une certaine radicalisation historique des ravisements opérés sur certaines de ses propres compositions. Car, selon Berio, *"la meilleure façon d'analyser et de commenter quelque chose est, pour un compositeur, de faire quelque chose de nouveau en utilisant le matériau de ce qu'il veut analyser et commenter"* [Berio (49), p.145].

D'une façon plus générale, le commentaire musical se manifestera donc de deux manières s'opposant mutuellement: d'un côté, une certaine marge d'**impersonnalité** lorsqu'il s'agit d'une "lecture renouvelée" (pour employer les termes de Berio — cf. Berio (14), p.39] d'une œuvre d'un maître du passé (comme dans le cas des transcriptions de Monteverdi, Purcell, Boccherini, Brahms, Mahler, etc.) ou d'une forme musicale ancienne; de l'autre, une interférence tout à fait **personnelle** lorsqu'il s'agit de reprendre des réalisations folkloriques (comme dans le cas des *"Folk Songs"*, de *"Il Ritorno degli Snovidenia"*, *"Voci"*). Le fait, d'une part, que Berio lui-même soit l'auteur de deux des onze chansons de *"Folk Songs"* (plus précisément de la sixième, *"La Donna Ideale"*, et de la septième, *"Ballo"* — toutes deux composées en 1946/47, constituant ainsi avec deux autres chansons l'œuvre *"Quattro Canzoni Popolari"* pour voix de femme et piano), et, d'autre part, que le compositeur ait réalisé en 1978 la transcription des *"Siete Canciones Populares Españolas"*, elles-même de De Falla, nous montre que les frontières entre l'attitude personnelle et l'impersonnalité dans le domaine des *works in progress* s'avèrent plus que flexibles.

Pour ce qui est du continuum réel, il constituera une bonne partie des textures musicales des œuvres de Berio, tantôt partiellement en tant que manifestation momentanée de la neutralisation de l'opposition entre certains aspects constitutifs d'une structure donnée (comme dans le cas de la fin de *"Visage"*, dans laquelle voix et sons électroniques se fondent en un continuum sonore étendu; ou encore dans *"Thema (Omaggio a Joyce)"* (1958), où signification explicite, symbolisme phonique et matérialité verbale dépourvue de sens conventionnel ne constituent qu'un aspect continu de la texture sonore; ou encore dans *"Différences"* (1958/59) pour 5 instruments et bande magnétique, où le passage de l'état acoustique à l'état électroacoustique se fait de façon absolument continue); parfois encore au niveau plus généralisé de la structure globale de l'œuvre dans sa totalité.

En observant les pièces qui contiennent dans la globalité de leurs formes la présence structurelle d'un continuum sonore, on pourrait citer, à titre d'exemple, *"Rounds"* (1964) pour piano (elle-même un *work in progress*, car il y en a un *"Rounds with voice"* de même qu'un *"Rounds"* (1967) pour clavecin), ou encore la composition *"Air"* (1970) pour soprano et 4 instruments (ré-utilisée dans *"Opera"*), où la voix développe un chant essentiellement continu et évanescent opposé aux ponctuations synchroniques, *mémorielles* des accords du piano en aboutissant à la phrase très symptomatique des dernières mesures: *"Do you remember..."*.

Mais, de toute façon, on observe une cristallisation stylistique du continuum sonore en tant que texture globale dans la production bérienne notamment dans quelques pièces composées en 1973/74: *"Still"* (1973), *"Linea"* (1973), *"Eindrücke"* (1973/74), *"Points on the curve to find..."* (1974). Parmi ces œuvres, il faut noter le traitement essentiellement monophonique, linéaire et continu du piano dans *"Linea"* et *"Points..."*.

En tout cas, la composition *"Linea"* (partition UE 15991) pour deux pianos, vibraphone et marimbaphone nous semble particulièrement intéressante. La pièce dans sa totalité n'est en gros qu'une grande *ligne continue* (quoique subdivisée en différentes sections formelles[125]). Initialement exposée par tous les instruments au moyen de l'unisson mélodique (ex. 2), cette ligne primordiale sera postérieurement contredite par le marimbaphone qui introduit

---

125) Voila l'ordre de ces sections: *manège I; entrée I; ensemble I; manège II; ensemble II; manège III; ensemble III; entrée II; coda I (allegro); coda II; ensemble IV; notturno.*

peu à peu des divergences acoustiques à travers lesquelles un processus graduel de **discrimination** a lieu, en exerçant une influence assez nette sur le comportement du vibraphone.

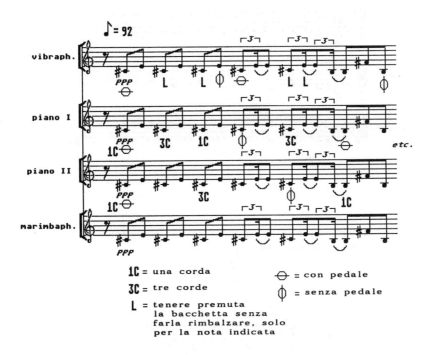

Exemple 2: début de *"Linea"*

Cette discrimination progressive consiste en trois procédures distinctes:

> 1) prologation de la durée de certaines notes de la ligne continue; ou bien intermitence périodique et stationnaire sur quelques notes de la ligne (ce qui a en fait la même fonction de discrimination de la prolongation pure et simple de leurs durées) (ex. 3);

Exemple 3

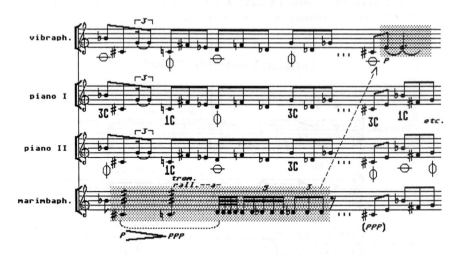

2) introduction de quelque note-appoggiature étrangère à la ligne continue (ex. 4);

Exemple 4

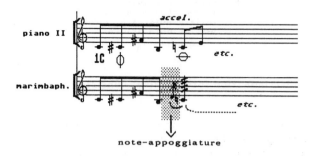

3) divergence synchronique par rapport à la ligne continue, en détruisant ainsi l'unisson initial (ex. 5).

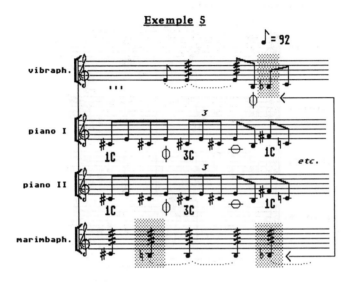

Exemple 5

En raison de la destruction de l'unisson mélodique initial, le premier grand bouleversement structurel prend forme, au moment où tous les aspects concernant la discrimination structurelle (altération des durées, note-appoggiature, et note synchroniquement étrangère à la ligne) coexistent dans un seul moment, tout en débouchant sur l'accélération jusqu'alors la plus prononcée de la cellule initiale de tierce mineure *do dièse-mi* (ex. 6).

Exemple 6

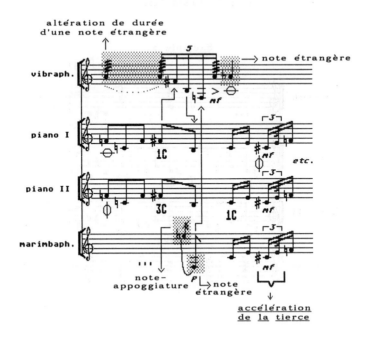

Dès lors, une prolifération de plus en plus divergente et accélérée de lignes presque individuelles se fait sentir, ce qui aura pour but les structures basées sur les trémolos de la fin de la page 8 de la partition (la fin de la première section formelle, *"manège I"*). La section suivante, *"entrée I"*, aura comme texture justement ces trémolos, et ce n'est qu'à ce moment qu'on peut parler dans un certain sens d'un emploi vertical, synchronique des pianos. On entend alors, bien que fondu avec les trémolos, le premier accord au sens strict (ex. 7a), lequel sera repris (cette fois de façon catégorique en tant que groupement vertical — *staccato*, absolument synchronique), à la fin de *"manège II"* par le deuxième piano avec une inversion symptomatique des notes extrêmes (*si* et *si bémol*) — les seules qui contredisaient la structure harmonique de l'accord, structure basée sur la superposition de tierces mineures (ex. 7b).

Exemple 7 a et b

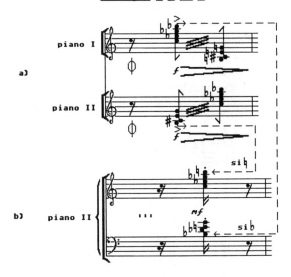

Dès lors on assiste à vrai dire à une émancipation graduelle de l'accord au cours de la pièce. De ce point de vue, *"entrée II"* constitue indubitablement la section contenant le plus de contrastes à l'intérieur de *"Linea"*. Mais cette émancipation n'est qu'illusoire et apparente, en tout cas temporaire. Dans la section suivante, *"coda I"*, les accords sont peu à peu réincorporés dans la structure linéaire et continue du début de l'œuvre, et même quand ils mettent à l'épreuve une réaction violente contre la ligne — comme dans le cas de l'*"allegro"* dans *"coda I"* —, ils seront toujours entendus comme des parties constitutives de cette grande ligne globale et proéminente, qui reprend sa force totale à partir d'*"ensemble IV"* jusqu'à la fin de la composition.

En outre, la reprise de la ligne dès ce moment sera renforcée par la dégradation progressive de cet accord auquel nous nous sommes référé antérieurement. Ce dernier s'avère, grâce à ses apparitions bien ponctuées, être une véritable **entité harmonique** de la pièce. Dans *"entrée II"*, il subit une autre déformation, ainsi qu'à la fin de *"coda II"*, jusqu'au moment où l'on ne peut entendre que sa partie supérieure juste avant le début d'*"ensemble IV"* (ex. 8).

Exemple 8

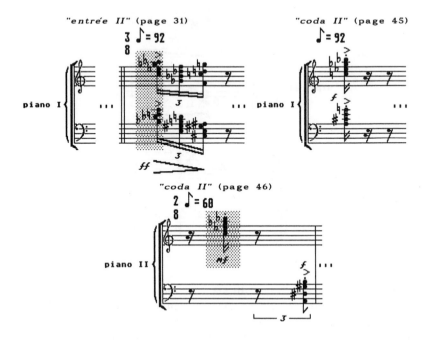

A notre avis, *"Linea"* constitue l'exemple le plus frappant du continuum sonore réel en tant qu'acte de parole — avec son jeu assez caractéristique sur l'opposition entre l'écoulement continu et la discrimination ou ponctuation synchronique d'éléments divergents — dans la musique du maître italien.

L'exemple suivant nous montre, au moyen de quelques compositions de Berio, les dimensions du continuum sonore dans son œuvre.

Exemple 9

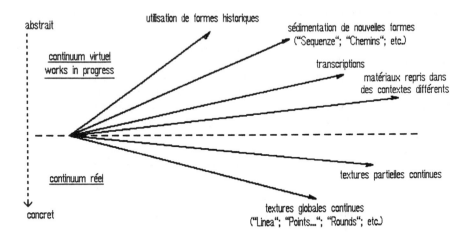

2.1.2. Mutations, changements téléologiques

"*Le temps altère toutes choses; il n'y a pas de raison pour que la langue échappe à cette loi universelle*" [Saussure (1), p.112]. Il est incroyable qu'il ait été possible à Saussure, après la clairvoyance d'une telle affirmation — renforcée par la constatation implacable du fait que "*tout ce que le temps a fait, le temps peut le défaire ou le transformer*" [Saussure (1), p.317] —, d'arriver à la conclusion contradictoire selon laquelle le système, "*en lui-même[,] ... [soit] immuable*" [Saussure (1), p.121]. Les contradictions insurmontables existant chez Saussure sont plus qu'évidentes: si la langue est un système, et si le système, pour Saussure, est immuable, cela signifierait donc que la langue est en elle-même immuable. Il suffit d'observer l'évolution de nos propres habitudes linguistiques pour constater aisément que "*contrariamente all'idea saussuriana, la langue in sé è mutabile*" [Jakobson (28), p.405]; "*la celebre sentenza di Eraclito, che insegna che ogni cosa è sottoposta a un movimento perpetuo e che non ci si può bagnare due volte di seguito nello stesso fiume, è perfettamente applicabile alla vita del linguaggio. La stessa parola, lo stesso segno linguistico a forza di essere ripetuto cambia valore"* [Jakobson (28), p.407]. Pour Jakobson, en effet, la notion de **structure** et celle de **transformation** sont inséparables l'une de l'autre[126].

Mais les contradictions saussuriennes ne sont pas seulement circonscrites à la conception du système comme immuable et statique; elles s'étendent également à sa compréhension des changements linguistiques. Puisque pour Saussure, l'état actuel de toute entité linguistique n'est rien d'autre qu'*"un résultat fortuit de l'évolution phonétique"* [Saussure (1), p.102; cf. aussi p.121-122], et le caractère des événements diachroniques est, à son tour, accidentel [cf. Saussure (1), p.131]. C'est dans ce sens que Saussure parle d'un *"caractère aveugle des évolutions de sons"* [Saussure (1), p.209].

A cette conception elle-même accidentelle et fortuite, la phonologie oppose une vision **téléologique** des changements phoniques. En allant à l'encontre de la conception aveugle de Saussure, Jakobson a écrit: *"La conception selon laquelle les changements phonétiques sont fortuits et involontaires et que la langue ne prémédite rien nous faisait représenter la phonétique historique d'une langue comme une suite de troubles et de destructions aveugles causés par de facteurs extrinsèques du point de vue du système phonologique; ces actions désordonnées ne seraient que des cambriolages fâcheux et dépourvus de tout but"* [Jakobson (4), p.5]. Ainsi se sont esquissés les deux principes qui régissent la phonologie historique (diachronique): *"a) no sound change can be comprehended without reference to the system which undergoes that change; b) each change in a phonological system is purposeful"* [Jakobson (9), p.232, nous soulignons]. [Voir aussi, à propos de la conception téléologique de la phonologie, Jakobson (3); (10), p.545; (24), p.327; (74), p.41; (77)].

Le temps implique donc nécessairement des mutations, et celles-ci se développent, de façon consciente ou inconsciente, en tant qu'opérations téléologiques au niveau des structures subliminales du langage. Ainsi l'évolution des langues est loin d'être accidentelle et fortuite, mais elle est au contraire préméditée et

---

126) Nous lisons: *"La notion de structure est inséparable de celle de transformation (de «transmutation»)..."* [Jakobson (74), p.203; cf. aussi p.209; et (50), p.115].

intentionnelle. L'histoire est donc téléologique. Nonobstant, *"tout changement phonique en cours est un fait synchronique. Le point d'origine et le point d'aboutissement d'un changement coexistent pendant un certain temps"* [Jakobson (35), p.149]. Si les mutations linguistiques diachroniques délimitent le parcours, la trajectoire accidentée mais non accidentelle des changements stylistiques et structurels, chaque transformation particulière opère sur un certain état de langue, constituant ainsi un événement synchronique.

Les conditions du développement historique de la musique sont, du point de vue diachronique, absolument identiques à celles du langage. De même que pour la langue, les mutations diachroniques des systèmes de référence musicaux sont téléologiques. Si la présence d'une intentionnalité était en quelque sorte contestée en ce qui concerne l'attitude du sujet-parlant lors d'un changement effectué sur les structures de la langue — contestation, nous le voyons, de type saussurien, pour laquelle l'intention ne pourrait jamais être inattentive —, personne n'a jamais douté du caractère téléologique des réalisations personnelles et par conséquent de l'histoire des changements stylistiques dans la musique[127].

La corrélation entre langage et musique, en ce qui concerne les changements diachroniques, est donc absolue. Il y en est autrement cependant de l'aspect synchronique des mutations. Si dans le cas de la langue, on est devant une coexistence, un compromis temporaire entre des innovations et les formes conservées dans leurs aspects antérieurs, cet état de fait étant dû au caractère collectif des faits de parole d'une certaine communauté linguistique et à l'exercice contemporaine et simultané de ces formes d'expression par plusieurs individus, dans le cas de la musique, les changements structurels ne peuvent avoir lieu qu'à l'intérieur d'un seul organisme structurel, d'une seule œuvre. Ce qui est *déplacement* dans le langage devient, dans la musique, *remplacement*.

C'est ainsi que les mutations structurelles effectuées par l'individu, en musique, ne peuvent se manifester que sous un aspect, à savoir **diachroniquement**, bien que cette "diachronie" ne se

---

127) Même si Adorno affirme que *"Musik zielt auf eine intentionslose Sprache"*, il ne le fait que pour relever l'incongruité, dans la musique, d'une intention qui ne se soit pas adressée à ses propres structures, à son propre jeu: *"Intentionen sind ihr wesentlich, aber nur als intermittierende. ... Musikalisch sein heißt, die aufblitzenden Intentionen zu innervieren, ohne an sie sich zu verlieren, sondern sie zu bändigen. So bildet sich Musik als Struktur"* [Adorno (1), p.139].

rapporte qu'à l'évolution temporelle circonscrite à une seule composition. C'est à ce comportement temporel dynamique des structures musicales que nous donnons le nom de **directionnalité**. La musique peut donc, à l'aide des structures directionnelles, effectuer des mutations sans compromis, à l'opposé du langage; chaque application contextuelle (fait de parole) de la musique est en mesure de reproduire authentiquement dans l'organisme même de l'œuvre, dans une dimension étroite, la dynamique propre à l'évolution diachronique des systèmes de référence (faits de langue).

C'est pourquoi, également sous cet aspect, l'œuvre bérien occupe une place singulière dans le panorama de la musique de notre siècle. Il n'y a pas en effet une seule composition de Berio où l'on ne se trouve devant au moins une structure directionnelle. Même dans les pièces apparemment les plus statiques, on a toujours affaire à quelque comportement directionnel qui confère à l'œuvre son sens dynamique. Symptomatique est déjà la première réalisation autonome de Berio dans le domaine de la musique électronique, "Mutazioni" (1955), qui peut être vue comme une petite étude (d'une durée de quatre minutes) sur les changements continus élaborés en studio, à travers lesquels la perception de la durée des sons, au moyen de l'altération d'autres facteurs tels que l'attaque ou l'intensité, est elle-même altérée et une directionnalité vers un timbre vocal est délinéée[128]. Le processus servant à constituer le mot *"parole"* dans *"Visage"* constitue, d'autre part, un autre exemple assez convaincant de directionnalité dans le domaine électronique, directionnalité appuyée cette fois sur le développement des sons vocaux.

Nous pouvons tracer un parallèle avec les exemples cités ci-dessus aussi dans le domaine acoustique. Ainsi prenons-nous deux pièces qui correspondraient dans une certaine mesure aux pôles directionnels représentés respectivement par *"Mutazioni"* (au moyen des sons électroniques) et *"Visage"* (au moyen des sons vocaux), en choisissant deux pièces qui s'opposent, en tant que processus directionnel, non pas seulement par la sphère acoustique dans

---

128) Maderna décrit cette réalisation de la façon suivante: *"Il processo formale è condizionato dalla continua evoluzione di un materiale di partenza molto semplice. Si tratta di una breve struttura di suoni sinusoidali di uguale durata e intensità. Variazioni nel registro, nel tipo di attacco e nella dinamica causano una diversa ricezione delle durate; permutazioni, effetti d'eco e lenti ispessimenti del materiale portano alla costruzione spontanea di nuovi elementi sonori, dai quali emergono un timbro vocale e, verso la fine, un impulso"* [Maderna (1), p.84].

laquelle celui-ci a lieu, mais encore par son caractère structurel général: d'un côté, la composition *"O King"* (1967), originairement pour voix et 5 instruments, puis orchestrée comme IIème mouvement de *"Sinfonia"*; et, de l'autre côté, *"Air"*, déjà citée auparavant. *"O King"* est, dans sa globalité, essentiellement statique, le matériau harmonique est bien fixé et caractérisé par des constants retours, mais la directionnalité se fera en tout cas sentir dans le développement phonologique des voix — elle établit un parallèle, dans ce sens, avec le début de *"Visage"* —; pour ce qui est de *"Air"*, il s'agit d'une pièce mobile dans sa globalité, et le changement continuel de sa texture vocale tend à neutraliser par excès de mouvement toute procédure directionnelle. Mais la directionnalité a de toute façon lieu, et justement dans le traitement apparemment statique, non-directionnel du piano — et en ce sens la pièce correspond, dans notre parallèle, à *"Mutazioni"*.

L'exemple suivant (ex. 10) nous montre l'évolution graduelle du traitement vocal de *"O King"* vers la constitution de la phrase *"O Martin Luther King"*[129], où l'on peut observer l'ordre d'apparition progressive des phonèmes: voyelles → consonnes nasales → latérales → et, enfin, occlusives; dans un chemin qui va de la pleine sonorité des voyelles jusqu'à la sonorité diffuse des consonnes occlusives, comme une métaphore de l'effacement (exposé au moyen de cette stratification sonore) du *leader* noir américain et en direction opposée à la révélation progressive de son nom. Nous avons donc affaire à deux directionnalités distinctes à travers un seul processus sonore/phonologique.

---

129) Pour une analyse circonstanciée de *"O King"*, de même que pour *"Sinfonia"* dans sa globalité, nous renvoyons le lecteur au remarquable texte de Osmond-Smith sur l'œuvre: Osmond-Smith (5); au sujet de *"O King"*, voir p.21-38.

Exemple 10: développement phonologique de *"O King"*

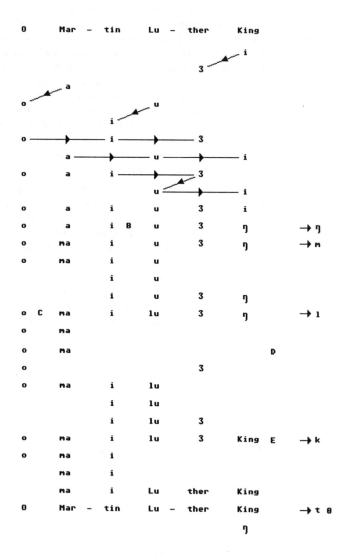

En ce qui concerne la partie du piano dans *"Air"* (UE 14986), on observe également la coexistence et l'interdépendance de deux directionnalités distinctes. La texture du piano consiste en effet en deux événements qui s'opposent initialement l'un à l'autre: a) notes soutenues et accords sporadiques qui constituent une harmonie omniprésente, durable; b) blocs sonores dans le registre aigu, en *staccato*, comme des ponctuations verticales extrêmement insolites et imprévisibles. La texture apparemment statique de ces blocs (événement **b**) n'est qu'illusoire: peu à peu, on assiste à une densification de ces accords ponctuels, de 3 notes (mesure 1) à 4 (mes.9), puis 5 (mes.17), 6 (mes.37, section B), et, enfin, plus de 6 notes (mes.43, page 8) avec l'insertion de *clusters* toujours réalisés par la main droite; à partir de la mes.49 (section C), on entend un retour et une stabilisation des blocs sur la densité de 6 notes, ce qui entraînera des conséquences décisives pour la directionnalité de l'événement harmonique opposé (événement **a**): si l'on peut écouter une mobilité toujours croissante des notes soutenues, accompagnée par une raréfaction graduelle des résonances, c'est justement à partir de ce moment que l'événement **a** se composera fondamentalement de mouvements linéaires, mélodiques et occasionnels, de plus en plus accélérés. L'intégration des deux événements en un seul est dès lors irréversible; les mouvements mélodiques et rapides de l'événement **a** acquerront ainsi de plus en plus la fonction d'appoggiatures par rapport aux blocs de l'événement **b**, ce qui aura son point culminant dans les mesures 73-74 (section E). A partir de ce moment, les blocs subissent de nouveau un accroissement de leur densité jusqu'à ce que des *clusters* qui resteront jusqu'à la mes.117 se constituent. Dès les mesures 97-98, une perturbation asymétrique causera la disparition graduelle des mouvements mélodiques rapides et par conséquent des appoggiatures, dont la dernière apparition sera ponctuée dans la mes.107. Les trois dernières mesures (118 à 120) constituent, avec la phrase *"do you remember..."* déjà citée auparavant, une espèce de *CODA*, car en observant la main droite, on entend une diminution graduelle de la densité des blocs de 6 à 2 notes. L'exemple 11 nous reproduit les passages les plus caractéristiques de l'interdépendance entre ces deux événements (l'événement **a** comme appoggiature des blocs de l'événement **b**), tous les deux, donc, directionnels.

Exemple 11

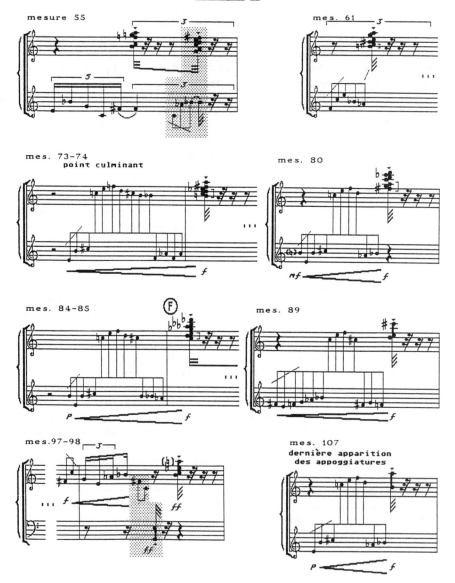

2.1.3. Synchronie dynamique

S'il a été possible d'établir un parallèle entre *"Air"* et *"Mutazioni"*, le traitement directionnel des structures statiques, tels que celui propre à la texture pianistique de *"Air"*, évoque un autre concept absolument fondamental aussi bien pour la phonologie que pour l'œuvre de Berio dans sa totalité, à savoir: la **synchronie dynamique** jakobsonienne.

Sous cet aspect, c'est sur la réalisation électronique suivante de Berio au *Studio di Fonologia* que nous devons tout d'abord concentrer notre attention: *"Perspectives"* (1957). D'une durée de 7 minutes environ, la pièce ébauche une liaison symptomatique avec la notion tridimensionnelle, phénoménologique du temps, qui, pour Merleau-Ponty, *"n'est pas une ligne, mais un réseau d'intentionnalités"* [Merleau-Ponty apud Lyotard (1), p.95], constitué par une série des maintenant, des glissements continuels entre le passé et l'avenir, d'un constant *"ne plus"* de même que d'un *"pas encore"* [cf. Lyotard (1), p.95-99]. En écoutant *"Perspectives"*, basé sur quatre familles de sons issues du montage de fragments de bande magnétique (elle-même contenant des sons sinusoïdaux) [cf. Gentilucci (2), p.57; et Pousseur (17), p.115], nous avons l'impression de nous trouver face à un cube irrégulier dont les surfaces contrastent fortement par rapport à leurs dimensions, et qui au moyen d'un mouvement giratoire lui-même inconstant, se présentent à nos yeux avec une dimension toujours distincte. Dans ce cas, c'est sur le temps réel, la durée des événements, qu'est centrée la recherche bérienne: toute la pièce est fondée sur l'exploration des seuils perceptifs par rapport à la distinction rythmique des composantes sinusoïdales très courtes, disposées séquentiellement et parfois radicalement accélérées [cf. Pousseur (17), p.138]. De grandes vagues successives de sons de durée uniforme — tantôt courte, tantôt allongée — constituent le changement continuel de *perspective temporelle* de la pièce, dont l'élaboration a justement été possible grâce à ce recours au début de la musique électronique, recours à la fois simple et fascinant, à savoir: celui qui consistait en *"pouvoir couper le temps avec des ciseaux"* [Berio (49), p.161].

Dès 1930, Jakobson écrivait dans ses *"Principes de phonologie historique"*: *"Ce serait une faute grave de considérer la statique et la synchronie comme synonymes"*, puisque *"la perception du mouvement est présente aussi dans l'aspect synchronique"* [Jakobson (7), p.218]. Il écrira, ailleurs, que *"neben dem Statischen gehört auch das Veränderliche zu einem Sprachzustande. ... Die Sprachdynamik kann somit als Bestandteil der sprachlichen Synchronie fungieren..."*[130] [Jakobson (22), p.306].

La conception de la synchronie dynamique détruisit une fois pour toutes le principe saussurien d'une évolution non-téléologique des faits de langue. Si l'on décèle en quelque sorte des données structurelles sur l'axe des simultanéités, ces composants du système imposent sur l'axe des successivités la dialectique de leur propre rapport, c'est-à-dire qu'ils déterminent son dynamisme[131].

Pour la création en 1968 à Donaueschingen de *"Sincronie"* (1963/64, notre approche se référant à la deuxième version de la pièce) pour quatuor à cordes, Josef Häusler écrit de façon tout à fait pertinente: *"Wenn man erfahren will, welche musikalischen Sachverhalte sich hinter dem Titel verbergen, ... darf man sich nicht nur auf das Wörterbuch verlassen, das «sincronia» mit «zeitlicher Übereinstimmung» und «Gleichlauf» übersetzt; man muß vielmehr einen Begriff der Linguistik zu Hilfe rufen. Die Sprachwissenschaft versteht unter «Synchronie» die Darstellung verschiedenartiger, aber gleichzeitig nebeneinander bestehender Sprachzustände"* [Häusler (2)]. Les répercussions de ce concept fondamental de la linguistique jakobsonienne dans l'activité créatrice de Berio s'avère, avec *"Sincronie"*, incontestable. Le dynamisme éminemment diachronique du facteur synchronique se manifeste, chez Berio, déjà dans l'emploi du concept au pluriel comme titre de la pièce: **synchronies**. Constituée presque exclusivement d'accords, la composition se développe au cours de ses 42 sections de manière fort directionnelle: l'harmonie circonscrite à l'ambitus de la quinte centrale *mi-si* du début s'étendra petit à petit dans le registre jusqu'à une extension maximale de 5 octaves et un demi-ton à la section 28 (dernière harmonie de la page 11 — UE 13790). Après ce point culminant de l'expansion harmonique, l'œuvre subit un relatif rétrécissement de

---

130) Et ailleurs, en critiquant la conception saussurienne: *"Die Saussuresche Gleichsetzung des Gegensatzes der Synchronie und Diachronie mit dem Gegensatz der Statik und Dynamik hat sich als irreführend erwiesen, weil in Wirklichkeit die Synchronie gar nicht statisch ist: Veränderungen sind immer im Gange und bilden einen Bestandteil der Synchronie. <u>Die tatsächliche Synchronie ist dynamisch</u>..."* [Jakobson (42), p.275, nous soulignons].

131) *"Le point essentiel est que tout système linguistique, individuel et collectif, à tout moment de son existence, implique nécessairement l'action conjointe de deux forces: stabilité et mutabilité, en sorte que le besoin de changement est constamment inhérent au code verbal..."* [Jakobson (74), p.209].

son ambitus fréquentiel jusqu'à la fin, où le *ré* central sera nettement polarisé. A cette expansion directionnelle s'oppose dialectiquement toute une série intercalaire d'unissons réalisés par tous les quatre instruments et situés dans la plupart de leurs apparitions dans le registre moyen de la tessiture instrumentale. Bien qu'ils subissent, eux aussi, l'influence de la directionnalité fréquentielle des harmonies synchroniques (cf. à ce propos les unissons des sections 22 et 25 dans notre exemple), en abandonnant temporairement la zone centrale des fréquences, ils auront comme dernières apparitions justement les notes *si* et *do* du registre central (ex. 12).

Exemple 12: schéma harmonique de *"Sincronie"*

Les *"Sincronie"* constituent en effet un exemple frappant de la notion de synchronie dynamique dans l'œuvre de Berio, mais ce phénomène, à vrai dire, est une constante de son activité créatrice. Il y réapparaît de diverses manières et s'y retrouve partout. En tout cas, il sera encore convenable de l'aborder sous trois aspects distincts: comme opération sémantique verbale; dans l'emploi des citations; et, enfin, comme écoute synchronique des données séquentielles.

Dans *"Laborintus II"* (1965) pour voix, instruments et bande magnétique sur un texte de Sanguineti — qui rendait hommage à *"la modernité de Dante"*, dont l'un des aspects, selon son auteur, consistait justement dans *"l'idée d'une totalité de l'univers, d'une vision globale du monde et de la langue multiple..."* [Sanguineti apud Stoianova (4), p.26] —, Berio opère le dynamisme des facteurs synchroniques particulièrement sur le niveau sémantique verbal. Si l'une des caractéristiques les plus évidentes du texte (comme d'ailleurs de toute la poétique de Sanguineti à laquelle Berio recourt pour l'élaboration de certaines de ses œuvres[132]) consiste en une référentialité sémantique généralisée et, sous cet aspect, essentiellement **synchronique**, en élaborant des intersections référentielles parfois fort divergentes du point de vue historique (diachronique), ce seront précisément les deux passages les plus flagrants vis-à-vis de ce catalogue de références qui subiront les traitements les plus synchroniques de la texture musicale.

Déjà dans le premier de ces passages, exposé ci-dessous, on s'aperçoit de l'intention poétique de Sanguineti: il s'agit en effet d'apporter au sein de l'axe des simultanéités, la globalité diachronique des successions les plus dissemblables, autrement dit de *"voir ensemble le passé et l'avenir"* [cf. à la fin du passage cité: *"vediamo insieme il passato il futuro"*; à propos de la référence y implicite aux *"Four Quartets"* de T. S. Eliot, cf. Stacey (1), p.210]:

---

132) Berio a utilisé des textes poétiques de Sanguineti dans les compositions suivantes: *"Passaggio"* (1961/62), *"Epifanie"* (1959/61-1965), *"Laborintus II"* (1965), *"Recital (for Cathy)"* (1971), *"A-Ronne"* (1974/75), *"Canticum Novissimi Testamenti"* (1988).

"tutto tutto tutto tutto
dalla biblioteca
  al babbuino
dal 1265
  al 1321
dal cianuro di potassio
  alla cronaca cittadina
dalla cresima
  alla corte dei conti
dalla oscurità in cui è sempre immersa la nostra vita
  alla rendita del 4%
dalla carotide
  alla tibia
dall'elefante di mare, grande foca del Pacifico fornita di
           [due lunghe zanne
  al 1965
dal fegato
  al frigorifero
dal francobollo
  al formaggio
dalla prova del nove
  al cavallo di Troia
dal lapsus linguae
  alla rivoluzione russa
dal piedistallo, che sa sostenere tutte le colonne
  alla folgorazione, atto e effetto del folgorare
  alla pietra focaia
  alla luna
  al rame
  alla polvere :
    ah per te ho inventato il rame e la polvere
ho liberato la lettera erre e la lettera ci da un penitenziario
           [di tabacco
ho trascinato lepri e chiodi in Paradise Valley
di te ho anche detto perfectiones intelligibiles
         ho detto
novimus enim tenebras aquas ventos ignem fumum
vediamo insieme il passato il futuro
       ho detto
quoi qu'elle fasse elle est désir improportionabiliter excedens"

[Sanguineti (1), p.78]

A ce passage correspond l'épisode qui, structuré de façon assez similaire, commence avec le mot *"tutto"* et se termine avec son opposé sémantique, le mot *"silenzio"* [cf. Sanguineti (1), p.80], le *signifiant zéro* par excellence du langage. C'est à ces deux passages que Berio donne le traitement le plus pressé et dramatique de *"Laborintus II"* (respectivement les pages 18 à 23, et 35 à 40 de la partition — UE 13792). Celui-ci consiste en deux niveaux distincts d'opposition: a) entre la densité de la voix du soliste et celle du chœur; et b) entre discours linéaire et continu de la voix du soliste, d'un côté, et blocs simultanés et sporadiques du chœur, de l'autre (les deux éléments sont basés sur ces passages du texte). Si les blocs simultanés du chœur se présentent déjà comme opération typique de l'axe des simultanéités face au contenu essentiellement diachronique, donc oppositif du texte, renforcé par le comportement discursif de la voix soliste, un autre aspect confère au traitement musical bérien son caractère à la fois synchronique et dynamique: l'extrême rapidité de la prononciation du texte, soit par la voix du soliste, soit par le chœur.

Mais si *"Laborintus II"* est *"un catalogue de références — non de citations..."* [Reichert (1)], ce sera, en revanche, à partir de la radicalisation de l'emploi des citations dans le IIIème mouvement de *"Sinfonia"* que la synchronie dynamique prendra une dimension jusqu'alors insoupçonnée dans l'œuvre bérien.

La problématique autour des citations est, dans le domaine musical, sans aucun doute une des plus périlleuses. Bien que l'objet de la littérature soit le langage, et que celui-ci, comme nous l'avons déjà vu, soit essentiellement séquentiel, le recours au caractère duratif et temporellement réversible de l'écriture assure à l'œuvre littéraire — qu'elle soit poésie ou prose — une potentialité référentielle toujours susceptible de déchiffrement de la part du lecteur au moment même de sa lecture. Dans la musique, bien au contraire, les citations ne peuvent être révélées, vis-à-vis de l'irréversibilité du temps musical (soit-il non-linéaire), qu'au fur et à mesure qu'y apparaissent certaines conditions à la fois de reconnaissance et d'élucidation.

Il y a fondamentalement deux types de citation musicale: d'un côté, des **citations textuelles fragmentaires** d'autrui ou personnelles (dans ce dernier cas, il s'agit d'auto-citations); de l'autre, des **citations de style**, elles-mêmes subdivisées en deux sous-classes:

citations de style historique d'une certaine époque; et citations de style personnel propre à l'œuvre d'un créateur déterminé[133].

Qu'il s'agisse de l'un ou de l'autre type, seule l'**intelligibilité** de la citation de la part de celui qui écoute saurait la justifier, car "*si nous ne connaissons pas, une grande partie de l'intérêt s'évapore*" [Boulez (10), p.154]. En tout cas les conditions de l'intelligibilité ne sont pas restreintes, comme l'on pourrait le supposer, à la **connaissance**, mais plutôt à la **reconnaissance** de l'objet cité. Le problème est toujours de savoir, vis-à-vis de la citation, à qui on finit par en attribuer la responsabilité: au compositeur ou à l'auditeur de son œuvre? Nous pouvons à cet égard aborder deux conceptions antagonistes l'une par rapport à l'autre: celle de Zofia Lissa, d'une part; et celle de Pierre Boulez, d'autre part.

Pour Lissa, le fonctionnement de la citation en tant que telle dépend essentiellement de l'auditeur[134]. Il doit pour cela la connaître, et cela dépendra à son tour des conditions d'apprentissage et de connaissance musicaux. Mais afin de la **comprendre** (et donc de la justifier), l'auditeur devra procéder fondamentalement à deux opérations intellectuelles supplémentaires [cf. Lissa (1). p.365][135]: 1) interpréter le rôle joué par la citation dans le corps de l'œuvre dans laquelle elle est insérée; et 2) réinterpréter la citation en fonction de sa source originaire, tout en décelant les nouvelles propriétés sémiotiques acquises par le fragment cité dans le nouveau contexte. Toutefois, l'interdépendance de ces deux opérations n'exclut aucunement un facteur oublié par Lissa, lui-même déterminant pour le choix de la part du compositeur du fragment cité: l'interprétation du rôle joué par la citation dans le nouveau contexte, ainsi que sa réinterprétation subséquente vis-à-vis

---

133) Il est intéressant d'observer, à ce sujet, les subdivisions effectuées par H. Sabbe lors de son approche de "*Votre Faust*" de Pousseur, car elles reflètent la distinction, à l'intérieur des structures musicales, entre langue et parole. Bien que l'auteur n'effectue pas la subdivision pertinente entre les citations fragmentaires d'autrui et celles qui sont personnelles, il distingue trois types de citations: "*1) Das Sprachzitat oder das historisch gerichtete (Stil-)Zitat...*" — ce qui correspond à notre **citation de style historique** —; "*2) das generative Sprechakt- oder das komponistengerichtete (Stil-)Zitat...*" — notre **citation de style personnel** —; et "*3) das reproduktive Sprechaktzitat oder das wörtliche Zitat...*" [Sabbe (2), p.55] — notre **citation textuelle fragmentaire**.

134) En faisant appel à une citation textuelle, nous lisons: "*Das Funktionieren des Zitats als solches hängt hauptsächlich vom Hörer ab, der das gegebene Fragment als Zitat erkennen kann, aber nicht muß*" [Lissa (1), p.365].

135) A vrai dire, la première des opérations ponctuées par Lissa consiste en la "*reconnaissance de l'origine de la citation*"; nous l'avons omise parce qu'elle nous semble tautologique.

de son nouvel environnement contextuel, dépendent de la fonction du fragment en question dans son organisme d'origine, fonction, elle, déterminée par la **syntaxe** de cette contexture primordiale. Extraire un aspect de cette syntaxe, c'est en même temps la détruire. *"Structure sans fonction et fonction sans structure sont des fictions également vides de sens"* [Jakobson (74), p.100]. On ne peut prétendre qu'en arrachant un fragment à son contexte, on puisse en conserver la fonction. Si l'on détruit la syntaxe (autrement dit, la structure), si on l'abstrait, la fonction, elle aussi, sera annulée[136]. On constate que même la reconnaissance, ne peut pas restituer la syntaxe qui conférait du sens à l'objet cité. L'acte de la citation, en musique, devient "lexical" et se réduit donc à une utopie phénoménologiquement circonscrite à l'élaboration intellectuelle éloignée à proprement parler d'une sémantique **musicale**.

A ce moment là, on effectue le déplacement de responsabilité du champ de la perception à celui de la conception même de l'œuvre. Pour Boulez — et à l'opposé de Lissa —, c'est le compositeur que concernent les risques et les dangers de la citation, puisque *"la notion de* responsabilité *— responsabilité stylistique — est à la base de toute écriture"* [Boulez (10), p.49]. Au-delà de la connaissance du fragment cité de la part de l'auditeur, Boulez élucidera donc les conditions fournies par l'écriture elle-même vis-à-vis de l'intelligibilité de la citation: d'un côté, il faut que la citation soit présentée *"de façon suffisamment longue et suffisamment autonome"*; de l'autre, il est nécessaire qu'aucune de ses composantes structurelles n'ait été *"substantiellement modifiée"* [Boulez (10), p.154]. Afin de justifier la présence d'un fragment cité, Boulez met l'accent, on le constate, sur son **intégralité**. Mais c'est lui-même qui écrit, quoique se référant à l'incorporation des données extrinsèques à l'univers de la musique dans le contexte musical, que *"la transcription directe d'un univers dans un autre ne peut être que décevante, parce qu'elle ne tient pas compte des lois propres à chaque univers"* [Boulez (10), p.135]. En critiquant sévèrement la parodie musicale, Boulez écrit: *"Les objets dont on se sert ont perdu leur sens profond sans acquérir pour autant autre chose qu'une vertu assez vainement décorative"* [Boulez (10), p.155]. C'est en ce sens qu'il définira l'**anonymité** comme l'expression la plus simple des éléments devant être incorporés dans une œuvre: *"Un élément doit être*

---

136) *"L'expression en musique est... directement liée au langage et à la syntaxe; les différents éléments ne sont pas détachables stylistiquement"* [Boulez (6), p.7].

anonyme pour pouvoir s'intégrer à [notre] style. ... Si [nous avons] des sons trop personnels, ils ne s'intégreront jamais à la dialectique de la composition, ils resteront en dehors..." [Boulez (6), p.7].

Il va sans dire que les citations non-textuelles de styles (soient-ils personnels ou d'une certaine époque), donc anonymes, impliquent les mêmes problèmes, car c'est surtout à une violation des jeux de syntaxe que l'on a affaire. Celui qui cite, en musique, croit qu'au moyen d'un renvoi sommaire, le signifié auquel il fait allusion pourra être recomposé; mais entre le rappel et la reconstruction, il y a toute une série d'opérations déductives auxquelles on ne peut échapper et qui ne peuvent exister abstraitement. On se trouve, dans le cas de la citation musicale, devant une situation insolite, à savoir celle des résidus du signifiant d'un signifié zéro parce qu'absent. La citation musicale, en général, en tant que **rapport associatif**, parce que renvoyant à quelque chose en dehors de l'œuvre présente à partir de la structure syntagmatique *in praesentia* de celle-ci, touche donc l'axe paradigmatique et est par conséquent un fragment mnémonique dont la fonction ne se justifie que par **son** syntagme, lui-même, cependant, *in absentia*. On peut alors parler, avec Berio, de "décontextualisation" [cf. Berio (49), p.144]. En littérature, la citation trouve sa place de manière efficace, car elle sera toujours soutenue par *"la transposition de la suite verbale du plan temporel au plan des signes spatiaux"*, effectuée par l'écriture, *"ce qui atténue fortement le caractère univoque du flot verbal"* [Jakobson (65), p.102] — autrement dit, ce qui atténue décisivement le rôle de la *synthèse simultanée* (de laquelle il sera question plus tard). En musique, par contre, la citation s'affronte avec une situation tout à fait distincte: elle sera toujours un renvoi frustré, parce que ses rapports syntagmatiques sont irrécupérables au sein de la condition temporellement irréversible de sa propre existence.

Si le recours aux citations dans la littérature trouve donc son expression la plus accomplie — parce qu'en conformité absolue avec le principe de la *condensation (Dichtung)* propre à la poéticité, soit de la poésie elle-même, soit de la prose (l'œuvre d'un Joyce nous en donne un exemple tout à fait convaincant, notamment avec *"Finnegans Wake"*) —, on se pose par conséquent la question suivante: à quoi aspirait la musique avec ce recours typiquement littéraire, dans laquelle on assiste à l'apogée de l'emploi des citations dans les années 60?

Il s'agit, indubitablement, de la **référentialité**. Si Jakobson affirme qu'*"en poésie... la semiosis introversive* [caractéristique de la musique], *qui joue toujours un rôle cardinal, coexiste et «co-agit» avec une semiosis extroversive"*, au moyen de laquelle le langage verbal élabore ses excursions par les références conceptuelles, on ne peut partager de la conception jakobsonienne lorsqu'il écrit, en conséquence de ce raisonnement, *"que le composant référentiel est soit absent soit très réduit dans les messages musicaux"* [Jakobson (65), p.100]. La musique n'est pas circonscrite, comme Jakobson le suggère, tout simplement à l'expression d'une gamme d'états d'esprit qu'il saurait autrement impossible à exprimer, et il faudrait dans ce contexte ne pas confondre l'absence du composant référentiel/**conceptuel** avec une absence présumable de la **fonction référentielle** en musique. Si la musique se caractérise exclusivement — à l'opposé de la poésie — par une *semiosis* introversive, on an inévitablement là aussi affaire à des **références**, bien qu'il s'agisse de références au propre code musical et à son parcours historique.

A ce sujet, Boulez écrit remarquablement: *"Lorsque nous sommes en train d'écrire une œuvre, nous sommes à la fois en état de référence et en état de recherche"*; et, en plus, Boulez précise ce en quoi consiste cet état de référence, cette référentialité potentielle de l'acte créateur: *"Référence, pas seulement par rapport au passé «historique», mais aussi par rapport à nous-mêmes, à notre propre passé, à ce que nous avons découvert, à ce que nous avons établi provisoirement dans l'œuvre ou les œuvres précédentes"* [Boulez (10), p.128]. Ainsi dans la référence à son propre parcours, à la trajectoire tracée réside le fondement de la *recherche*, cet autre état à la fois inévitable et indispensable de l'invention. La complexité de la question n'a cependant pas épargné à Boulez de se trouver devant des contradictions apparemment insurmontables. C'est ainsi qu'il écrit ailleurs tout contradictoirement: *"Je ne crois pas que la référence puisse jamais mener très loin, car elle implique souvent, sinon toujours, un attachement suspect au passé, et l'invention ne peut que radicalement transformer la référence, au point de la rendre méconnaissable, voire inutile"* [Boulez (10), p.155]. Certes, Boulez se rapporte là à la référence **littérale**, autrement dit à la citation (textuelle), mais il faudrait alors le préciser pour qu'il n'y eût aucunement confusion entre le recours à la citation et la fonction référentielle en soi, laquelle préside sûrement à la citation mais peut pleinement s'en dispenser, tout en créant donc les prérogatives pour que l'invention puisse, **radicalement**, transformer enfin la référence.

C'est de ce point de vue que je me permets de faire allusion à mon propre parcours comme compositeur et théoricien dans le sens d'une recherche, centrée particulièrement sur la question de l'harmonie contemporaine, en vue de cette *référentialité essentielle*. Dans mon premier livre (*"Apoteose de Schoenberg"*), plus précisément dans le chapitre consacré à la contribution de Pousseur à la création contemporaine, je discute la pertinence d'une nouvelle *fonctionnalité* harmonique, évidemment non plus tonale ou même "atonale", mais entre des entités contemporaines, **archétypiques** de l'harmonie. Dans ce sens, j'ai défini les *entités* ou *archétypes harmoniques* comme *"des relations harmoniques culturellement déjà gravées dans la mémoire auditive* (répertorielle) *de la musique occidentale"* [Menezes (5), p.234]. A travers cette fonctionnalité, on pourrait relever les identités et les divergences structurelles entre ces entités *"sans pour autant expliciter forcément nos références au moyen de la littéralité typique de la citation"* [Menezes (5), p.228]. Sous l'influence des recherches pousseuriennes sur les *permutations sérielles cycliques*, recherches ayant abouti à l'élaboration à la fin des années 60 d'une des méthodes les plus efficaces de l'harmonie moderne — les *réseaux harmoniques* — et qui envisageaient l'incorporation systématique, organique ou (en employant le terme de Pousseur lui-même) *métagrammaticale* des citations apparemment les plus disparates dans le corps de l'opéra *"Votre Faust"* (1960/68), je suis arrivé, à travers mes compositions instrumentales, à élaborer ma propre méthode harmonique — que j'ai dénomée à l'époque (1984/85) *modalidades arquetípicas* (*modalités archétypiques*, mais qui nécessite une révision terminologique: **modules** archétypiques). Dans cette méthode — qui consiste, en gros, en la prolifération cyclique et diachronique des proportions d'intervalles provenant d'une entité harmonique complexe donnée (qu'il s'agisse d'un agglomérat vertical ou non), et en la vérification postérieure des identités synchroniques, à l'intérieur de cette structure cyclique dérivée, avec d'autres entités (parfois très diversifiées entre elles) dont la parenté ne se trouvait que dans une condition **potentielle** avant la prolifération proprement dite de l'entité-de-base —, la référentialité est mise en relief, alors que les citations en sont radicalement exclues. (L'exemple suivant — le *module archétypique* employé dans *"Quatuor pour l'avènement de nouveaux temps"* (1985) pour voix de ténor, alto, synthétiseur et trombone basse, nous montre comment la corrélation structurelle entre certaines entités harmoniques provenant de sources tout à fait différentes peut être décelée par la simple prolifération de l'*accord-Farben* de Schönberg. Cette méthode compositionnelle peut, en outre, servir de méthode analytique, et nous en ferons usage dans notre dernier point).

Exemple 13: Module Archétypique employé dans ma pièce *"Quatuor pour l'avènement de nouveaux temps"* (1985)

a) Module Archétypique

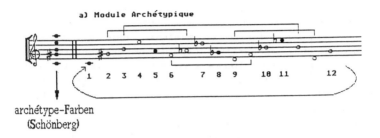

archétype-Farben
(Schönberg)

b) de 5 en 5

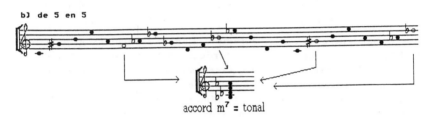

accord m^7 = tonal

c) de 7 en 7

archétype-Lulu/Stockhausen = atonal

d) de 13 en 13

Mode II de Messiaen = modal

Quoi qu'il en soit, le recours à la citation a joué un rôle fondamental dans l'œuvre de certains compositeurs dont la contribution à la littérature musicale contemporaine, notamment en ce qui concerne les rapports musique/langage, est inestimable. Parmi eux, on doit citer ceux dont l'œuvre a dans une certaine mesure permis à ce recours référentiel de s'intégrer dans une perspective qui lui conférait une signification capable de surmonter au moins partiellement ses propres limitations structurelles: Pousseur et Berio. Dans l'œuvre de ces deux maîtres, l'invention s'est en quelque sorte imposée face aux problèmes soulevés par la citation en musique. Ces problèmes seront affrontés par eux radicalement à la même époque avec deux réalisations capitales déjà citées: d'un côté, avec *"Votre Faust"* (fini en 1968) de Pousseur/Butor; de l'autre, avec le IIIème mouvement de *"Sinfonia"* (1968/69) de Berio. Dans les deux cas, le corps de l'œuvre n'est constitué que de citations.

Dans *"Votre Faust"* — sûrement l'un des derniers grands opéras de l'histoire, où les auteurs ont réussi comme dans le cas de leurs grands prédécesseurs dans ce genre musical a donner une dimension tout à fait personnelle à un personnage mythique, tout en contribuant à l'enrichissement sémantique du mythe de Faust au moyen de sa personnification dans la figure de l'acteur principal Henri (compositeur contemporain post-webernien, autoportrait de Pousseur lui-même) —, nous nous trouvons devant une dialectique qui nous montre un chemin constructif pour résoudre le conflit citation/musique par la voie de la **recherche structurelle** sur le terrain de l'harmonie: bien que suscitant les réactions les plus violentes sous divers aspects (parmi lesquelles on compte celle de Berio sur la mise en scène à Milan en 1969 [cf. Berio (30), (31); et Pousseur (15), (21)]), l'invention prospective dans le domaine des structures harmoniques, dans *"Votre Faust"*, préside effectivement l'omniprésence des citations. La recherche harmonique pousseurienne n'ayant pas récupéré la signification syntagmatique des fragments cités, elle a au moins conféré du sens, à partir des éléments mêmes issus des citations, au corps de l'œuvre dans sa totalité, et cela malgré l'intervention disparate et continuelle des citations. Si le recours aux citations devient dès lors une donnée de style de l'œuvre de Pousseur — et s'il ne peut être vu en lui-même comme un processus structurel prospectif concernant un emploi en dehors de l'œuvre pousseurien —, il s'y trouve en quelque sorte justifié par la voie, elle, extrêmement fructueuse et irréversiblement ouverte, à notre avis, par la spéculation harmonique de type pousseurien.

En retournant à notre point de départ, le cas se présente, chez Berio, tout autrement. Auparavant nous avons déjà constaté de quelle façon le commentaire musicale (sous la forme soit des *works in progress*, soit des transcriptions) lui a permis l'édification d'un continuum sonore qui extrapolait le domaine concernant une seule composition, tout en constituant une dimension à la fois temporelle et référentielle que nous avons désignée par **continuum virtuel**. En effet, le problème touchant ce rapport dimensionnel s'y retrouve sous un autre aspect.

Au moyen de l'emploi, d'une part, du Scherzo mahlerien **dans son intégralité** comme structure de base de ce mouvement de *"Sinfonia"*, et d'autre part, des ponctuations effectuées par des citations provenant des sources les plus diversifiées dans un ordre d'apparition (tout à fait fragmentaire) fondamentalement non-chronologique, Berio établit une opposition flagrante entre diachronie et synchronie. Les fragments mnémoniques, d'ordre paradigmatique et donc dépourvus de leur sens syntaxique originaire, vont à l'encontre de l'intégralité syntagmatique de la citation principale dont la signification se voit au contraire davantage enrichie par ces ponctuations. Le Scherzo de Mahler est en effet "récontextualisé": après avoir écouté *"Sinfonia"*, il est pratiquement impossible de l'entendre chez Mahler sans que les images acoustiques provenant des superpositions bériennes ne viennent à notre mémoire auditive[137]. Si chez Pousseur les citations prennent corps en entraînant l'invention d'une méthode **prospective**, chez Berio elles serviront, à l'inverse, en tant qu'instrument d'interférence dans le passé, en tant que moyen **rétrospectif**; dans les deux cas, nous nous trouvons devant le phénomène d'une **écoute relationnelle**, c'est-à-dire qu'on est en face à la fois d'**introspection** et de **réflexion** vis-à-vis de l'histoire. A travers l'attitude bérienne, l'écoute d'un objet du passé subit au cours de son développement syntagmatique (diachronique) une affluence virtuelle des commentaires à la fois synchroniques et successifs concernant des époques distinctes (y compris celles postérieures à la référence de base). Le pouvoir suggestif de l'œuvre en question se voit

---

137) C'est dans ce sens que l'on doit comprendre le commentaire de Berio lorsqu'il dit, en se référant à ce mouvement de *"Sinfonia"*: *"... C'est peut-être la musique la plus «expérimentale» que j'aie jamais écrite"* [Berio (27)].

sensiblement agrandi. Ce n'est que de cette façon qu'un amas de citations aura lieu dans l'œuvre de Berio[138]. Nous avons affaire, partant, à un processus de **dynamisation paradigmatique de l'écoute diachronique/historique**. La synchronie dynamique jakobsonienne acquiert ainsi un caractère virtuel.

Si cette opération rétrospective regarde l'histoire virtuelle, la dimension réelle, circonscrite au corps d'une œuvre de cette dynamisation aura lieu, en revanche, dans le *"Sequenze"*. Celles-ci proposent, selon Berio, *"une écoute de type polyphonique, basée en partie sur la transition rapide entre différents caractères et sur leur interaction simultanée"* [Berio apud Stoianova (4), p.393]. L'inévitable, voire indispensable virtuosité instrumentale — en tant qu'articulation polysémique de ces différents aspects structurels — a pour but, au moyen de la vitesse, la récuperation du sens polyphonique de la séquence. Il est, dans ce contexte, assez symptomatique que Berio ait justement choisi, au début de cette expérience toujours *"in progress"* — c'est-à-dire pour la première de ses *"Sequenze"*, intitulée initialement *"Sequenza"* et seulement plus tard renommée *"Sequenza I"* (1958) —, un instrument monophonique: la flûte. A ce sujet, il écrit: *"... Je voulais élaborer une polyphonie au moyen d'un instrument monodique par excellence, en essayant de rendre évidente la verticalité latente dans la structure"*[139] [Berio apud Stoianova (4), p.395, nous soulignons]. C'est ainsi que l'intention de Berio, dès les débuts des *"Sequenze"*, était celle de *"trouver un mode d'écoute tellement conditionnant qu'il pouvait constamment suggérer une polyphonie latente et implicite"*[140] [Berio (49), p.130, nous soulignons].

En précisant du point de vue technique la formulation de Berio, il est à noter que ce qui deviendra caractéristique de ses *"Sequenze"*, ce n'est pas une écoute de type **polyphonique** au sens

---

138) La seule composition de Berio qui reprenne cet emploi si dense de citations est *"Recital (for Cathy)"* (1971) pour la voix de Cathy Berberian et 17 instruments, où l'affluence des citations historiques est, face à l'intention la plus fondamentale de l'œuvre, inévitable, à savoir: édifier — de même que dans *"Visage"* dix ans plus tôt — un portrait acoustique de la voix si diversifiée de Berberian amenant le **récital** à la condition de forme musicale d'**une seule** pièce.

139) Et ailleurs, Berio y souligne sa *"recherche désespérée de la polyphonie, avec l'instrument le plus monodique de l'histoire"* [Berio (49), p.132].

140) Déjà à propos de *"Tempi Concertati"* (1958/59), Pousseur observait qu'*"il y a donc une virtualité de polyphonie présente dès les plus petits groupes d'éléments, l'individu que représente le soliste s'avère capable de démultiplication"* [Pousseur (16)].

strict — terme par lequel on entend une individualisation à la fois successive et dialectique de lignes surtout mélodiques, en d'autres termes, une dynamisation de l'uniformité typique des structures homophoniques —, mais, au contraire, une co-présence et un développement d'éléments structurels interdépendants mais fort différenciés, en tout cas insérés dans une macro-structure. Il s'agit donc d'une **hétérophonie**, définie par Boulez comme *"la superposition à une structure première, de la même structure changée d'aspect; on ne saurait la confondre avec la polyphonie, qui rend une structure responsable d'une nouvelle structure. <u>En l'hétérophonie, coïncident plusieurs aspects d'une formulation fondamentale</u>..."*[141] [Boulez (3), p.135-136, nous soulignons]. De toute façon, Berio lui-même s'est rendu compte de ce problème lorsqu'il a dit: *"... En poursuivant mon idéal d'une polyphonie implicite, j'ai découvert les possibilités hétérophoniques de la mélodie"* [Berio (49), p.130].

Avec les *"Sequenze"*, Berio élucide la problématique de la synchronie dynamique sans faire appel à la fonction référentielle, autrement dit sans le recours à l'histoire: le temps de la musique — de même que pour le langage — s'avérant essentiellement séquentiel, diachronique, c'est dans sa dimension verticale, synchronique que résidera son dynamisme; plus précisément, c'est à travers le jeu dialectique entre ces deux dimensions temporelles que la dynamique de l'écoute apparaît.

Ainsi le phénomène de la synchronie dynamique, dans les *"Sequenze"*, acquiert un tout autre aspect en parcourant la direction inverse par rapport à *"Sincronie"* pour quatuor à cordes. Si dans cette dernière pièce l'écoute avait comme points de repère des événements synchroniques et ne se trouvait que progressivement devant une logique ou sens diachronique, séquentiel, dans le cas des *"Sequenze"*, le cheminement s'avère être tout autre: c'est à partir de la donnée séquentielle elle-même que l'écoute saura en déceler le dynamisme, la logique structurelle sur l'axe des simultanéités. De cette façon, les *"Sequenze"* évoquent ce que Jakobson — lors de son approche de la théorie linguistique en Inde au XVème siècle, lorsqu'il envisageait le rapport dialectique entre successivité et simultanéité dans le langage — désigne par *synthèse simultanée* de la séquence.

---

141) Plus d'une fois Boulez fait appel à la notion de **responsabilité** comme fondement de l'écriture. Mais s'il s'agissait auparavant d'une responsabilité **stylistique** vis-à-vis de l'histoire, on a affaire, à ce point, à une responsabilité **structurelle**, immanente à l'œuvre en question.

En se référant à la dissolution perpétuelle du processus séquentiel de la parole, Jakobson observe qu'une fois prononcée une séquence, celui qui l'écoute doit procéder à une opération de "synchronisation mémorielle" des informations reçues, à travers laquelle *"the whole sequence, whether it be a word, a sentence, or a group of sentences, emerges as simultaneously present totality which is decoded by means of «simultaneous synthesis»"* [Jakobson (63), p.343, nous soulignons; cf. aussi Jakobson (56), p.110]. La "synthèse simultanée" doit alors être vue comme une **transposition de l'événement séquentiel à l'axe de la synchronie**[142], où la mémoire ne peut en retenir que des résidus de signifiants: *"... When the listener reaches a synthesis of what he has heard, the phonemes* [dans ce cas, on peut lire: signifiants] *have in fact already vanished. They survive as mere afterimages, somewhat abridged reminiscences..."* [Jakobson (63), p.344]. Mais à l'opposé des citations, où les signifiants (également réduits à la condition de résidus) se trouvent éloignés de leur formulation intégrale et où ils ne se présentent que comme des réminiscences de signifiés absents (parce que dépourvus de leurs contextes), ces résidus sont ici, eux-mêmes, signifiants, c'est-à-dire qu'ils retiennent, en raison de leur proximité temporelle avec l'énonciation de laquelle ils proviennent, le signifié de la séquence présent dans sa totalité. On s'aperçoit donc ce en quoi consiste l'opération le plus fondamentale des *"Sequenze"* de Berio: en opposition à cette dissolution perpétuelle des données séquentielles, la **rétention** vient donc au secours de la mémoire[143].

---

142) Ou littéralement: *"Transposition d'un événement séquentiel en un processus synchronique"* [Jakobson (74), p.92].

143) Lyotard écrit, en se référant à cette notion si importante pour la phénoménologie de Husserl: *"... Par la rétention le vécu continue de m'être «donné» lui-même et en personne..."* [Lyotard (1), p.51].

2.1.4. Moments, fonctions

L'interdépedance dynamique des deux axes temporels du langage, c'est-à-dire de la diachronie et de la synchronie, nous amène à l'autonomie d'un concept fondamental pour la linguistique: celui du **moment**.

Lorsque Saussure préconise, quoique de façon très vague, l'emploi de la notion de phonème en tant que **faisceau de traits distinctifs** en le définissant comme une *"unité complexe"* ou encore *"une somme des impressions acoustiques et des mouvements articulatoires"* [Saussure (1), p.65], il met l'accent sur l'importance de ces **moments irréductibles** qui constituent la chaîne parlée. Apparemment contradictoires entre eux, les concepts de **somme** et d'**irréductibilité**, en effet, se rapportent à deux dimensions tout à fait distinctes: selon Jakobson, comme nous l'avons déjà vu, le phonème sera, sur l'axe des simultanéités, **réductible** à toute une série d'oppositions binaires; mais, d'autre part, il se démontrera **irréductible** en tant qu'unité phonique "diachronique" (bien qu'étant d'une dimension temporelle relativement assez limitée): il sera donc bidimensionnellement indivisible. S'il s'avère être en fait une somme d'oppositions distinctives (et partant réductibles), il ne peut être décomposé au cours de sa réalisation temporelle circonscrite sans être dénaturé jusqu'à un point où il devient méconnaissable. *Grosso modo*, on pourrait dire que les deux aspects auxquels se référait Saussure concernent ces deux dimensions opposées: au niveau des **impressions acoustiques**, le phonème se manifeste en tant que somme d'oppositions essentiellement synchroniques; au niveau des mouvements articulatoires correspondant sa réalisation comme unité phonique, il se véhicule par sa propre dimension temporelle diachronique *in praesentia*, constituée, à son tour, de plusieurs phases articulatoires. Certes, *"from a strictly articulatory point of view there is no succession of sounds. Instead of following one another the sounds overlap; a sound which is acoustically perceived as coming after another one can be articulated simultaneously with the latter or even in part before it"* [Jakobson (27), p.11]. Mais si ce **continuum** sonore et articulatoire ne peut pas être mécaniquement compartimenté, et si l'importance des **transitoires** s'avère même incontestable, ces changements successifs des états sonores et articulatoires se différencient entre eux par des degrés de pertinence: certains états s'allient avec certains autres pour en faire une unité temporelle irréductible; les autres états, par contre, serviront à indiquer une mutation plus ou moins évidente, de toute façon pertinente pour un **changement de valeur** de la substance phonique. Chaque phonème est, donc, une unité composée de phases articulatoires distinctes, plus ou moins successives, parfois concomitantes, et *"jede von diesen aufeinanderfolgenden Bewegungen entspricht einem bestimmten akustischen Effekt"*; de cette façon, le phonème est, selon Troubetzkoy, *"eine phonologische, zeitlich nicht zerlegbare Einheit"*[144] [Troubetzkoy (1), p.33, nous soulignons], autrement dit, c'est, pour reprendre Saussure, un **moment irréductible**.

La parole, pour Saussure, ne sera rien d'autre qu'une relative successibilité de moments irréductibles: *"Les éléments que l'on obtient par l'analyse de la chaîne sont comme les anneaux de cette chaîne, des moments irréductibles qu'on ne peut pas considérer en dehors du temps qu'ils occupent. Ainsi un ensemble comme ta sera toujours un moment plus un moment, un fragment d'une certaine étendue plus un autre fragment"* [Saussure (1), p.65-66, nous soulignons]. C'est dans ce sens que Troubetzkoy parlera de *"einzelne Elemente oder Momente des im Sprechakt verwirklichten Lautstroms"* [Troubetzkoy (1), p.7, nous soulignons]. Le moment est donc un fragment du temps irréductible parce qu'autonome.

Mais si l'on a fait appel à la notion de **moment** dans l'ambitus temporel circonscrit du phonème en tant qu'unité bidimensionnelle minimale de la langue, on le fera également, en regardant la langue d'une manière plus globale, pour ce qui touche la communication verbale comme un tout. Ainsi Assafjew parlera-t-il, lors de l'élaboration de sa théorie sur le phénomène de l'**intonation** linguistique et musicale, de **moments d'intonation** (*Intonationsmomente*) de même que de **concaténation par groupements de moments** (*gruppenweise Verknüpfungen der*

---

144) C'est dans ce contexte que Troubetzkoy constate l'existence de 7 phases articulatoires constituant le phonème /b/: 1) proximité des lèvres; 2) resserrement de la bouche (les lèvres se touchent); 3) inhibition parallèle du passage de l'air aux fosses nasales en raison du mouvement vers le pharynx du voile du palais; 4) vibration des cordes vocaliques; 5) passage de l'air des poumons vers la bouche; 6) pression de l'air sur les lèvres; et 7) rupture du resserrement bilabial qui cède à la pression de l'air. [Cf. Troubetzkoy (1), p.33].

Momente) dans la parole[145]. Mais en tout cas, ce sera en jetant un regard sur les **fonctions** linguistiques de l'acte de la parole que la notion de **moment** prendra corps dans une dimension plus générale de la communication verbale, plus précisément avec Karl Bühler et son *"Organonmodell der Sprache"*.

Partant de la conception platonicienne de la langue en tant qu'*organum*, c'est-à-dire en tant qu'un instrument permettant à une personne de communiquer à une autre des informations sur des choses[146], et nettement influencé par la description du circuit de la langue telle qu'elle est exposée par Saussure [cf. Saussure (1), p.27-29], Bühler étendra la seule relation abordée par Platon, à savoir celle de la représentation phonique de la chose par le vocable, aux rôles substantiels aussi bien du destinateur que du destinataire dans le phénomène du langage. De cette façon, il concevra en 1918 un schéma triangulaire au centre duquel se situe le phénomène sonore verbal concret; chaque face de ce circuit tridimensionnel — que ce soit celui du destinateur, du destinataire ou bien celui de la chose désignée (*Gegenstand* ou *Sachverhalt*) — établira avec le phénomène sonore son rapport particulier. Ces trois rapports distincts comprenant respectivement le **symptôme** (*Symptom*, *Anzeichen* ou *Indicium*, pour la relation entre le detinateur et le son verbal), le **signal** (*Signal*, pour le rapport entre son verbal et le detinataire), et le **symbole** (*Symbol*, pour ce qui est de la représentation de la chose désignée par le son verbal), Bühler les dénommera **moments variables** (*variable Momente* [cf. Bühler (1), p.28]). Le modèle triadique de Bühler prévoit donc trois **fonctions fondamentales** du langage, soit les fonctions **émotive** (*Ausdruck*), **conative** (*Appel*), et **référentielle** (*Darstellung*), liées respectivement au destinateur (ou première personne), au destinataire (ou seconde personne), et à la chose désignée ("troisième personne") [cf. Jakobson (47), p.216]. Ce n'est qu'à partir de ce modèle de base que Jakobson pourra procéder ultérieurement à un redoublement significatif de ces fonctions linguistiques, en ajoutant aux fonctions

---

145) Il écrit: *"Bei der verbalen Kommunikation entsteht ja das Verständnis auch nicht aus einer grammatischen Analyse, sondern aus der Einschätzung des intonatorischen Sinngehalts in jedem Intonationsmoment (Wort, Akzent, Tonfall der Rede, Zusammenhang des Vorangegangenen mit dem Nachfolgenden), in der gruppenweisen Verknüpfung der Momente und schließlich im ganzen"* [Assafjew (2), p.361].

146) Bühler écrit: *"Ich denke, es war ein guter Griff Platons, wenn er im Kratylos angibt, die Sprache sei ein organum, um einer dem andern etwas mitzuteilen über die Dinge"* [Bühler (1), p.24].

de Bühler, les fonctions **poétique** (ou fonction **esthétique, artistique** [cf. Jakobson (65), p.99], en tant qu'"*accent mis sur le message pour son propre compte*" [Jakobson (47), p.218]), **phatique** (comme une "*accentuation du contact*" qui sert "*essentiellement à établir, prolonger ou interrompre la communication, à vérifier si le circuit fonctionne..., à attirer l'attention de l'interlocteur ou à s'assurer qu'elle ne se relâche pas...*" [Jakobson (47), p.217]), et **métalinguistique** (le moment où le langage parle "*du langage lui-même*" [Jakobson (47), p.217])[147]. Quoi qu'il en soit, de même que la notion de **moment** chez Bühler reste en quelque sorte intacte, on peut y observer également les notions d'**irréductibilité** ainsi que celles du caractère **transitoire** entre ces moments. En effet, "*la diversité des messages réside non dans le monopole de l'une ou l'autre fonction, mais dans les différences de hiérarchie entre celles-ci. La structure verbale d'un message dépend avant tout de la fonction prédominante*" [Jakobson (47), p.214]. En outre, il est assez symptomatique que Jakobson ait placé les fonctions ajoutées sur le même axe de la fonction référentielle bühlerienne: il s'agit, au fond, d'un approfondissement substantiel, effectué par Jakobson, surtout pour ce qui touche le moment de la désignation de la chose à partir du caractère de la chose désignée elle-même (*Sachverhalt*), selon qu'il s'agit du **contexte** (fonction référentielle), du **message** (fonction poétique), du **contact** (fonction phatique), ou du **code** (fonction métalinguistique). L'exemple suivant nous montre les trois **moments variables** de la langue selon Bühler d'après son *Organonmodell der Sprache* (ex. 14a), de même que son approfondissement chez Jakobson [cf. Jakobson (47), p.220] (ex. 14b).

---

147) A propos de l'influence de Bühler sur la pensée de Jakobson, voir Doležel (1), p.106; Eco (5), p.292; et Stankiewicz (1), p.82.

Exemple 14
a) les trois moments variables de la langue selon l'*Organonmodell der Sprache* de Karl Bühler

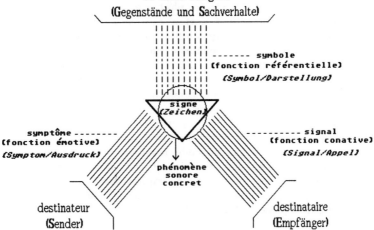

b) les six fonctions linguistiques d'après Roman Jakobson

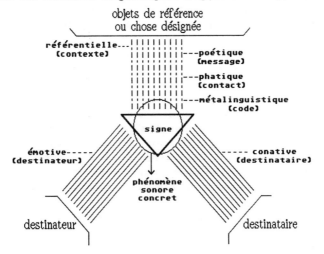

Si nous observons maintenant le domaine musical, nous y constatons la présence d'une bonne partie des fonctions déterminées par Jakobson pour le langage[148]. Il faut dire, cependant, qu'il n'y a pas de corrélation **absolue** entre ces deux domaines de l'expression pour ce qui est de leurs fonctions. A commencer par l'inexistence, dans la musique, de la fonction **phatique**: rien dans la musique ne peut correspondre à cette fonction typiquement linguistique, parce que rien ne s'y réclame de son audibilité, c'est-à-dire que rien ne se réclame de l'efficacité du **contact** entre énonciation et réception musicales; les structures musicales ne disposent pas des moyens expressifs, à l'intérieur du code musical lui-même, qui pourraient assurer ou confirmer la bonne réception des informations musicales de la part de l'auditeur. Les opérations fondées sur des jeux d'intensité, et les répétitions périodiques de certaines données structurelles ne peuvent être perçues, en musique, hors de leur fonction à l'intérieur même du code musical; bien que ces opérations se rapportent à l'emphase des structures, il y aura toujours une distance absolue entre une attitude **emphatique** (d'ailleurs également présente dans le phénomène du langage) et la fonction **phatique** telle qu'elle a été délinéée par Jakobson. Celle-ci est, donc, exclue du domaine musical.

Mais toutes les autres fonctions linguistiques, par contre, se trouvent de manière plus ou moins évidente dans la musique. Ainsi, outre la fonction **référentielle** — à laquelle nous avons déjà fait référence —, il faut observer la présence implicite de la fonction **émotive** dans l'expression musicale du compositeur (aussi neutre soit-elle) au moment même de l'élaboration d'une œuvre quelconque. A ces deux fonctions immanentes au code musical lui-même, s'opposent deux autres fonctions circonstancielles, occasionnelles: d'un côté, la fonction "**conative**" (se rapportant au destinataire dans le phénomène du langage), c'est-à-dire celle qui, dans la musique, est circonscrite aux opérations hasardeuses de la forme musicale sous la forme d'une participation active, tantôt de l'interprète, tantôt du public dans des œuvres dites ouvertes (dont la forme n'est pas fixée à l'avance, dans tous ses détails, par le compositeur); c'est pourquoi l'improvisation ainsi que les formes aléatoires doivent y être insérées; le terme de fonction "conative" peut donc être remplacé par celui, plus générique et mieux adapté

---

148) A propos de la pertinence d'une telle analogie des fonctions entre différents systèmes sémiotiques, voir Jakobson (65), p.99.

aux circonstances de la musique, de fonction **aléatoire**. D'autre part, la fonction **métalinguistique** se manifeste, en musique, surtout lorsqu'il y a des jeux d'interférence, à l'intérieur d'une œuvre, entre des systèmes de référence distincts, dans lesquels l'accent est justement mis sur la **cohésion** du code lui-même.

Ainsi pouvons-nous — en excluant la fonction **phatique** du tableau des fonctions linguistiques — réduire le schéma fonctionnel jakobsonien de six à cinq fonctions dans le domaine musical, où les fonctions émotive et aléatoire (placées sur l'axe de la création, reproduction et réception musicales) d'une part, et les fonctions référentielle et métalinguistique (placées sur l'axe de la structure et du matériau musicaux), d'autre part, gravitent autour de la fonction **musicale** ou de la ***musicalité***, elle-même responsable de l'élaboration du temps musical, de la *processualité* de la forme en musique. La **musicalité** (correspondant, en termes jakobsoniens, à la fonction **poétique** ou **poéticité**) s'avère donc être la fonction primordiale et coordinatrice de notre schéma (ex. 15). Si Jakobson observe que *"la fonction poétique pousse la langue à surmonter l'automatisme et l'imperceptibilité du mot — et cela va également jusqu'à des déplacements dans la structure phonologique"* [Jakobson (7), p.219], de même la fonction musicale prend-elle en charge la mise en valeur des structures musicales, soit en éclairant d'un jour nouveau, au moyen de la *processualité* du temps musical, des données parfois apparemment déjà épuisées face à leur potentialité expressive, soit dans l'élaboration syntaxique des structures inouïes en vue de la constitution d'un *"réseaux d'affinités relationnelles et multiples"* [cf. Jakobson (61), p.294, où l'auteur parle d'une *"rete di molteplici affinità vincolanti"*]. De toute façon, c'est surtout sur le plan syntaxique, c'est-à-dire en tant que *processualité* ou élaboration de la syntaxe musicale que la fonction musicale devient évidente, et cela en pleine conformité avec le phénomène du langage, dans lequel la motivation devient nécessité précisément dans le domaine syntaxique, motivation à laquelle les structures linguistiques ne peuvent échapper[149].

---

149) Jakobson écrit: *"Yet on a plain, lexical level the interplay of sound and meaning has a latent and virtual character, whereas in syntax and morphology (both inflection and derivation) the intrinsic, diagrammatic correspondence between the signans and signatum is patent and obligatory"* [Jakobson (59), p.355].

Exemple 15: schéma des fonctions des structures musicales

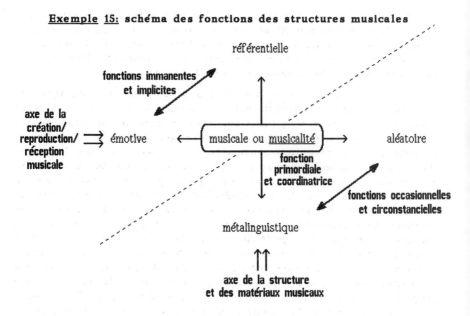

De toute façon, à ces deux axes fondamentaux (l'un concernant le processus social et d'interaction de la musique, à partir de sa création jusqu'à sa réception, en passant par sa reproduction; l'autre envisageant plutôt la configuration de l'œuvre en tant que structure dotée de valeurs propres, c'est-à-dire le traitement structurel du matériau musical et la forme de l'œuvre), correspondent tout de même les **trois moments** bühleriens auxquels nous nous sommes référé auparavant: le moment de l'expression (comme organisation personnelle/stylistique de l'œuvre), celui de la représentation (les signifiants musicaux portant des signifiés contextuels ou sémantèmes), et enfin celui qui concerne l'écoute (inévitablement dialectique et réflexive). L'importance cruciale de ces trois moments s'avère, donc, inaltérée dans le domaine de la musique. Nous voyons, d'autre part, qu'ils établissent une corrélation plus ou moins évidente avec l'axe de la création/reproduction/réception de la musique. Mais il faut relever un aspect tout à fait fondamental: tandis que cette corrélation peut s'établir de façon incontestable entre l'expression et la création, d'une part, et entre l'écoute et la réception, d'autre part, la représentation (soit le rapport signifiant/signifié) ne peut pas constituer un élément corrélatif par rapport à la reproduction. Bien que la reproduction soit évidemment nécessaire pour qu'il y ait de la musique en tant que processus d'interaction sociale, elle ne fait rien d'autre que mettre en lumière les représentations propres aux structures musicales; la reproduction ne saurait, cependant, s'identifier pleinement avec ces représentations; elle n'en est que la condition d'existence sociale. Et ce n'est que sous cet aspect que nous pourrons comprendre le phénomène de l'**interprétation**: quoique son rôle soit très important (particulièrement face au caractère social de la musique), elle ne s'avère être qu'**une** forme de reproduction musicale; elle se cache derrière la reproduction en tant que phénomène plus général. C'est une erreur de la part de T. W. Adorno lorsqu'il écrit: *"Musik und Sprache verlangen [die Interpretation] gleichermaßen und ganz verschieden. Sprache interpretieren heißt: Sprache verstehen; Musik interpretieren: Musik machen. ... Darum gehört die Idee der Interpretation zur Musik selber und ist ihr nicht akzidentell"* [Adorno (1), p.139]. L'avènement de la musique électronique nous a bien montré, au contraire, que cette dichotomie entre musique et langage à partir de l'interprétation n'est qu'illusoire, car celle-ci, avec la musique sur bande, sera de même déplacée, soit au niveau de la réception (c'est-à-dire de la compréhension (*Verständnis*)), soit à celui de la composition même de l'œuvre[150]. Bien qu'elle soit très pertinente et surtout très riche, et bien que le rapport entre l'interprète et l'écriture soit inépuisable, l'interprétation (en tant que phénomène de reproduction) n'est pas fondamentale pour qu'il y ait de la musique. Une œuvre musicale peut ne pas en avoir besoin, sans pour autant cesser d'être pertinente.

C'est à travers le prisme de ces fonctions que le titre de la composition électronique de Berio, réalisée en 1960, nous semble très suggestif: *"Momenti"*, pièce conçue donc deux ans avant *"Momente"* (1962) et contemporaine de la formulation théorique de la *Momentform* de Stockhausen (le grand revendicateur de priorités...). Constituée fondamentalement, selon Castaldi, d'un *"ensemble de 93 sons sinusoïdaux dans lequel le rapport harmonique de quinte et de septième engendre plusieurs formes d'accords et de timbres"*

---

150) Berio écrit: *"Composer une œuvre de musique électronique veut également dire l'interpréter, puisque la composition de celle-ci coïncide avec sa réalisation définitive sur bande magnétique"* [Berio (5), p.63].

[Castaldi (2), p.78], la pièce suggère un constant déplacement harmonique provenant d'un même fondement structurel[151]. Mais si la composition peut nous renvoyer aux sonorités propres à l'articulation vocale, à des *"émissions* bucales" [Pousseur (17), p.159], et si Pousseur écrit d'ailleurs que l'œuvre *"gibt ein künstlerisch bedeutsames Beispiel der synthetischen Nachahmung einer stimmlichen Artikulation"* [Pousseur (13)], ce sera sous l'aspect structurel de sa constitution formelle que ce parallèle entre *"Momenti"* et le phénomène du langage pourra y être établi de façon tout à fait convaincante.

En procédant de la même manière que pour *"Visage"* (dans notre travail sur l'œuvre) — mais de façon beaucoup moins détaillée —, nous constatons qu'il y a, au cours de la pièce, cinq **moments** très différenciés entre eux et très délimités l'un par rapport à l'autre [cf. aussi à ce propos Castaldi (2), p.78]:

Ier Moment, de 0" à 1'25": grandes masses de sons opposées à la présence assez discrète de sons occasionnels avec un fort caractère de modulation d'amplitude (qui seront réutilisés dans *"Visage"*);

IIème Moment, de 1'25" à 2': sons aigus continus opposés à des sons graves et ponctuels;

IIIème Moment, de 2' à 3'30": blocs continus et spatialisés opposés à des blocs sporadiques mais fortement réverbérés;

---

151) Altmann écrit sur l'œuvre: *"«Momenti» (1960) sind aus einem einzigen Akkord entwickelt, der im Laufe der Dekomposition in 88 Teilaspekte aufgebrochen wird"* [Altmann (1), p.7]. L'idée (quoique contrastante par rapport à la description exposée ci-dessus) sous-entend cette *"exposition permanente des différents aspects possibles du même matériel sonore"*, à laquelle Castaldi fait référence [Castaldi (2), p.78]. De même pour le commentaire de Gentilucci, lui aussi quelque peu divergent: *"«Momenti» si fonda su 92 rapporti di frequenza e persegue la determinazione di cellule «armoniche» definite"* [Gentilucci (2), p.60]. Enfin, Pousseur écrira que la pièce est composée *"de 80 sons sinusoïdaux simultanés et très diversement répartis..."* [Pousseur (17), p.159].

IVème Moment, de 3'30" à 5'15": fragments d'une étendue relative de sons continus opposés à des sons très courts, spatialisés et très forts;

Vème Moment, de 5'15" à 6'55": émancipation des sons courts, percussifs, et la densification qui en découle jusqu'à un point culminant; avec une CODA à partir de 6'37" constituée de sons continus.

Parmi tous ces moments, l'importance des premier, troisième et dernier moments nous semble incontestable, les deuxième et quatrième moments ne s'avérant que transitoires. Soit en ce qui concerne le caractère transitoire des moments irréductibles sans que le principe de leur irréductibilité soit touché, soit au niveau de l'importance structurelle des trois moments en constituant en quelque sorte un *modèle triadique* de la forme, on constate, dans *"Momenti"*, une influence flagrante de la notion des **moments** linguistiques sur la pensée bérienne. La place stratégique du Vème Moment à la fin de *"Momenti"*, qui marque l'émancipation des sons percussifs présents dès le début de la pièce (et qui nous rappelle le développement graduel de la première texture d'impulsions dans la première partie de *"Visage"*), confère à l'œuvre un caractère tout à fait dramatique, directionnel, fort opposé, sous cet aspect, à la conception de la *Momentform* de Stockhausen[152]. Chez Berio, la directionnalité, le développement téléologique aura toujours lieu dans l'œuvre, même quand il s'agit de mettre l'accent sur l'irréductibilité des fragments du temps musical.

---

152) On lit la suivante définition de Stockhausen: *"Ich [bezeichne] jede durch eine persönliche und unverwechselbare Charakteristik erkennbare Formeinheit, ... jeden selbständigen Gedanken in einer bestimmten Komposition als Moment"* [Stockhausen (1), p.200]. Cette tendance à l'autonomie absolue des **moments** est étrangère à Berio; mais elle était déjà prévue de toute façon par d'autres compositeurs, car, comme l'observait Boulez déjà dans un texte de 1958, *"l'écoute [tendait] de plus en plus à l'instantané..."* [Boulez (7), p.177].

2.1.5. Différences, oppositions

Pour qu'un moment soit irréductible, il doit contenir certaines propriétés dont la somme le distingue d'un autre. Le **caractère distinctif** d'un moment donné — pour employer les termes saussuriens [cf. Saussure (1), p.66] — est constitué d'**éléments différentiels** [cf. Saussure (1), p.83 et 303] et donc relatifs, sur lesquels se base le fonctionnement du langage. Si *"le mécanisme linguistique roule tout entier sur des identités et des différences"* [Saussure (1), p.151], ce ne sont cependant pas les identités, mais bien au contraire les **différences** (qualité à la fois relationnelle et **oppositive**) qui seront en mesure de conférer du sens aux unités du langage: *"Ce qui importe dans le mot, ce n'est pas le son lui-même, mais les différences phoniques qui permettent de distinguer ce mot de tous les autres, car ce sont elles qui portent la signification"* [Saussure (1), p.163]. C'est dans cette perspective que Saussure écrit dans un autre contexte, en dépit des identités dont il avait, lui-même, relevé le rôle: *"... Dans la langue il n'y a que des différences"* [Saussure (1), p.166]. Plus tard, Jakobson précisera ces antinomies sur lesquelles Saussure a mis l'accent de façon remarquable: *"Il y a deux types fondamentaux de différences entre les images acoustiques-motrices. Ce sont — pour nous servir de termes empruntés à la logique — les différences entre les images disjointes et les différences entre les images corrélatives"* [Jakobson (4), p.4].

"Différences" (1958/59) de Berio, pour 5 instruments (flûte, clarinette, harpe, alto et violoncelle) et bande magnétique (dans laquelle il n'y a que des sons provenant d'un enregistrement préalable de sections exécutées par ces instruments), était, d'après l'exemple de *"Musica su due dimensioni"* (1952) pour flûte, cymbale et bande magnétique de Maderna — et selon les termes de Berio lui-même —, *"la première tentative de développer une relation approfondie entre un groupe instrumental et les possibilités de l'électroacoustique"* [Berio (49), p.171]. Le principe de cette œuvre, comme nous le suggère déjà son titre, n'est pas l'**opposition** en elle-même, mais seulement les **différences** entre les sons instrumentaux et les sons manipulés électroacoustiquement, et ainsi il devrait se fonder sur une solide identité structurelle des textures des deux sources sonores (acoustique et magnétique). En fait, comme le souligne Berio, *"chaque nouvelle étape de transformation (il y en a cinq* [ce qui nous renvoie à la forme de *"Momenti"*, elle aussi

répartie en cinq sections]*) part toujours (et finit toujours) sur un degré d'identité et de fusion avec les événements musicaux développés par le groupe instrumental sur scène"* [Berio (49), p.172]. Bien qu'il y ait des divergences frappantes entre ces deux univers sonores, elles ne constitueront jamais de vraies oppositions antagonistes; elles seront donc toujours environnées par des processus d'uniformisation. Les **différences**, en tant que qualités oppositives mais substantiellement distinctes par rapport aux **oppositions** proprement dites, ne peuvent être perçues qu'au moyen des **identités** environnantes.

Un regard sur les esquisses de cette pièce, déposées par le compositeur à la Fondation Paul Sacher à Bâle, révèle les procédures d'origine de cette *stratification continuelle* vers les **différences** acoustiques qui caractérisent l'œuvre, de même qu'on entrevoit les constants retours aux **identités** de l'unisson. Bien qu'il soit assez difficile de constater, du fait que la partition de *"Différences"* n'est pas publiée, jusqu'à quel point Berio ait vraiment employé le plan sériel de transformation de l'exemple suivant (exemples 16a et 16b), il est fort évident que celui-ci a influencé catégoriquement la conception concernant le développement général de la pièce. Il s'agit, en effet, d'une procédure cyclique de transpositions d'une série de base, à partir desquelles Berio observera, en les déplaçant sur l'axe diachronique (horizontal), quelles sont les notes communes et quelles sont les notes répétées sur l'axe synchronique (vertical), tout en déduisant du tableau général résultant une séquence d'agglomérats harmoniques. En regardant ceux-ci de plus près, on voit qu'il y a un développement qui va de l'unisson pour arriver à des agglomérats de 6 notes et retourner graduellement à l'unisson.

Exemple 16a: première des deux pages
des esquisses de *"Différences"*
(avec la permission de la Fondation Paul Sacher, Bâle)

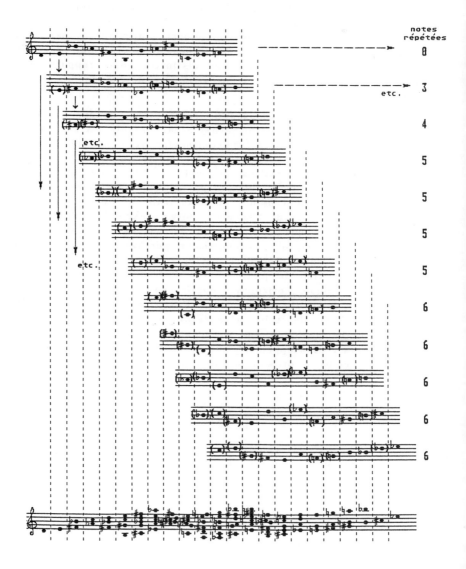

Exemple 16b: deuxième des deux pages des esquisses de *"Différences"*

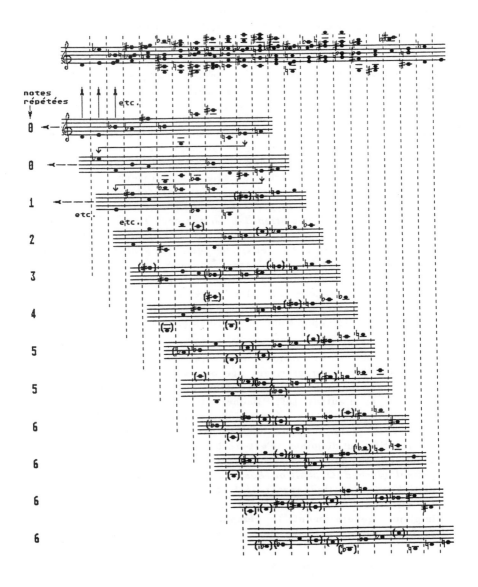

"Différences" peut être vu comme un bon exemple, au sein de la musique, pour comprendre la mutation opérée par la pensée linguistique entre la notion de **différence** et celle d'**opposition** au sens strict, plus précisément d'**opposition binaire**.

Au début des années 20, la notion de différence cède du terrain face à celle de **distinctivité** [cf. Duchet (1), p.23], deux notions (**différence** et **distinction**) déjà présentes, quoique de façon trop peu claire, chez Saussure [cf. Saussure (1), p.167]. Quoi qu'il en soit, il en résulte qu'il est très difficile de détecter les fondements qui distinguent la notion de **différence** de celle d'**opposition**, étant donné l'implication nécessaire de l'une par l'autre[153]. L'analogie entre ces deux concepts est encore plus renforcée lorsque nous lisons la subdivision jakobsonienne des deux types d'oppositions, très semblable à celle des différences (déjà exposée ci-dessus): *"Le premier type, opposition des termes contradictoires, est une relation entre la présence et l'absence d'un même élément. ... Le second type, opposition des termes contraires, est une relation entre deux éléments qui font partie d'un même genre, et qui diffèrent le plus entre eux; ou qui, présentant un caractère spécifique susceptible de degrés, en possèdent respectivement le maximum ou le minimum"* [Jakobson (20), p.273; cf. aussi Parret (1), p.330]. Aux différences entre des images disjointes correspondent les oppositions des termes contradictoires; aux différences entre images corrélatives, les oppositions des termes contraires.

Mais ce ne sera qu'à travers le prisme de la **distinction** qu'une démarcation de ces notions deviendra possible. On peut dire, en gros, que ce qui caractérisera une opposition, c'est bien le fait que ses termes comportent, tous les deux, des signifiés **distincts** l'un par rapport à l'autre [cf. Duchet (1), p.21]. A la **contigence** circonstancielle d'une différence, s'oppose donc la **distinction** immanente dans l'opposition à partir de ses propres termes (corrélatifs ou disjoints, c'est-à-dire contraires ou contradictoires). C'est en ce sens que Troubetzkoy écrit: *"Das Spezifische einer phonologischen Opposition besteht darin, daß diese Opposition ein distinktiver Schallgegensatz ist"* [Troubetzkoy (1), p.81]. Tandis que la différence suscite la **concomitance** des termes, l'opposition implique généralement le **remplacement** d'un terme par l'autre; la **coexistence** pacifique des différences cède le pas à l'**exclusion**

---

153) Troubetzkoy écrit: *"Der Begriff der Unterscheidung* [différenciation] *setzt den Begriff des* Gegensatzes, *der Opposition voraus"* [Troubetzkoy (1), p.30].

antagoniste des oppositions[154]; les termes **différents**, *in praesentia*, donnent donc lieu à des termes **oppositifs**, dont l'un est généralement *in absentia* ou, s'ils sont présents tous les deux dans un même contexte, nécessairement projetés l'un après l'autre sur l'axe syntagmatique dans la qualité de termes alternatifs entre eux. Le binarisme oppositif s'oppose donc à la simple dualité contingente des différences: *"La coprésence à l'esprit de deux termes polaires donne à l'opposition binaire plus de force que n'en aurait une dualité contingente où aucun des deux termes ne permet d'inférer quoi que ce soit quant au second"* [Jakobson (62), p.172].

Le rôle primordial de l'opposition binaire dans la vie du langage ne veut pas dire que le principe d'identité en soit banni. Au contraire, c'est toujours à partir de l'idée de ce qui est identique qu'on peut discerner ce qui est différent et, donc, ce qui est opposé par rapport à un autre terme. D'autre part, l'identification se servira, elle aussi, des distinctions afin de pouvoir s'établir, car, avec Saussure, *"associer deux formes, ce n'est pas seulement sentir qu'elles offrent quelque chose de commun, <u>c'est aussi distinguer la nature des rapports</u> qui régissent les associations"* [Saussure (1), p.189, nous soulignons; voir aussi, pour ce qui est du concept de l'opposition chez Saussure, p.56, 164, et 167-168]. Jakobson cite Henri Wallon (1879-1962): *"La pensée n'existe que par la structure qu'elle introduit dans les choses... . Ce qu'il est possible de constater à l'origine c'est l'existence d'éléments couplés. L'élément de la pensée est cette structure binaire, non les éléments qui la constituent... . Le couple, ou la paire, sont antérieurs à l'élément isolé... . La délimitation la plus simple, la plus saisissante est l'opposition... . Le couple est à la fois identification et différenciation"* [Wallon apud Jakobson (50), p.113]. Dans un autre contexte, c'est à la pensée de Hendrik J. Pos (1898-1955) que Jakobson fera appel, en légitimant la conception binaire des oppositions et en délinéant les différences entre le structuralisme phénoménologique jakobsonien (pour lequel l'opposition sera dialectiquement définie à partir soit de l'exclusion, soit de l'inclusion concomitante du terme opposé[155]) et le structuralisme

---

154) Jakobson écrit: *"Pour que l'opposition soit active, il faut que les deux opposés puissent se manifester dans le même contexte..."* [Jakobson (74), p.34].

155) On lit chez Jakobson: *"In an oppositive duality, if one of the terms is given then the other, though not present, is evoked in thought. ... Opposites are so intimately interconnected that the appearance of one of them inevitably elicits the other"* [Jakobson (27), p.76].

logique (d'un André Martinet, pour lequel à l'opposition ne correspond qu'un rapport d'exclusion unilatérale [cf. Holenstein (2), p.22; et (3), p.35]): *"L'opposition n'est pas un fait isolé: c'est un principe de structure. Elle réunit toujours deux choses distinctes, mais qui sont liées de telle façon, que la pensée ne puisse poser l'une sans poser l'autre. L'unité des opposés est toujours formée par un concept, qui, implicetement, contient les opposés en lui et se divise en opposition explicite quand il est appliqué à la réalité concrète..."* [Pos apud Jakobson (29), p.423; cf. aussi, à propos de Wallon et Pos, Jakobson (74), p.212-213].

De ce point de vue, il faut rappeler le commentaire très significatif de Berio par rapport à la conception binaire jakobsonienne, qui nous donne la clé de sa pensée structurale: *"Nous sommes traversés d'oppositions binaires: le positif et le négatif, le ciel et la terre, l'homme et la femme, les sens de la grammaire spéculative, le oui et le non, le cru et le cuit, les voyelles et les consonnes. ... Les termes qui composent ces oppositions sont complémentaires et... pris séparément, si cela nous était possible, ils deviennent des termes abstraits. Un peu comme ces fameuses classifications de Jakobson, fondées sur des oppositions binaires entre les voyelles et les non-voyelles, etc., et entre différents phonèmes qui en eux-mêmes sont des entités abstraites et existent uniquement comme qualités différentielles dans un système d'oppositions. Agir musicalement veut dire, pour moi, rendre complémentaires, harmoniser, les termes d'une opposition ou d'un ensemble d'oppositions, c'est-à-dire les rendre concrets"* [Berio (49), p.186].

L'emploi systématique de l'opposition binaire est une constante de l'œuvre bérien. Sa problématique s'y retrouve partout: comme opposition entre synchronie et diachronie; entre voix et sons électroniques; entre la construction du langage et sa déconstruction aphasique; entre des éléments statiques et stationnaires et des événements directionnels; entre divers groupements instrumentaux à l'intérieur d'un seul et même ensemble instrumental apparemment unitaire; entre différentes sections de la forme musicale; etc..

En considérant ce phénomène à l'intérieur d'une seule composition, c'est justement dans une réalisation instrumentale contemporaine de *"Différences"*, à savoir dans *"Tempi Concertati"* (1958/59) pour flûte principale, violon, deux pianos et autres instruments, qu'on le trouve sous les aspects les plus diversifiés.

C'est en ce sens que Jarvlepp écrit: *"The most essential feature of... the entire piece is that it is based on the juxtaposition of opposites"* [Jarvlepp (1), p.181]. D'après l'analyse circonstanciée (et malheureusement encore inédite) de Pousseur, l'opposition binaire s'applique à différents niveaux: a) entre le soliste (flûtiste) et l'ensemble; b) entre le soliste et le violoniste; c) entre le mode d'attaque *staccato* et les notes tenues; d) entre des textures rapides et des textures lentes; e) entre la ligne individuelle (densité propre au soliste) et les blocs sonores (densité du groupe); f) entre les groupes instrumentaux I-IV, d'une part, et II-III, d'autre part; g) entre la note définie isolée et le bruit. A ces niveaux isolés par Pousseur, on pourrait encore ajouter: h) entre les deux pianos distribués dans l'espace; i) entre les deux groupes de percussions, eux aussi spatialisés; et j) entre la notation traditionnelle et la *notation proportionnelle*, dans laquelle on a affaire à une plus grande liberté d'exécution temporelle (d'où le titre *tempi concertati*), et qui est ici introduite (notamment à partir de la page 26 de la parition — UE 13205) pour la première fois dans la musique contemporaine.

Soit l'emploi de la notation proportionnelle, soit le phénomène de l'opposition binaire au sein des structures éminemment musicales nous renvoient à une autre pièce contemporaine des deux pièces citées ci-dessus: la première des *"Sequenze"*, la *"Sequenza I"* (1958) pour flûte. En regardant de plus près sa structure, nous nous apercevons d'une caractéristique harmonique que rejaillit sur toutes les autres *"Sequenze"* suivantes en tant que leur trait commun, à savoir: l'opposition binaire entre l'élément statique (ou l'élément-pivot) et les processus évolutifs de la forme. Il s'agit, autrement dit, de l'opposition entre deux aspects de l'harmonie: l'un, non-directionnel; l'autre, directionnel.

En jetant un regard sur les *"Sequenze"* I à VIII, on peut, *grosso modo*, ébaucher ci-dessous ce en quoi consiste cette opposition harmonique de l'élément-pivot (statique, non-directionnel, omniprésent) à la constitution progressive, directionnelle de certaines données de fréquences:

Aspect non-directionnel, stationnaire (élément-pivot):
Sequenze:
    I → intervalles de seconde (majeure et mineure);
    II → *sol bémol*, intervalles de triton et quarte, accord de sept sons;
    III → intervalles de tierce, *sol bémol*, le rire;
    IV → accords-pivot;
    V → note-pivot (*mi bémol* vocal);
    VI → notes-pivots, timbre du trémolo;
    VII → polarisation de *si bémol*;
    VIII → les notes *la* et *si* (l'intervalle de seconde majeure entre elles).

Aspect directionnel, éléments constitués progressivement:
Sequenze:
    I → thème de douze sons;
    II → accord de sept sons;
    III → chant;
    IV → mélodie;
    V → séries de douze sons;
    VI → les douze sons do chromatisme;
    VII → les douze sons do chromatisme;
    VIII → les douze sons do chromatisme et les registres.

En fait, cette dualité harmonique comme trait stylistique des *"Sequenze"* implique plus ou moins directement d'autres aspects typiques de l'élaboration harmonique des œuvres de Berio dans leur globalité. A partir de cette dichotomie de l'harmonie, nous pouvons effectivement discerner **trois principes harmoniques** de base dans l'œuvre bérien, tous les trois intimement liés au phénomène du langage verbal, plus précisément à son aspect phonologique:

* Ier Principe Harmonique: *l'opposition binaire entre l'**unisson** et des **agglomérats chromatiques complexes**;*

* IIème Principe Harmonique: *la **complémentarité** chromatique;*

* IIIème Principe Harmonique: *l'omniprésence de l'intervalle de **tierce**.*

L'implication de ces principes structurels typiquement bériens à partir de la dichotomie harmonique entre l'élément-pivot stationnaire et la constitution directionnelle (progressive) des données fréquentielles dans les *"Sequenze"* est évidente: en tant qu'opposition binaire, cette dualité harmonique implique le premier principe (de l'opposition entre l'unisson et les agglomérats). Chacun des deux autres principes, par ailleurs, se voit impliqué respectivement par l'une des deux faces de cette dichotomie: le deuxième principe — de la complémentarité chromatique — ne s'avère être rien d'autre que l'aspect directionnel, la constitution progressive des données fréquentielles; le troisième principe — de l'omniprésence de la tierce — se traduit comme étant une projection généralisée sur l'ensemble des réalisations du compositeur de l'aspect harmonique non-directionnel et stationnaire de cette dichotomie. A ce point précis du travail, c'est le premier principe qui nous intéresse; nous reviendrons sur les autres deux ultérieurement.

L'opposition binaire entre l'**unisson**, vu comme *"le degré maximum d'affinité acoustique entre... deux* [ou plusieurs] *sources sonores"* [Berio (49), p.124], et des **agglomérats chromatiques complexes**, qui doivent à leur tour être vus comme des variations plus ou moins évidentes des *clusters*, est une donnée stylistique de la *processualité* structurelle (c'est-à-dire de la fonction musicale) qui recouvre quasiment tout le parcours créateur de Berio. Caché derrière cette dichotomie, le contraste syntagmatique entre simplicité (consonance maximale dans l'unisson) et complexité des structures harmoniques (agglomérats à peine analysables par l'écoute pure et simple, sans le secours de l'écriture) se trouve en corrélation directe avec l'opposition la plus élémentaire et universelle du langage, c'est-à-dire l'opposition entre respectivement les voyelles et les consonnes. Troubetzkoy la définit comme suit: *"Als universal zulässige Phonemverbindung darf wohl nur die Verbindung «Konsonantenphonem + Vokalphonem» bezeichnet werden... . ... Eine Sprache ohne Verbindungen des Typus «Konsonant + Vokal» ist nicht denkbar"* [Troubetzkoy (1), p.223]. Cette bifurcation à la fois la plus flagrante et fondamentale des sons du langage, dont la relation réciproque se base sur l'enchaînement séquentiel de ses termes opposés l'un à l'autre[156], se présente donc comme une composante primordiale du style harmonique bérien, soit dans ses œuvres vocales, soit dans les pièces instrumentales.

Voilà un répertoire succinct des apparitions de cette opposition fondamentale au cours de certaines œuvres de Berio:

---

[156] Jakobson la définit comme la *"division la plus fondamentale et la plus évidente des sons du langage"*, tout en soulignant que *"la relation mutuelle entre consonnes et voyelles se fonde sur leur interconnexion séquentielle"* [Jakobson (74), p.106].

* *"Concertino"* (1951) pour clarinette, violon *concertante*, harpe, celesta et cordes: on a affaire à l'une des premières manifestations de ce trait stylistique, qui se présente ici sous la forme de l'opposition entre la consonance de l'intervalle de quatre octaves de distance entre deux notes *do* — dont la première apparition est à la page 2 de la partition (UE 14979) — et la texture harmonique changeante de la celesta et de la harpe (ex. 17, en sons réels). Cette opposition entre l'octave (qui occupe ici la place de l'unisson) et les notes mobiles caractérisera tout le début de la pièce, et pourra être entendue jusqu'au deuxième système de la page 6 de la partition.

Exemple 17: *"Concertino"*, mesures 3-5 (en sons réels)

* *"Opus Number Zoo"* (1951) pour quintette à vent: tandis que le flûtiste prononce, au début de la quatrième pièce, une phrase du texte de Rhoda Levine dans laquelle on est, du point de vue sémantique, en présence d'une opposition binaire implicite — *"in the jungle of the city two tom-cats chanced to meet"* —, le principe de l'opposition entre l'unisson et les agglomérats chromatiques s'établit pour la première fois dans son aspect le plus caractéristique dans l'œuvre de Berio. C'est justement ce qui se passe dans les deux premières mesures (UE 15637): l'unisson en *la* de la première mes. donne lieu, au moyen d'un accroissement dynamique, à un *cluster* dans l'ambitus d'une tierce mineure (ex. 18, en sons réels).

Exemple 18: *"Opus Number Zoo"*, 4ème pièce, mesures 1-2 (en sons réels)

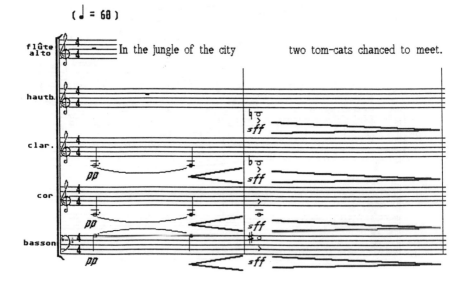

* *"Due Pezzi"* (1951) pour violon et piano: une séquence basée sur des unissons entre les deux instruments — Berio spécifie dans la partition (SZ 5081): *"La sonorità dei due strumenti perfettamente fusa"* —, opposée à l'intervention de plus en plus prononcée d'autres intervalles (au début constitués notamment et symptomatiquement par les tierces majeure et mineure — la tierce mineure constituant le premier intervalle mélodique, et la tierce majeure, le dernier intervalle (exécuté par le violon) de toute la composition), caractérise le début de la deuxième de ces deux pièces. Il s'agit toujours d'une opposition entre la texture en unisson et celle constituée par d'autres relations harmoniques développées à partir de la tierce. Après la destruction progressive, directionnelle des unissons du début, ceux-ci reviennent à la surface soudainement et de façon sporadique de la mes.42 à la moitié de la mes.45 (page 14). Autant ils apparaissent, autant ils disparaissent toutefois. En gros, on a affaire à une opposition syntagmatique entre ces deux aspects de l'harmonie, dont l'enchaînement est accompli par des transitions marquées par l'intervention de tierces dans les séquences basées sur les unissons.

* *"Chamber Music"* (1953) pour voix de femme, violoncelle, clarinette et harpe: c'est aussi sur la deuxième pièce de ce cycle (*"Monotone"*) que l'on doit concentrer son attention. Mais c'est en l'observant dans la globalité de l'œuvre — c'est-à-dire en considérant également les pièces extrêmes (I: *"Strings in the earth and air"*; et II: *"Winds of may"*) — que l'on peut déceler la valeur de cette pièce centrale dans sa plénitude. Sauf quelques "perturbations" très sporadiques — réalisées dans la plupart par des *glissandi* de la harpe (mais aussi du violoncelle), et par des mouvements mélodiques occasionnels de la clarinette —, toute la pièce consiste dans l'unisson en un *la*. Comme nous le suggère déjà son titre, il s'agit textuellement d'un *mono-ton*. Dans la globalité de *"Chamber Music"*, la pièce centrale s'oppose donc comme un "grand unisson" en *la* aux pièces extrêmes, très mobiles du point de vue des fréquences.

* *"Nones"* (1954) pour orchestre: du fait de son style nettement sériel et pointilliste, cette œuvre est sans doute la plus wébernienne de Berio, tout en ayant comme caractéristique, cependant, l'omniprésence d'octaves et d'unissons, c'est-à-dire de relations d'intervalles typiquement **non-wéberniennes**[157]. Le premier unisson, un *si* central, est entendu à la mes.20 (SZ 5203); le deuxième, un *ré* aigu par les cordes, trois mesures auparavant: plus une fois, on a affaire, en ce qui concerne l'intervalle syntagmatique initial des séquences basées sur des unissons (ou des octaves), à une tierce. La consonance sur la note *si* sera reprise dans la mes.68, mais la pièce se développe, dès ce moment, de plus en plus vers une grande complexité de lignes plus ou moins indépendantes (particulièrement des mesures 111 à 125), tout en constituant un moment évidemment "consonantique", de toute façon clairement opposé aux unissons. Une flagrante polarisation de *mi bémol* en plusieurs octaves simultanées dans les mesures 148-155 consacre le retour des structures basées sur la consonance "vocalique" des unissons ou des *octavations*. Au point d'orgue de la mes.242, c'est la fois d'un *si bémol*, après lequel la forme se développe de façon assez impressionniste jusqu'à la mes.312. Dès lors, les octavations et les unissons dominent en alternance quasiment régulière toute la texture harmonique, en la déterminant catégoriquement jusqu'à la dernière mesure (339), où ils cèdent le pas à leur opposition la plus frappante: le dernier accord, un agglomérat chromatique absolument complexe et abrupt (cette fin nous renvoyant, d'ailleurs, aux dernières mesures du Ier mouvement de la *"II. Kantate"* op 31 (1941/43) de Webern, où la ligne de la voix soliste se voit opposée par le dernier agglomérat instrumental composé des douze sons de la gamme chromatique).

---

157) Une analyse détaillée du IIeme mouvement de la *"I. Kantate"* op 29 (1938/39) nous montre, par exemple, comme Webern évite à tout prix l'octave ou l'unisson: dans la mes.47 (page 21 de la partition — UE 12421), la clarinette basse joue un *ré* au lieu d'un *mi* (comme il faudrait selon l'ordre des séries employées) afin d'éviter l'octave avec le *mi* de la celesta (qui joue une autre série parallèle à celle de la clarinette basse).

* *"Allelujah II"* (1956/58) pour orchestre: le trait caractéristique de cette composition est le traitement diachronique des "unissons", c'est-à-dire la manière à travers laquelle certaines notes subissent des variations de timbres pendant leurs durées. C'est comme si les unissons étaient ici projetés sur l'axe des successivités, en abdiquant leur consonance simultanée pour acquérir ainsi un potentiel de variation temporelle de timbre très prononcé. La co-présence de timbres devient donc alternance de couleurs à partir d'une seule et même fréquence. En tout cas, il faut mentionner deux passages où l'unisson en un *si bémol* central acquiert une importance tout à fait fondamentale dans l'ensemble instrumental: le premier, des mesures 342 à 350 (SZ 5507), où alors l'unisson donne lieu à un agglomérat oppositif basé sur des tierces mineures; le deuxième, des mesures 411 à 415, où alors l'unisson est absolument neutralisé par un très dense complexe sonore qui lui est opposé.

* *"Différences"* (1958): on doit se rendre compte de l'importance de cette pièce aussi pour ce qui est de l'opposition entre l'unisson en tant que point de convergence maximale entre des sources sonores différentes et les textures très diversifiées du point de vue des fréquences. A l'opposé des masses de fréquence provenant surtout des manipulations électroacoustiques dont l'ambitus fréquentiel s'avère d'une très grande complexité harmonique, on entend constamment un *ré* central, souvent sous la forme de l'unisson, comme point de repère harmonique dans la partie instrumentale, c'est-à-dire comme point d'appui et de départ des différenciations acoustiques en cours de route. S'il y a un aspect sous lequel on peut parler d'**opposition** entre sons acoustiques et bande magnétique, il s'agit sûrement de cette opposition entre l'unisson instrumental sur cette note *ré* et les agglomérats complexes dérivés des transformations électroacoustiques.

* *"Sincronie"* (1963/64): un coup d'œil sur notre exemple 12 nous révèle le rôle fondamental, dans cette pièce, de l'opposition entre les unissons et les agglomérats de plus en plus opposés donc à la centralisation typique des unissons.

* *"Laborintus II"* (1965): si cette œuvre est caractérisée par une multitude de textures très différenciées entre elles, l'opposition syntagmatique entre l'unisson et les agglomérats chromatiquement "saturés" jouera un rôle non moins important de celui joué dans les autres pièces déjà citées. Après une complexité harmonique très prononcée à la fin de la section I de la partition (UE 13792), toute la section J, avec ses cinq mesures, sera constituée par cette dichotomie flagrante entre la consonance maximale entre les instruments et la désagrégation progressive de cet unisson vers un complexe harmonique du type d'un *cluster* (ex. 19a, en sons écrits). Au cours de la texture instrumentale des sections W-X-Y, consistant en une séquence de 92 blocs sonores successifs présentés tantôt isolément, tantôt unis par deux en *legato*, ce processus concernant la section J sera repris occasionnellement et de façon condensée (plus précisément pour quatre fois). Lorsque cela se passe, il s'agit toujours d'une liaison (d'un *legato*) entre deux blocs, où le premier consiste en un unisson (respectivement sur les notes *si* central, de nouveau *si*, *fa dièse* central, et encore une fois *si* central), et le deuxième, en un agglomérat chromatique sur lequel débouche l'unisson au moyen des glissements (l'exemple 19b nous montre le premier de ces événements: celui de la page 35 de la partition).

Exemple 19: *"Laborintus II"* **(partie instrumentale)**
a) section J (en sons écrits): de l'unisson à l'agglomérat chromatique

b) section W, page 35 de la partition (en sons écrits):
de l'unisson à l'agglomérat chromatique

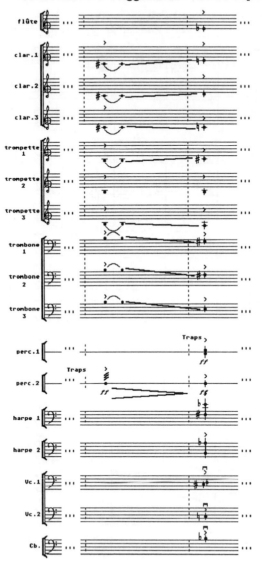

* *"Sinfonia"* (1968/69): cette opposition acquiert dans le Ier mouvement (sans aucun doute l'une des plus remarquables réalisations de Berio) une importance cruciale. *Grosso modo*, on peut dire que sa forme consiste en une directionnalité qui va de l'accord initial (ex. 20a) à une totale saturation harmonique dans la mes.9 de la section I (UE 13783). Cet agglomérat très complexe, composé de 38 fréquences distinctes, éparpillées dans tout le registre de l'orchestre, est précédé par une frappante opposition: l'unisson en un *do* central exécuté par les quatre cors quatre mesures auparavant. A vrai dire, c'est à partir d'un développement radical de ce point central que l'on aboutit à cette très grande complexité harmonique (ex. 20b). Cet agglomérat disparaît graduellement, en s'évanouissant du son le plus grave (le *si bémol* du contrebasson) au son le plus aigu (le *la bémol* du piccolo) (ex. 20c). Soit ce processus de disparition du grave à l'aigu, soit la constitution structurelle de cet agglomérat — dans laquelle on observe un rétrécissement graduel des intervalles au fur et à mesure qu'ils se déplient vers le registre aigu — nous renvoient métaphoriquement à la **série harmonique naturelle**; on a affaire, en effet, à une "série inharmonique", dont les notes extrêmes sont absolument symétriques par rapport aux notes extrêmes de l'accord initial (ex. 20d). Au cours de cette disparition progressive, la harpe, le piano et le clavecin commencent à exécuter, dans la mes.11 de la section I, une séquence mélodique basée sur des unissons. Contrairement à *"Laborintus II"*, où le processus de la section J concernant l'évolution de l'unisson à l'agglomérat est repris de façon condensée dans les sections W-X-Y, ce processus syntagmatique dans ce mouvement de *"Sinfonia"*, en allant en cinq mesures du *do* des cors au complexe inharmonique, sera repris d'une manière beaucoup plus étendue par le développement graduel de ces lignes jusqu'à leur saturation harmonique à la fin du mouvement (où on entend alors la reprise de l'accord initial).

Exemple 20: *"Sinfonia"*

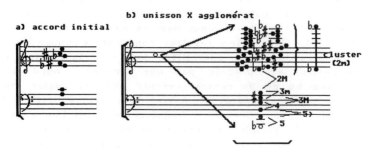

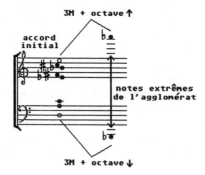

On peut encore mentionner ici l'opposition entre l'unisson et des agglomérats dans les IIème et IIIème mouvements: dans le IIème ("*O King*"), on s'aperçoit de l'importance des unissons déjà au début, la constitution phonologique et graduelle de la phrase "*O Martin Luther King*" entraînant en quelque sorte une saturation également progressive de ces lignes basées sur l'unisson. De même, il faut observer le rôle de l'unisson en *si bémol* deux mesures avant E, ponctuant paradoxalement (au moyen de cette consonance typiquement "vocalique") l'apparition de la dernière consonne (le /k/ du mot *King*). Pour ce qui est du IIIème mouvement, on doit citer l'apparition régulière de cette opposition fondamentale, par exemple dans les mesures 209-210 (dernière mesure de J et première mes. de K); 229-230 (dernière mes. de K et première mes. de L); 254-255 (dernière mes. de L et première mes. de M) — ces trois apparitions ponctuant donc des changements de sections formelles de la pièce —; et encore tout le développement qui va de la section Y à la première mesure de la section AA, où l'on entend en gros un cheminement temporellement plus étendu de l'unisson à la saturation chromatique, en ponctuant (avec la reprise de la citation de Schönberg du début) la CODA du mouvement.

* "*Points on the curve to find...*" (1974) pour piano et 22 instruments: parmi les œuvres déjà citées au cours de notre exposé, nous pourrions mentionner l'opposition entre la voix soliste et les *clusters* dans la partie du piano dans "*Air*", de même que l'évolution graduelle de l'unisson initial vers des accords dans "*Linea*", comme deux formes distinctes de cette opposition entre la consonance maximale et la complexité harmonique. Dans "*Points...*", ce n'est qu'à la fin que ce phénomène se manifeste. A l'opposé de tout le développement essentiellement diachronique de la pièce, la CODA se caractérise par une séquence de cinq blocs sonores synchroniques très complexes, en allant d'une extension très ample de 4 octaves et un demi-ton à celle assez étroite d'une onzième (particulièrement si nous considérons la densité de 15 notes de ce dernier bloc). Comme dernier événement de cette séquence, il résulte un unisson en un *ré*, en opposition frappante avec la densité des blocs antécédents. Ce processus est répété pour deux fois (avec très peu de variation par rapport à la composition harmonique des blocs — en effet seuls les deuxième et troisième agglomérats subissent de petites variations harmoniques). L'exemple 21 reproduit la composition harmonique de la dernière apparition de cette séquence vers l'unisson, tout à la fin de la pièce (page 85 de la partition UE 15908 d'après le manuscrit).

Exemple 21: *"Points on the curve to find...",*
constitution harmonique de la dernière séquence vers l'unisson

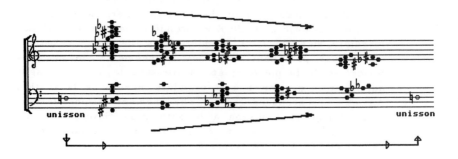

* *"A-Ronne"* (1974/75): selon Dreßen, c'est l'unisson qui constitue la donnée structurelle la plus fondamentale pour la dialectique de la forme (plus précisément pour les rapports entre chœur et soliste) dans cette pièce, car il y a dans l'œuvre *"insgesamt 14 Einwürfe, die von Sprachpolyphonie zum Unisono führen"*. Selon Dreßen, *"mit dem Erreichen des Unisono treten solistische Einwürfe zu den chorischen hinzu. «Solidarisierung» ermöglicht individuelle «Kritik»..."* [Dreßen (1), p.175]. De toute façon, il faut noter au moins deux de ces passages: le premier, c'est le développement polyphonique qui va environ de la page 30 de la partition (UE, manuscrit) jusqu'à l'unisson en un *ré* central au point d'orgue de la fin de la page 33; l'autre, c'est inversement le développement de l'unisson en un *do* central de la moitié de la page 41 jusqu'à l'agglomérat chromatique du début de la page 44.

* *"Cries of London"* (1974/76) pour huit voix: c'est à la dernière de ces pièces, *"Cry of cries"*, que nous adressons notre attention. Toute cette pièce se développe autour d'un *fa* qui acquiert la fonction de repos où se terminent les agglomérats chromatiques de l'ensemble vocal; en effet, le *fa* central est à la fois la première et la dernière fréquence de la pièce. Sa fonction de repos peut être observée dans plusieurs moments: mesures 2-4; 9-10; 13-15; 23-26; 32-34; 43-46 (où l'unisson en *fa* par les sopranos, contraltos et ténors est contredit par l'unisson des basses avec son triton *si*); et, à la fin, mesures 54-57 (où l'opposition entre l'unisson en *fa* et les agglomérats chromatiques, précédée par l'unisson sur la note sensible de *fa*, soit sur *mi* dans les mesures 51-53, est mise en évidence — et dont le contenu harmonique nous montre l'exemple 22).

Exemple 22: *"Cry of cries"*,
**contenu harmonique de la dernière opposition
entre l'unisson et les agglomérats chromatiques**

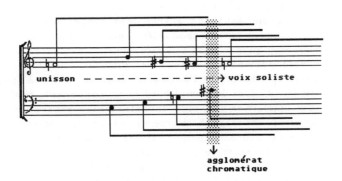

* *"Coro"* (1974/76) pour 40 voix et instruments: étant donné la très grande complexité harmonique et le très haut degré d'informations de cette composition, l'unisson orchestral et vocal en un *mi bémol* central dans les mesures 42-43 de l'épisode XXX (page 119 — UE 15044) acquiert une valeur tout à fait fondamentale — particulièrement au moment où le déroulement structurel, après environ une heure de musique, s'achève presque et le poème de P. Neruda quasiment constitué dans sa totalité (ce qui ne sera mis au point qu'à l'épisode XXXI, c'est-à-dire dans la dernière section formelle). Il est très symptomatique de constater que le texte, au moment de l'unisson, consiste dans l'expression *"por todas partes"* (= partout), en mettant l'accent en quelque sorte sur la "solidarité" (pour employer le terme de Dreßen) de l'unisson face à la complexité harmonique exorbitante de l'œuvre.

* *"Il Ritorno degli Snovidenia"* (1976/77) pour violoncelle et 30 instruments: nous pourrions pousser notre répertoire jusqu'aux réalisations les plus récentes de Berio, dans lesquelles cette opposition primordiale pour son style a de toute façon encore lieu (le *"Canticum Novissimi Testamenti"* (1988) pour 4 voix, 4 saxophones et 4 clarinettes en constituerait un bon exemple). Un dernier exemple suffit cependant à démontrer catégoriquement la pertinence de ce phénomème dans son œuvre, dans lequel les rapports avec les fondements oppositifs universaux des systèmes phonologiques sont absolument évidents. Tout le développement dramatique de *"Ritorno..."* débouchera sur un point culminant de l'harmonie dans la mes.342 (page 84 — UE 16649) dont la complexité sera, cependant, renforcée par son opposition la plus incontestable, présentée quelques mesures auparavant: l'unisson en un *fa dièse* central des mesures 320-321 (page 84). D'un moment à l'autre, on assiste à une vraie prolifération harmonique qui va donc de la consonance "vocalique" la plus nette à la complexité "consonantique" la plus flagrante. (L'exemple 23 reproduit schématiquement cette dichotomie "vocalique/consonantique" de l'harmonie bérienne).

Exemple 23: *"Il Ritorno degli Snovidenia"*,
l'opposition entre l'unisson et l'agglomérat chromatique

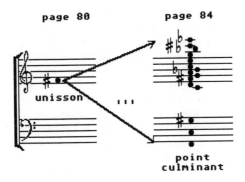

2.1.6. Pertinence, redondance

En se référant à la réalisation dans l'acte de parole (*Sprechakt*) des phonèmes constitutifs de la chaîne parlée, Troubetzkoy écrit: *"Außer den phonologisch relevanten Schalleigenschaften treten... an demselben Punkt des Schallstromes noch viele andere, phonologisch irrelevante Schalleigenschaften auf. Die Gesamtheit aller, sowohl phonologisch relevanten als irrelevanten Eigenschaften, die an einem bestimmten Punkt des Schallstromes, an welchem ein Phonem realisiert wird, auftreten, bezeichnen wir als* Sprachlaut *(bezw.* Sprechlaut, Redelaut*). Jeder Sprachlaut enthält also einerseits phonologisch relevante Merkmale, die ihn zur Realisation eines bestimmten Phonems machen, und andererseits eine ganze Menge phonologisch irrelevanter Merkmale, deren Wahl und Auftreten durch eine Reihe von Ursachen bedingt ist"* [Troubetzkoy (1), p.36]. Dans la terminologie allemande, on le constate, la notion de *Sprachlaut* doit être entendue comme une grandeur qui excède la valeur du *phonème* (*Phonem*) en soi: tandis que le phonème est caractérisé par un ensemble de traits distinctifs qui sont **pertinents** (où *pertinence* = *Relevanz*), sa réalisation implique tout un amas de traits **non-pertinents** subsidiaires qui déterminent, eux aussi, la complexité du continuum sonore (*kontinuierlicher Schallstrom*). C'est en ce sens que le concept de **pertinence** détermine le rôle substantiel de certaines différences phoniques en dépit d'autres dont la **non-pertinence** face à la distinction de signifiés les relègue à un second plan: *"... The important thing as far as phonemes are concerned is differences, those differences which serve to distinguish between words"* [Jakobson (27), p.77, nous soulignons].

Toutefois, Jakobson exercera plus tard une rigoureuse critique de la notion de **non-pertinence**, tout en mettant l'accent sur l'importance incontestable des traits soi-disant *non-pertinents* dans l'acte de la communication verbale. A ce moment-là, on devrait se priver de parler de **non-pertinence**, mais, au contraire, ne distinguer que le **degré de pertinence** des traits qui composent, tous ensemble, l'acte de parole: *"L'expression* traits pertinents *pour désigner les traits distinctifs, très répandue en France, conduit aisément à des conceptions erronées. Car, outre les traits distinctifs, la charpente sonore du langage contient encore d'autres types de traits fonctionnels, tout aussi pertinents, d'une pertinence dont on peut* discuter le degré, mais en aucun cas l'existence. ... Les sons du langage sont des outils de la communication verbale, entièrement constitués d'un ensemble de traits de types divers, qui contribuent tous à accomplir un réseau de tâches précisément indispensables à cette communication, de telle sorte que, dans le processus de celle-ci, aucun d'entre eux n'est insignifiant ou inexistant"[159] [Jakobson (74), p.40, nous soulignons]. De toute façon, les traits **non-distinctifs** — soient-ils **non-pertinents** ou seulement (comme le préfère le "dernier" Jakobson) **"moins-pertinents"** — s'avèrent être subsidiaires, dans la hiérarchie des traits fonctionnels du langage, face à l'importance capitale des traits distinctifs.

Lorsque Stoianova parle d'un énoncé multiple dans plusieurs réalisations de Berio, dont "la pluralisation des dispositifs à [son] intérieur ébranle la notion conventionnelle d'incompatibilité des événements sonores ou des comportements des matériaux utilisés" [Stoianova (4), p.19], elle se réfère à une caractéristique structurelle qui revient constamment à la surface dans l'activité créatrice bérienne: la **pluralité du matériau musical**. En jettant un coup d'œil par exemple sur des œuvres telles que "Tempi Concertati", "Visage", "Passaggio" (1961/62), "Laborintus II", "Sequenza III", "Sinfonia", "Recital (for Carthy)", "Coro", "Opera" (1969/77), on s'aperçoit de la simultanéité/successivité d'éléments les plus diversifiés en constituant leurs structures. A ces œuvres, on pourrait opposer des réalisations beaucoup plus uniformes à l'égard des matériaux employés, par exemple: "Perspectives", "Thema (Omaggio a Joyce)", "Sincronie", "Rounds", "O King", "Eindrücke", "Points on the curve to find...", "Canticum Novissimi Testamenti".

Outre cet aspect, cette pluralité des matériaux — qui se trouve en corrélation avec la multitude des traits (pertinents et moins-pertinents) dans le langage — peut être observée sous l'angle de l'emploi de plusieurs langues dans certaines œuvres vocales. Ce phénomène, on le désignerait en allemand par un seul mot: *Mehrsprachigkeit*. Il s'avère être **un** aspect de cette **pluralité de traits structurels**; on ne saurait point le confondre avec la pluralité des matériaux musicaux, étant donné qu'il peut se présenter, soit dans des réalisations multiples, soit dans des réalisations uniformes à l'égard des matériaux. Un exemple évident de cette dichotomie est

---

[159] Et ailleurs: "*Dans la hiérarchie des percepts, les traits distinctifs dominent donc tous les autres. Mais les autres types de traits n'en passent pas pour autant inaperçus*" [Jakobson (74), p.62].

l'opposition, à cet égard, entre *"Omaggio a Joyce"* et *"Epifanie"* (1959/61; version définitive: 1965): tandis que dans la première pièce on a affaire à une uniformité absolue du matériau musical (dans ce cas, la ressemblance accentuée des sons provenant des transformations électroacoustiques à partir du matériau sonore verbal), dans *"Epifanie"* on se trouve devant une très grande variété de textures vocales ou/et instrumentales; dans les deux cas, cependant, Berio fait usage de différentes langues (l'anglais, le français et l'italien pour *"Omaggio a Joyce"*; le français, l'espagnol, l'anglais, l'italien et l'allemand pour *"Epifanie"*). Le phénomène de la *Mehrsprachigkeit* peut être observé encore dans *"Passaggio"*, *"Folk Songs"*, *"Laborintus II"*, *"Sinfonia"*, *"A-Ronne"*, *"Coro"*, *"Opera"*, et, dans un certain sens (sous la forme de la simulation linguistique), dans *"Visage"*.

Aussi du point de vue de l'instrumentation, la problématique de la **pertinence** ou de la **non-pertinence** des phénomènes structurels du langage trouve-t-elle un parallèle chez Berio. Vu sous cet angle, les opérations effectuées par Berio envisageront tantôt la **pertinence**, tantôt la **non-pertinence** du discernement des sources sonores. Ce phénomène se manifeste soit au moyen des **discriminations** des sources à l'intérieur des ensembles plus ou moins uniformes ou homogènes — effectuées généralement ou bien par des accentuations divergentes (on dirait "en opposition de phase" par rapport à l'amplitude, à l'intensité) des événements, ou bien par la spatialisation sur scène déjà prédéterminée de l'ensemble vocal/instrumental —, soit au moyen de la **non-discrimination**, c'est-à-dire de la **fusion** entre des sources sonores hétérogènes — le plus souvent par la fusion entre la source vocale et la source instrumentale.

Dans le premier cas (des discriminations des sources), c'est la pertinence de la provenance matérielle des sons employés qui est envisagée. On peut citer comme exemples de ce phénomène les pièces suivantes (caractérisées donc soit par la division de l'instrumentation plus ou moins homogène dans l'espace — ou encore d'instruments dont l'affinité est évidente —, soit par l'emploi presque systématique des *déphasages dynamiques* dans l'ensemble): *"Allelujah II"*, *"Différences"*, *"Tempi Concertati"*, *"Circles"* (1960), *"Epifanie"*, *"Chemins I"* (1965), *"Sinfonia"*, *"Coro"*, *"Corale"* (1981), *"Voci"*, *"Formazioni"* (1987).

Dans le cas de la **fusion** vocale/instrumentale, c'est donc la **non-pertinence** ou encore la "suppression de la pertinence" (en d'autres termes, la **neutralisation de l'opposition**) entre deux sources sonores hétérogènes qui vient au jour. Voilà quelques exemples: *"Circles"*, *"Epifanie"*, *"Visage"*, *"Laborintus II"*, *"Gesti"* (1966), *"Sequenza V"* (1966), *"O King"*, *"Sinfonia"* (particulièrement dans le Ier mouvement, mais aussi dans l'équilibre acoustique de l'instrumentation), *"Agnus"* (1971), *"Coro"* (notamment dans l'épisode XIX, mais aussi dans l'instrumentation), *"Sequenza IX"* (1980), et *"Canticum Novissimi Testamenti"*.

De toute façon, une divergence fonctionnelle entre la pluralité de traits dans le langage et la pluralité du matériau musical chez Berio doit être soulignée: si dans le langage, la hiérarchie des traits pertinents et moins-pertinents est prédéterminée au sujet-parlant dans la constitution structurelle de la langue, dans le cas des œuvres pluralistes de Berio, le rôle de l'auditeur dans le discernement de ce qui est pertinent face à ce qui ne l'est pas est beaucoup plus prononcé. C'est dans ce sens qu'on lit le commentaire de Berio: *"... Je crois beaucoup à la coexistence de plusieurs niveaux de significations simultanées dans la musique... . Mon auditeur aura la possibilité d'entendre la musique différemment: d'une façon s'il arrive à repérer les références, d'une autre façon s'il ne les connaît pas. ... L'auditeur est sensible à l'articulation du processus musical* [c'est-à-dire de la *processualité* ou *fonction musicale*], *... aux comportements des sons et des mots..."* [Berio apud Stoianova (4), p.17].

Ainsi la **périodicité de l'écoute**, soit des œuvres dans leur globalité, soit de certaines structures au cours du développement formel d'une œuvre, s'avère être d'une importance tout à fait cruciale pour le style bérien. Au moyen de la problématique autour de la pertinence, on en arrive à celle concernant la **redondance** d'informations. Déjà par rapport à la fonction musicale et sa *processualité* syntaxique, Berio a pu observer dans ses remarquables entretiens avec R. Dalmonte: *"Il y a ... un aspect de la «syntaxe» — électronique ou non — qui m'a toujours intéressé; celui de la redondance. ... Une des règles de la syntaxe est celle de nous faire prévoir et de nous confirmer ce que, formellement, on sait déjà. ... En travaillant sur la musique électronique je me suis toujours posé le problème de la redondance, non pas tellement pour susciter la prévisibilité d'un événement ou pour la frustrer de temps en temps (comme il arrive normalement dans le langage ou dans la musique* «*linguistique*»), mais pour faire en sorte que chaque événement, chaque processus sonore soit baigné par le sens, c'est-à-dire qu'il soit doté d'un sens «*local*» qui renvoie néanmoins à d'autres sens dans des dimensions temporelles différentes. La forme la plus élémentaire de redondance est la répétition... . Redondance et répétition ont été quelquefois au centre de mes préoccupations, même en dehors de la musique électronique..." [Berio (49), p.169-170].

C'est ainsi que Jarvlepp souligne le rôle de la redondance dans *"Tempi Concertati"* lorsque Berio reprend la structure principale pour la sixième fois: *"The composer seems confident that the listener has become familiar with the material in the five versions of the model. He now feels that he can expand and juxtapose in less predictable ways without losing the listener"*[159] [Jarvlepp (1), p.190]. De même pour *"Epifanie"*, dont l'analyse circonstanciée de Dalmonte/Azzaroni nous montre la redondance du motif basé sur la juxtaposition de deux intervalles (le plus souvent de la tierce (notamment de la tierce mineure) ajoutée d'un autre intervalle [cf. Dalmonte (3)]), assez accusée dans l'œuvre.

Cet aspect se trouve lui aussi en corrélation avec le phénomène du langage, où les **traits redondants** jouent un rôle essentiel: *"Les traits redondants occupent une place considérable dans la charpente sonore du langage...; loin d'être superflus, ... ils ont pour utilité de soutenir et de mettre en relief les traits distinctifs"* [Jakobson (74), p.49]. En soulignant le rôle auxiliaire de la redondance en tant qu'information complémentaire sur l'identité des traits distinctifs adjacents (précédents ou consécutifs) ou même concomitants (concurrents) aux traits redondants [cf. Jakobson (74), p.49], Jakobson précisera la fonction de renforcement d'un trait distinctif par un autre trait redondant: il s'agit toujours d'un affermissement subsidiaire de la fonction distinctive, non pas de la fonction déterminative du sens: *"Le trait redondant vient donc renforcer un trait distinctif, mais seulement en tant que celui-ci discrimine le sens, et non en tant qu'il le détermine"* [Jakobson (74), p.51]. Cela veut dire que les traits redondants sont, eux aussi, relatifs au système phonologique en question. D'autre part, pour autant qu'ils restent redondants, ces traits ne deviendront jamais pertinents.

---

159) Et ailleurs, en décrivant le souci de signification chez Berio: *"He (the composer) must prevent chaos from destroying all the possible relationships. The most important procedure is to give a certain degree of redundancy to the texture that constitutes a kind of buffer state between chaos and the fields of possible meanings"* [Jarvlepp (1), p.182].

Mais un trait redondant (ou même un trait moins-pertinent ou non-pertinent) peut, au cours de l'évolution diachronique d'une langue donnée, devenir pertinent, de même qu'un trait pertinent peut abdiquer sa fonction distinctive, en devenant redondant. A ce moment, on a affaire à un phénomène de *phonologisation* — dans le cas de la *"formation d'une* [nouvelle] *différence phonologique"* — ou, au contraire, de *déphonologisation* — dans le cas de la *"suppression d'une différence phonologique"* [Jakobson (7), p.205]. On peut ajouter encore le phénomène de *rephonologisation*: *"La transformation d'une différence phonologique en une différence phonologique hétérogène qui se trouve vis-à-vis du système phonologique dans un autre rapport que la première"* [Jakobson (7), p.209]. Dans ce dernier cas, un trait pertinent reste pertinent, mais sa fonction distinctive (sa valeur) subit des transformations bien perceptibles; métaphoriquement, on peut dire qu'on le "lit autrement", on l'interprète différemment, quoique toujours de façon pertinente. On a alors affaire à une mutation du **fonctionnement** des traits. Cette nouvelle "lecture" est rendue possible par un mécanisme de compensation qui tend à maintenir une certaine limite des "quantités oppositives" sous peine de surcharger d'informations l'auditeur: *"... Il n'existe pas, dans le cadre d'un système appartenant à un seul style de langage, de phonologisations qui ne soient pas compensées par de déphonologisations"* [Jakobson (7), p.216]; *"... la tendance non seulement à la multiplication, mais aussi à la diminution des différences phonologiques est étrangère à la langue. Dans le cadre d'un dialecte fonctionnel isolé, on ne peut parler ni de l'accroissement ni de la réduction d'un système phonologique, mais seulement de remaniement, c'est-à-dire de sa rephonologisation"* [Jakobson (7), p.217].

Tous ces phénomènes peuvent être observés systématiquement dans la musique, particulièrement s'il s'agit de réalisations pluralistes, "ouvertes" à "plusieurs écoutes". L'analogie entre l'univers musical et l'univers du langage sous le prisme des traits redondants et des traits pertinents a été éclaircie par Jakobson lui-même: *"Les principes de développement d'un système musical sont... semblables aux changements phonologiques de la langue. Ou bien une différence non-pertinente devient pertinente, ou c'est le contraire qui arrive. En général, les pertes et les acquisitions de différences pertinentes sont mutuellement liées"* [Jakobson (11), p.58]. L'œuvre bérien en est un bon exemple, au moyen duquel, cependant, on s'aperçoit que ces phénomènes ont un fonctionnement différent dans la musique et dans le langage. Puisque si dans le langage la phonologisation, par exemple, est un phénomène essentiellement **diachronique**, dans la musique, la valorisation d'un trait redondant ou moins-pertinent, c'est-à-dire la "phonologisation" deviendra toujours un phénomène fondamentalement **synchronique** à l'intérieur d'une œuvre déterminée: elle se circonscrira toujours à **un** état de langue, à un acte de parole. Bien qu'il implique forcément une périodicité diachronique (soit à travers la périodicité de l'écoute d'une œuvre, soit à travers les retours périodiques d'événements au cours d'une œuvre), le processus de phonologisation ne peut se référer, en musique, qu'à l'organisation structurelle concernant l'œuvre en question.

C'est pourquoi des pièces comme les *"Chemins"* ou *"Corale"*, basées sur les *"Sequenze"* et au moyen desquelles on se trouve devant une tentative de "diachronisation" textuelle de la phonologisation en musique, seront toujours **redondantes** par rapport à leur origine. Ces œuvres proviennent, comme l'explique Berio lui-même, *"dal bisogno di scoprire ulteriori funzioni implicite in uno stesso fatto musicale"* [Berio (50), p.29], c'est-à-dire qu'elles cherchent de rendre explicites certains aspects qui étaient déjà implicites (ou qui se trouvaient dans un état subliminal) dans les œuvres sur lesquelles elles se sont basées.

On pourrait y objecter — selon les termes employés ici — qu'il s'agit là d'une forme de "rephonologisation": il s'agirait alors d'une "nouvelle lecture", d'une nouvelle interprétation syntaxique des sources qui, elles, restent de toute façon pertinentes en subissant des transformations considérables non pas au niveau de leurs presque intouchables textures, mais plutôt au niveau des interventions **subsidiaires** des instruments qui y sont ajoutés — autrement dit, il s'agirait d'une *remise en valeur* de ces sources originaires. Un coup d'œil sur des œuvres comme *"A-Ronne"* ou *"La Vera Storia"*, où la redondance se trouve déplacée au niveau du **texte** littéraire — mais pas du tout à l'intérieur des structures musicales — nous révèle pourtant la nature de la question[160]: dans *"A-Ronne"*, un même texte de Edoardo Sanguineti est répété à peu près une vingtaine de fois, tout en s'assujettissant à des inflexions

---

160) On pourrait étendre cet exemple à d'autres réalisations de Berio où la redondance se trouve au niveau de la sémantique verbale, telles que *"Circles"*, *"Sequenza III"*, *"Sinfonia"*, *"Opera"*, *"Coro"*, ou même *"Thema"* et *"Visage"* (où le mot *"parole"* est répété six fois).

vocales et à des manipulations **musico-syntaxiques** (ségmentation, distribution du texte entre les voix, gestualité vocale [cf. à ce propos Berio (60)]) tout à fait divergentes; dans *"La Vera Storia"*, constitué de deux parties, le texte (de Italo Calvino) de la deuxième partie s'avère être essentiellement le même de celui de la première, mais son traitement **musical** en est fort opposé à celui que la première partie lui confère. Dans ces deux œuvres, la redondance des textes (dans le cas de *"A-Ronne"*, la redondance aussi à l'intérieur même du texte vis-à-vis de la présence marquante de l'**allitération** [cf. Berio (60), p.275]), due à leur répétition, relève leurs divers niveaux de signification en fonction des divers "niveaux de lecture" effectués par les textures musicales qui, elles, se trouvent dans un rapport de transformation continuelle. Tout autrement pour ce qui est des *"Chemins"*: en tant que reprises textuelles (ou presque absolument textuelles) des développements structurels des *"Sequenze"*, en reproduisant essentiellement leurs textures originales, ces pièces ne font rien d'autre qu'élucider un seul aspect des potentialités virtuelles que l'écoute dynamique et périodique des *"Sequenze"* nous offre. Face à celles-ci, ces nouveaux contextes s'avèrent donc redondants et restrictifs à la fois. Prises isolément, ces œuvres acquièrent une valeur incontestable; mais une fois comparées avec leurs modèles d'origine, elles ne s'avèrent être qu'essentiellement **non-pertinentes** ou **moins-pertinentes**[161].

De toute façon, nous voyons que le style bérien bascule de la pertinence à la redondance, et cela explique la phrase de Osmond-Smith sur le compositeur: *"... It is the creation of such a language, steering a course between the mandarin density of the Darmstadt tradition and the gratuitous simplicities of minimalism, that constitutes Berio's most remarkable achievement"* [Osmond-Smith (7), p.349].

---

161) C'est un peu le cas aussi de l'instrumentation et du comportement de l'ensemble dans *"Il Ritorno degli Snovidenia"*: une *"Sequenza"* basée sur la ligne très riche du violoncelle y est sous-tendue, et les instruments se comportent de façon redondante face au protagoniste (le violoncelliste). De ce point de vue, il faut également admettre le caractère fort redondant du Vème mouvement de *"Sinfonia"*, ajouté postérieurement aux quatre mouvements antécédents.

2.1.7. Stratification, déconstruction

Dans une autre occasion, lors de notre approche analytique de *"Visage"*, nous avons déjà eu la possibilité d'aborder l'aspect "caléidoscopique" du langage enfantin au moment de sa constitution. Ce processus a été désigné par Jakobson/Halle par le terme de *stratification* [cf. Jakobson (35), p.136; et le point 3.1.2.2. de notre analyse de *"Visage"*, sur l'apparition du triangle vocalique, etc.]. Si ce phénomène peut être nettement observé dans *"Visage"*, il faut dès lors remarquer qu'il se retrouve dans le parcours créateur de Berio comme une de ses constantes. Indubitablement, cette *processualité* allant vers la complexité structurelle des données musicales va de pair avec la recherche d'une sémantique musicale au sens d'un Assafjew, car comme l'affirme Pousseur, *"Berio se montre toujours soucieux de signification"* [Pousseur (16)]. C'est également en ce sens que Osmond-Smith insiste sur la stratification en tant que processus typiquement bérien [cf. Osmond-Smith (4), p.85; et (5), p.53].

Si la stratification est un phénomène essentiellement séquentiel et, de ce fait, caractéristique du langage et de la musique — Jakobson souligne que *"both music and language present a consistently hierarchized structure, ... music as well as verbal signs are resolvable into ultimate, discrete, rigorously patterned components..."*; il parle donc d'un *"system of compulsory hierarchical structures"* où il y a un *"obligatory superposition or stratification"* [Jakobson (63), p.341; cf. aussi (56), p.108] —, elle se manifeste chez Berio sous trois aspects d'importance fondamentale.

Le premier consiste en l'emploi de la voix dans sa musique, tout en mettant l'accent justement sur la stratification comme constitution progressive du langage. Nous nous rappelons quelques exemples où la stratification apparaît isolément, constituant ainsi globalement la texture vocale: *"Sequenza V"*; *"O King"*; *"Sinfonia"* (du point de vue dramatique en considérant l'évolution du Ier au IIIème mouvement, dans laquelle il existe une directionnalité allant vers l'émancipation sémantique du mot); *"Coro"* (où le poème de Neruda est peu à peu constitué).

Le deuxième aspect, toujours à travers l'usage de la voix, consiste à opposer la stratification sémantique à la **déconstruction du langage ou la perte de signification** (en évoquant plus ou moins directement l'aphasie linguistique). Nous citons quelques exemples, parmi lesquels la déconstruction du langage peut subsister toute seule (étant donné la présence du langage déjà constitué): *"Thema (Omaggio a Joyce)"* (où les deux phénomènes coexistent); *"Circles"* (où l'on entend au moyen des 3 poèmes de cummings un parcours qui peut être ébauché comme suit: stratification → déconstruction → stratification); *"Epifanie"* (où la déclamation du texte de Claude Simon est petit à petit dégradée par l'orchestre); *"Visage"* (où un pseudo-discours est construit pour être ensuite démoli); *"Sequenza III"* (où les deux phénomènes coexistent); et *"Air"* (où la sémantique verbale du début est presque totalement anéantie au cours du développement vocal).

Le troisième aspect se trouve dans le deuxième principe de l'harmonie dans l'œuvre de Berio. Cette fois la stratification quitte le domaine strictement verbal pour se présenter dans un processus éminemment musical: il s'agit de la directionnalité vers le "total chromatique" ou, en d'autres termes, de la **complémentarité chromatique**. Comme nous l'avons déjà observé, ce phénomène a lieu particulièrement dans les *"Sequenze"* (notamment dans les *"Sequenze"* I, V, VI, VII et VIII), mais nous le constatons également dans *"O King"* (dans la partie du piano), dans les Ier, IIIème et IVème mouvements de *"Sinfonia"*[162], et, plus récemment, dans *"Requies"* (1983/84) pour orchestre.

Etant donné le caractère métaphorique de cette dernière composition — *in memoriam Cathy Berberian*, tout en suggérant avec les instruments des inflexions verbales d'une "voix omniprésente mais absente" —, la stratification harmonique acquiert une valeur particulière: le total chromatique y est peu à peu constitué, son processus tend à maintenir les notes parvenues dans leurs registres comme si elles étaient congelées; mais avant même que la complémentarité chromatique soit atteinte, une nouvelle série chromatique est ébauchée. La complémentarité est alors effectuée pour deux fois et de façon partiellement concomitante. Après la dernière note de la deuxième série (un *si* par les violoncelles dans la mes.2 de la section F — UE 19149), l'ensemble orchestral remplit les 9 lacunes de l'ambitus de tessiture jusqu'alors utilisé (comprenant deux octaves et une septième majeure) (ex. 24).

---

162) Osmond-Smith parle de *"chromatic saturation"* comme d'un processus typique de cette œuvre. En se référant au Ier mouvement, il écrit: *"This simple principle of a basic harmonic layer being surrounded by other layers derived from its chromatic complement will recur, in more sophisticated form, throughout the rest of the work"* [Osmond-Smith (S), p.16].

Exemple 24: plan harmonique de *"Requies"*

Le deuxième principe harmonique est l'une des caractéristiques les plus essentielles de l'univers musical bérien et se trouve donc, lui aussi, en pleine corrélation avec le langage à travers le phénomène de la stratification sémantique.

2.1.8. Métaphore, métonymie

"It is not necessary to state the model in its entirety in order to recall it; a recognizable fragment is all that is needed. This is the meaning and function of gesture in Berio's music" [Jarvlepp (1), p.183-184]. C'est de cette façon que Jarvlepp définit — en termes jakobsoniens — la **fonction métonymique** du geste musical dans l'œuvre de Berio. Nous abordons alors un dernier aspect parmi les notions les plus fondamentales de l'étude phonologique du langage et ses corrélations avec la **musicalité** ou **fonction musicale** dans l'œuvre du compositeur italien, à savoir: la présence des procédures fondées, soit sur la **métonymie** (en tant que variation contextuelle ou abrégement gestuel et référentiel de certaines données structurelles déjà textuellement et intégralement "éclaircies"), soit sur la **métaphore** (en tant qu'image substitutive ou transposition gestuelle de ces données de structure — et à laquelle Jarvlepp ne se réfère toutefois pas). Ces deux fonctions (métonymique et métaphorique), nous le voyons, impliquent nécessairement la **gestualité** bérienne, mais tandis que l'opération fondée sur la métonymie — qu'elle soit même le plus radicalement abrégé possible — est essentiellement *discursive*, la fonction métaphorique se traduit comme renvoi immédiat, synchronique à sa référence de base.

L'exemple le plus flagrant de la fonction métaphorique dans le parcours créateur de Berio est sans doute *"Visage"*. En gros, on peut définir cette œuvre comme une métaphore (réalisée à l'aide de la simulation linguistique) du langage dans ses aspects les plus différents: stratification vers la naissance du mot et du langage en lui-même, constitution phonologique motivé du mot, établissement d'un discours, troubles aphasiques, intonations qui basculent de la parole au chant, émancipation et apothéose des données prosodiques, déclamation d'une poésie imaginaire. *"Visage"* est dans ce sens un portrait du langage réalisé par la sensibilité d'un musicien. L'œuvre est un renvoi aux aspects les plus diversifiés du phénomène linguistique; elle effectue donc une transposition au sein des gestes musicaux de la complexité propre au langage. (On pourrait étendre encore plus cet exemple, en ajoutant à *"Visage"* des réalisations telles que les *"Sequenze"* III et V, *"A-Ronne"*, *"Requies"* — il s'agit toujours de transpositions associatives, métaphoriques, de renvois plus ou moins immédiats ou évidents à l'aspect musical de la voix et à ses manifestations les plus diversifiées).

Pour ce qui est de la métonymie, un exemple suffira à démontrer la présence de cette fonction dans l'œuvre bérien: le $V^{\text{ème}}$ mouvement de la *"Sinfonia"*. Si le $II^{\text{ème}}$ mouvement est un auto-commentaire de la pièce *"O King"*, et le $III^{\text{ème}}$ mouvement, un commentaire du Scherzo de Mahler, le dernier mouvement de *"Sinfonia"* est en effet un commentaire de tout ce qui s'est passé au cours des quatre mouvements précédents: *"Berio fuses together materials from all the previous movements into a new and vitriolic synthesis"* [Osmond-Smith (5), p.74-75]. Les analogies structurelles de ce mouvement avec les quatre autres précédents, effectuées au moyen des reprises textuelles mais abrégées des développements formels de ceux-ci, confèrent à cette clôture de *"Sinfonia"* un caractère évidemment métonymique: il s'agit des variations contextuelles et concomitantes des données structurelles antérieures; les quatre autres mouvements s'y retrouvent de façon abrégée; nous avons donc affaire à une métonymie par rapport à chacun de ces mouvements.

2.2. La neutralisation des oppositions distinctives (*Aufhebung distinktiver Gegensätze*)

Dans le point 1.2.4. de cette partie, concernant les corrélations entre langage et musique à partir de la phonologie, la lexicologie et la syntaxe, nous avons ponctué les trois niveaux musicaux correspondants à ces trois sphères linguistiques, soit respectivement le niveau **acoustique** (qui concerne les propriétés acoustiques et la provenance physique et distinctive des sons), le niveau **instrumental** (concernant les articulations musicales propres à un certain genre musical), et le niveau **stylistique** (touchant les traits caractéristiques de la syntaxe, c'est-à-dire de la *processualité* de la forme musicale). Comme les types de neutralisation des oppositions distinctives — c'est-à-dire les manières selon lesquelles certaines oppositions pertinentes entre phonèmes se voient supprimées — concernent la sphère phonologique du langage, c'est vers le niveau acoustique que nous devons à présent diriger notre attention, car en musique, c'est surtout dans le domaine des provenances distinctives des sources sonores que les suppressions ou neutralisations d'oppositions pertinentes peuvent avoir lieu.

A cet égard, il faut tout d'abord distinguer trois catégories fondamentales dans la typologie sonore de l'œuvre bérien: a) sons vocaux; b) sons instrumentaux; et c) sons électroniques (ou électroacoustiques). Vu que les classes sonores sont subdivisées en trois, il ne peut y avoir que trois classes de neutralisations d'oppositions, à savoir:

1) entre sons vocaux et sons instrumentaux;
2) entre sons vocaux et sons électroniques; et
3) entre sons instrumentaux et sons électroniques.

Selon Troubetzkoy, dès qu'il s'agit de la neutralisation d'une opposition, *"es [handelt] sich dabei immer um den Verlust einer phonologischen Eigenschaft"* [Troubetzkoy (1), p.207]. *"La neutralisation n'implique donc pas la disparition d'un son, mais la disparition du caractère distinctif d'une opposition entre deux* [types de] *sons"* [Duchet (1), p.62]. Ce qui caractérisera la neutralisation de l'opposition entre ces catégories de sons, ce sera, en musique, la **fusion de caractères** des sons provenant de sources opposées, et cela jusqu'au point où la reconnaissance des provenances sonores se voit fortement menacée, voire anéantie.

En outre, nous observons que la subdivision la plus essentielle entre les types de neutralisation vis-à-vis de sa réalisation, telle que la décrit Troubetzkoy, se trouve, elle aussi, en corrélation avec ce phénomène dans le domaine des structures musicales, soit, d'un côté, la suppression déterminée par le **contexte** ou **neutralisation contextuelle** (*kontextbedingte Aufhebungsart*), et, de l'autre côté, celle déterminée par des **données structurelles** ou **neutralisation structurelle** (*strukturbedingte Aufhebungsart*). Troubetzkoy écrit: *"Vor allem müssen kontextebedingte und strukturbedingte Aufhebungsarten unterschieden werden, je nachdem ob die Aufhebung einer phonologischen Opposition in Nachbarschaft bestimmter Phoneme oder unabhängig von den umgebenden Phonemen nur in bestimmten Stellungen im Worte stattfindet"* [Troubetzkoy (1), p.206-207]. Pour ce qui est de ces types de neutralisation dans la musique, il faut y détecter les particularités suivantes: la neutralisation contextuelle est due surtout au déroulement formel de l'œuvre en question, c'est-à-dire qu'elle dépend du développement des textures qui composent cette œuvre (elle est donc en étroite relation avec son niveau **stylistique**); la neutralisation structurelle, en revanche, est déjà favorisée par la constitution instrumentale même de l'œuvre, c'est-à-dire qu'elle est déjà sous-tendue dans l'instrumentation de la pièce en question (donc en étroite dépendance de son niveau **instrumental**).

Du point de vue statistique, il faut remarquer que la neutralisation d'opposition entre sons vocaux et instrumentaux est la plus fréquente dans l'œuvre de Berio. Le nombre des neutralisations contextuelles et structurelles dans les trois classes de suppressions, par contre, est bien équilibré.

Nous ébauchons ci-dessous un cadre avec quelques exemples où les classes et le type des neutralisations d'oppositions ont lieu dans son œuvre. Une écoute de ces œuvres pourra éclaircir le lecteur sur l'avènement de ces phénomènes au cours de ces pièces. Les endroits où les neutralisations sont réalisées s'avérant être bien accessibles au moyen d'une simple écoute et n'étant donc pas précisés, nous nous contenterons de souligner, selon le cas, le pourquoi du classement sous un des deux types de neutralisation.

* <u>Neutralisation entre sons vocaux et sons instrumentaux</u>:

— <u>neutralisation contextuelle</u>:
"Circles", "Laborintus II", "Sequenza V", "O King";

— <u>neutralisation structurelle</u>:
"Sinfonia" (dans l'instrumentation: 8 voix + 3 groupes de 8 violons; voir aussi la fusion vocale/instrumentale à la page 2 de la partition — UE 13783 — entre les 8 voix et les 8 cuivres avec sourdine); "Agnus" (pour 2 voix et 3 clarinettes, où Berio souligne comme introduction de la partition UE 13755: *"Die drei Klarinetten sollen die Signstimmen nicht nur «begleiten». Daher ist es wichtig, daß alle Ausführenden auf gleichem Ton-Niveau zu hören sind. Wenn nötig, können Mikrophone verwendet werden, um die richtige Balance zu erzielen"*); "Coro" (dont l'instrumentation comporte 40 duos constitués d'une voix + un instrument d'orchestre — cf. l'introduction de la partition UE 15044); "Canticum Novissimi Testamenti" (pour 4 voix, 4 saxophones et 4 clarinettes);

* <u>Neutralisation entre sons vocaux et sons électroniques (ou électroacoustiques)</u>:

— <u>neutralisation contextuelle</u>:
"Thema (Omaggio a Joyce)" (parce que tous les sons — même les plus "électroniques" — proviennent absolument (ou presque absolument) de la voix, et la fusion entre les deux sphères sonores se trouve donc être inexorable);

— *neutralisation structurelle:*
"*Visage*" (parce que les deux catégories de sons — sons vocaux et sons électroniques — coexistent en tant que produit final sur bande magnétique. La fusion est évidente particulièrement au début et à la fin de l'œuvre);

* Neutralisation entre sons instrumentaux et sons électroniques (ou électroacoustiques):

— *neutralisation contextuelle:*
"*Laborintus II*" (voir la texture instrumentale/électronique des sections W-X-Y de la partition);

— *neutralisation structurelle:*
"*Différences*" (parce que tout le matériau électronique provient des mêmes instruments sur scène; l'opposition entre les deux sphères sonores, une fois neutralisée, devient donc *différences*).

2.3. La fonction délimitative (*Abgrenzungslehre*)

La langue ne dispose pas seulement d'unités distinctives et différentielles; comme nous le fait croire Troubetzkoy, toute langue possède, à côté de ces unités, un nombre de moyens à travers lesquels elle peut **délimiter** ses unités: "*Außer den phonologischen Mitteln, die zur Unterscheidung der einzelnen Bedeutungseinheiten (Sememe) dienen, besitzt jede Sprache eine Anzahl von Mitteln, welche die Abgrenzung der einzelnen Bedeutungseinheiten bewirken*" [Troubetzkoy (1), p.241]. Toutefois, conditionné par la sphère lexicologique de la langue, le sujet-parlant ou/et le récepteur du message peuvent faire usage de la langue sans pour autant recourir nécessairement aux moyens ou signaux délimitatifs (*Grenzsignale*). Car nous avons déjà eu l'occasion — au point sur le **continuum** sonore — d'observer un fait crucial pour le fonctionnement du langage: tandis que la fonction distinctive est essentielle à la vie de la langue, la fonction délimitative, elle, face à la prédétermination des unités significatives (du vocabulaire) de la langue, ne lui est pas indispensable [cf. Troubetzkoy (1), p.241-242].

En musique cette situation est semblable, mais elle se présente différemment: les moyens délimitatifs non seulement existent, mais sont-ils encore absolument nécessaires pour pouvoir, soit véhiculer, soit comprendre l'organisation structurelle des énoncés musicaux, puisque les unités significatives ne sont pas **forcément** prédéterminées. Cela ne veut pas dire, bien entendu, que la musique ne dispose pas, elle aussi, d'un "vocabulaire". Bien au contraire: l'histoire de l'harmonie nous montre catégoriquement la pertinence de la notion d'un **vocabulaire** (*Wortschatz*) dans le domaine musical; les entités ou les archétypes harmoniques en constituent une preuve assez évidente[163].

Mais en tout cas, la fonction délimitative — notamment avec la crise infranchissable (au moins en apparence) des systèmes de référence communs — acquiert une importance tout à fait fondamentale dans la musique. La dimension des unités significatives étant potentiellement beaucoup plus flexible dans la musique que dans la langue, la dimension des moyens délimitatifs peut, elle aussi, subir des variations considérables. A vrai dire, la fonction délimitative peut assumer des dimensions et des aspects des plus contrastants entre eux. Chez Berio, elle se manifeste dans une gamme d'extension qui va du **silence** aux limites de la délimitation structurelle en musique, c'est-à-dire à la **section formelle**. Quelques exemples nous suffiront à démontrer ce phénomène dans son œuvre, en allant donc de la dimension la plus infime à la dimension limitrophe de la délimitation formelle.

---

163) Voilà un autre point sur lequel nous sommes obligés d'établir une divergence par rapport à la pensée jakobsonienne. Dans son remarquable texte sur les rapports entre musicologie et linguistique, Jakobson écrit pourtant: *"En termes linguistiques, la particularité de la musique par rapport à la poésie réside en ce que l'ensemble de ses conventions* (langue selon la terminologie de Saussure) *se limite au système phonologique et ne comprend pas de répartition étymologique des phonèmes, donc pas de vocabulaire"* [Jakobson (11), p.59]. Contrairement à ce qu'écrit l'éminent linguiste, le processus de *cristallisation* au sens d'Assafjew implique, sur le terrain de l'harmonie, la constitution d'un solide *vocabulaire harmonique*.

2.3.1. Le silence comme délimitation

La texture de la pièce VI de *"Cries of London"* se caractérise, en gros, par un ralentissement des articulations vocales dans une directionnalité qui va d'un parler très rapide et condensé, réalisé par les 8 voix, au chant soliste du ténor 1 des mesures 25-27 (UE 16828). Une petite transition polyphonique (à 4 voix) dans les mesures 28-30 démarque la fin de ce développement directionnel. A partir de cet élément — qui acquiert, lui aussi, une fonction démilitative —, tout ce processus directionnel sera repris de la mes.31 à la fin de la pièce (mes.47). Cette fois, cependant, le chant soliste est supprimé, et on n'a affaire qu'à une texture polyphonique comme CODA de la pièce (mesures 42-47).

Pour que les articulations vocales rapides puissent amorcer la directionnalité graduelle vers le chant, elles doivent subir, à leur tour, une "saturation" qui inciterait leur décalage, au moyen de leur ralentissement, vers les épisodes chantés. Si ces articulations sont déjà dès le début très denses, leur saturation sera entraînée essentiellement par leur changement d'amplitude, du susurrement *ppp* au parler *ff*, en ayant comme phase intermédiaire les articulations *mf*. C'est au **silence** que Berio confère la fonction délimitative en tant que délimitation entre ces trois états des articulations vocales, tout en renonçant aux textures transitoires — à la fin de la mes.1 et de la mes.2, et, pour ce qui est de la reprise de ce processus, respectivement à la fin des mesures 31 et 32.

2.3.2. La note comme délimitation

Le IIème mouvement de *"Sinfonia"* (il s'agit, comme l'on sait, d'une version orchestrale de *"O King"*) constitue un exemple intéressant de fonction délimitative: elle se circonscrit, ici, à la **note** *fa* et peut être observée à quatre reprises au cours de la pièce.

Essayons d'exposer ici très succinctement la structure de cette pièce: parallèlement au processus de stratification verbale/ sémantique dans le sens de la constitution de la phrase *"O Martin Luther King"*, l'ensemble orchestral se caractérise par la dichotomie entre deux dimensions temporelles distinctes (une *microdimension* et une *macrodimension*), dont le matériau harmonique est identique dans les deux cas (ex. 25). Déjà par rapport aux trois séquences du matériau harmonique de base, la note *fa* acquiert, nous le voyons, une fonction délimitative.

Exemple 25: matériau harmonique de *"O King"*
(avec les déplacements rythmiques de durées mesurées en croches)

	a				b						c											
A	8	7	6	6	6	7	3	2	1	4	3	5	2	8	4/3	2	7	1	6/8	3	‖ 17	
B	7	6	6	6/4	8/6	3	2	1	4	3	5	2	8	4	2	7	1	6	3	‖ 7	6	
C	6	6	6	8	2	3	1	4	3	5	2	8	4	2	7	1	6	3	‖ 7	6	6	
D	6	6	8	3	2	1	4	3	$3^{2/3}$	$1^{1/3}$	6	4	2	5	1	6/12	3	‖ 1	6	6	12/18	
E	3	2	1	6	2	3	1	$19^{2/3}$	$1^{1/3}$													

Tandis que la microdimension présente le matériau à cinq reprises (dont la cinquième exclut la séquence c), la macrostructure (ou macrodimension) harmonique, constituée par les notes *ff*, ne l'exécute que deux fois (de même que pour la microdimension, la séquence c est exclue de la deuxième apparition du matériau harmonique dans la macrodimension). Au cours de ce développement, on a affaire à quelques coïncidences entre la microdimension et la macrodimension, et cela de deux manières: ou bien les notes coïncidentes correspondent dans les deux dimensions exactement à leurs places dans l'ordre établi dans les séquences a, b, et c (et dans ce cas la coïncidence entre les dimensions est *réelle*); ou bien les notes coïncidentes concernent des places divergentes pour chacune des dimensions par rapport à leur ordre d'apparition dans les séquences a, b, et c (et dans ce cas la coïncidence entre les dimensions s'avère *virtuelle*).

De toute façon, la note initiale *fa*, indépendamment de ce processus, joue à quatre reprises une fonction délimitative par rapport aux sections de la pièce:

1) la première fois est évidemment le début de la pièce, tout en démarquant le début du mouvement et le décalage des deux dimensions;

2) la deuxième fois, la note *fa **ff*** de la section C, mes.9, prend la place de la note *ré* qui devrait être exécutée à ce moment là comme la quatrième note de la séquence c de la macrodimension; cette répétition inusitée de *fa **ff*** démarque en fait le début de la troisième reprise de la séquence c dans la microdimension — sa fonction est donc nettement délimitative;

3) la troisième fois se passe dans la section E, mes.2, où la note *fa* ponctue trois événements parallèles: a) le début de la cinquième (et incomplète) reprise des séquences de base dans la microdimension; b) le début de la deuxième reprise de la séquence b dans la macrodimension; et c) le mot *"King"* dans les voix en unisson après un agglomérat chromatique sur la voyelle *"o"* (tout en constituant le titre originaire de la pièce: *"O King"*);

4) la quatrième fois (absente dans la version de chambre de ce mouvement) ponctue la CODA dans la dernière mesure de la pièce, en allant de l'unisson en *fa* à l'agglomérat chromatique du point d'orgue final (avec toutes les syllabes de la phrase).

2.3.3. Le mot comme délimitation

Etant donné la place singulière du langage dans l'œuvre de Berio, il faut y mentionner cet aspect si insolite qui devient l'une des caractéristiques les plus remarquables de *"Visage"*, et auquel nous nous sommes référé de façon détaillée dans notre travail analytique sur l'œuvre: le fait que le **mot** peut, lui aussi, se charger de la fonction délimitative en musique vis-à-vis de la forme. Dans ce cas, le mot *"parole"* entraîne, au moyen de ses six apparitions au cours de la pièce, au moins quatre subdivisions formelles fondamentales dans la structure multiforme de *"Visage"*.

2.3.4. *Le* **timbre** *comme délimitation*

En se référant à la neutralisation de l'opposition entre le son verbal et le son instrumental (entre voix de soprano et violon) dans l'épisode XIX de *"Coro"* — l'auteur écrit que la *"«perfekte Synchronisation» zwischen Singstimme und Violine hebt Stimme und Instrument auf die gleiche Ebene"* [Dreßen (1), p.246] —, Dreßen attire notre attention sur le rôle délimitatif de la partie au piano: *"Das Klavier fungiert in dieser Episode als Initiator und tonales Gefäß, indem es einerseits das tonale Material akkordisch einführt und andererseits die Abschnitte markiert"* [Dreßen (1), p.249]. Il observe, en outre, que le piano ne se contentera pas de délimiter les changements de champs harmoniques à l'intérieur de cet épisode (élaboré, d'ailleurs, à partir du matériau harmonique de *"Sequenza VIII"* (1975) pour violon, dont l'aspect référentiel semble être ignoré par Dreßen): en occupant la place de la voix dans la dernière mesure de l'épisode XIX au moyen d'une texture en contraste parfait par rapport à son caractère jusqu'alors statique, le piano ponctuera soit la fin de cet épisode, soit le début de l'épisode XX. Au cours de ce processus, le **timbre** de cet instrument prend en charge, donc, la fonction délimitative.

2.3.5. *La* **section formelle** *comme délimitation*

L'épisode suivant de *"Coro"* — soit l'épisode XX — constitue, d'autre part, un bon exemple de délimitation, à l'intérieur d'une œuvre, réalisée à travers l'une de ses **sections formelles**. Si la neutralisation de l'opposition entre source vocale et source instrumentale dans *"Coro"* est déjà favorisée par la constitution même de l'instrumentation de l'œuvre (nous l'avons classifiée, dans ce cas, comme étant une neutralisation structurelle — voir le point 2.2. de cette partie), et si cette fusion vocale/instrumentale est, comme l'affirme Dreßen, particulièrement réussie dans l'épisode XIX (de ce point de vue, en tant que neutralisation contextuelle), l'épisode XX — étant donné son caractère contrastant absolument avec cette neutralisation — assume une fonction nettement délimitative dans le corps de l'œuvre: car c'est ici que l'on se trouve devant l'opposition la plus flagrante entre l'ensemble orchestral et la voix chantée (accompagnée symptomatiquement par le piano comme dans un *Lied*). A la grande masse mobile des sons orchestraux s'opposent des interruptions sporadiques de ce *Lied*. On a affaire à une hétérophonie dont les événements ne se trouvent paradoxalement pas sur le même axe temporel; ils se succèdent en alternance sur l'axe diachronique. L'intervention massive des voix à partir de la mes.26, introduisant la phrase du poème de Neruda (*"El día palido se asoma; Mirad mi casa muerta"*), en constitue un autre signal délimitatif. La tendance générale à la neutralisation de l'opposition entre voix et instruments est reprise par l'épisode suivant (XXI). Toute la section formelle concernant l'épisode XX se charge donc de la fonction délimitative.

* * *

Toutes ces formes de délimitation peuvent, enfin, coexister dans un seul et même morceau. A cet égard, nous recourrons encore une fois au Ier mouvement de *"Sinfonia"*, plus précisément à son épisode final à partir de la mes.11 de la section I — c'est-à-dire à l'épisode amorcé par la harpe, le piano et le clavecin, épisode auquel nous nous sommes référé.

Comme l'on sait, la conclusion de ce mouvement est caractérisée par une directionnalité qui va de l'unisson à la saturation chromatique tout à la fin [cf. Osmond-Smith (5), p.19]. En démarquant pratiquement chacun de ces changements d'états harmoniques — changements dont le processus ne s'avère cependant pas linéaire —, Berio fait usage également d'une échelle graduelle de densité des signaux délimitatifs. Dans ce processus, la fonction délimitative entre ces champs divergents de l'harmonie est assurée progressivement par des événements qui vont du silence à l'intervention des voix, en passant par l'intervalle, le timbre et l'accord. En fin de compte, on a affaire aussi à la délimitation à travers la section formelle, puisque tout ce processus démarque la CODA du mouvement. (L'exemple 26 nous montre l'ordre d'apparition des fonctions délimitatives dans cette dernière section formelle, où les lettres signifient les sections de la partition, et les numéros, les mesures respectives).

Exemple 26: *"Sinfonia"*, Ier mouv.,
la fonction délimitative au cours de la dernière section

directionnalité vers la saturation harmonique	éléments délimitatifs
I 11 / J 7 = unissons →	J 7 = ⌐ ⌐ (point d'orgue, silence)
J 8-10 = unissons →	J 11 = intervalle de triton + unisson
J 12-20 = unissons →	J 20 = intervalle de triton + unisson
K 1-3 = octaves → K 4-5 = quintes parallèles →	K 6 = neuvième mineure en trémolo
K 7 = triades → K 8-9 = quintes parallèles → K 9 = octaves → L 1 = accord D^7 →	
régression	
	→ L 2 = timbre (piano soliste)
L 3 = accord D^7 (continuation) → L 3-4 = mouvement contraire ---→	L 4 = timbre (piano soliste)/ 1er accord

↓

saturation irréversible avec L 6 = voix

2.4. Traits prosodiques (*prosodische Eigenschaften*): la fonction du registre et de l'intervalle

En analysant le troisième principe harmonique de l'œuvre de Berio, soit celui de l'omniprésence de l'intervalle de tierce au cours de son parcours créateur, nous arrivons au dernier point de notre travail, grâce auquel nous prétendons confirmer notre hypothèse de départ.

De ce point de vue, nous nous rapportons à la fonction distinctive du **registre** dans le phénomène du langage (*prosodische Differenzierungseigenschaften*, selon la terminologie de Troubetzkoy[164]). Bien que cette propriété distinctive soit étrangère

---

[164] Troubetzkoy parle d'une *"Ton- oder Registerkorrelation"* [Troubetzkoy (1), p.180].

aux langues européennes[165], une analyse de la fonction et de la constitution du registre — qu'il soit ou non pertinent — dans le langage nous permettra d'aborder ce phénomène structurel vis-à-vis de notre corrélation entre langage et musique ou, plus précisément, entre le phénomène linguistique et l'œuvre bérien.

Le premier aspect devant être relevé concerne la **relativité des hauteurs** dans le fonctionnement des langues. Contrairement à la musique, où les relations d'intervalles sont beaucoup plus précisées et le rôle des hauteurs absolues, par conséquent, essentiel, le langage — même dans le cas des langues où les registres jouent un rôle pertinent à l'égard des distinctions significatives — ne se sert que des hauteurs relatives pour la constitution de ses propriétés prosodiques. Cela ne veut aucunement dire que la relativité des hauteurs se voit exclue du domaine musical, bien au contraire: en effet, la musique, comme nous avons eu l'occasion de l'observer, consent à un compromis entre la perception des fréquences absolues et l'importance de la reconnaissance des profils mélodiques, la relativité des hauteurs assumant, là aussi, une importance cruciale du point de vue de la phénoménologie de l'écoute; nous avons affaire là à une authentique dialectique, en termes bouleziens, entre la perception unitaire et celle des contours. Dans le langage, en revanche, ce sont les hauteurs relatives qui deviennent les seules données fréquentielles pertinentes: *"Es ist ja klar, daß die absolute Tonhöhe dabei keine Rolle spielen kann. Denn... die Sprache ist nicht nur für Menschen mit absolutem Gehör geschaffen"* [Troubetzkoy (1), p.184]. En se référant à l'opposition binaire fondamentale pour la perception linguistique entre le **timbre aigu** et le **timbre grave** — tous les deux provenant de l'opposition entre un registre *relativement bas* et un autre *relativement haut* —, Jakobson écrit: *"Pour l'ouïe de la parole, ... il ne s'agit pas sans doute de hauteurs musicales absolues, mais uniquement d'une opposition de deux timbres indécomposables..."* [Jakobson (20), p.275; cf. aussi Troubetzkoy (1), p.180-181]. A cette distinction binaire des registres peut s'ajouter occasionnellement un troisième registre relatif, à la fois plus grave que le registre aigu et plus aigu que le registre grave, donc un **registre moyen**: *"Betrachtet man die Sprachen mit distinktiver Tonbewegung näher, so bemerkt man, daß diese Sprachen*

---

165) Troubetzkoy écrit: *"Die distinktiven Registergegensätze bilden eine prosodische Erscheinung, die den Sprachen Europas gänzlich fremd ist, aber in außereuropäischen Sprachen ziemlich stark verbreitet ist"* [Troubetzkoy (1), p.181].

entweder zwei oder drei Register phonologisch unterscheiden" [Troubetzkoy (1), p.182]. De toute façon, dans ce cas, c'est le changement de caractère sonore, autrement dit la variation de la qualité des timbres de la voix, due aux distinctions des registres relatifs et favorisée par les émissions vocaliques, qui constitue l'élément le plus essentiel du point de vue phonologique pour le fonctionnement du langage: *"... Bei den Registergegensätzen [sind] die mit dem Tonhöhewechsel verbundenen Veränderungen der Qualität der Vokale und der Stimme das Wesentliche"* [Troubetzkoy (1), p.184].

Mais si les hauteurs absolues ne sont pas pertinentes pour les systèmes phonologiques, les registres ne peuvent se caractériser que par une certaine largeur, une certaine étendue des fréquences, dont les limites impliquent le changement de qualité vocale à laquelle nous nous sommes référé: *"In Wirklichkeit muß man sich jedes Register nicht als einen Punkt, sondern als eine Strecke denken..."* [Troubetzkoy (1), p.184]. Or, en raison de sa dimension fréquentielle, l'**intervalle** y est sous-tendu; c'est lui qui détermine, pour ainsi dire, les zones limitrophes des registres. *Grosso modo*, nous avons affaire, là aussi, à une "relativisation des hauteurs absolues". Mais si cette relativisation, en musique, comporte tous les intervalles possibles — constituant le motif le plus fondamental pour que nous puissions les définir comme beaucoup plus *précisés* musicalement que verbalement —, elle ne comprend dans le langage qu'**un** intervalle: la **tierce** (le plus souvent la **tierce mineure**). C'est la tierce qui comprend donc cette étendue de fréquences de chaque registre vocal [cf. Troubetzkoy (1), p.184, note 2].

La pertinence de la tierce en tant qu'étendue fréquentielle dans le langage — phénomène qui peut être observé indépendamment de la pertinence ou non-pertinence du registre pour une langue donnée — va de pair avec son importance au niveau, dirait-on, "microscopique" des sons vocaliques. Car si nous entendons par *formant*, avec Stumpf, *"nicht einen einzelnen Ton, sondern im allgemeinen eine* Strecke *des Tongebietes, die zur Charakteristik eines Vokals in besonderem Maße beiträgt"*[166] [Stumpf (1), p.63], et si, soit la limite supérieure du formant, soit la place relative de l'étendue des fréquences du formant dans le spectre harmonique s'avèrent

---

166) Et ailleurs: *"Von der Regel, daß der Formant aus mehreren Tönen besteht, durch deren Hinzukommen der Vokal von der ersten Spur seiner Eigenart bis zur fertigen Form gelangt, gibt es nur wenige Ausnahmen"* [Stumpf (1), p.65].

instables, c'est toujours l'intervalle de tierce qui acquiert l'importance la plus déterminante. Stumpf écrit: *"Die obere Grenze des Formanten ist ihrer Natur nach etwas schwankend"*, en soulignant que *"es kann sich da <u>nur um Schwankungen etwa innerhalb einer kleinen Terz</u> handeln"* [Stumpf (1), p.64, nous soulignons]. D'autre part, l'auteur observera, en se référant à la place relative des formants (*"die relativen Lagen der Formanten"*), qu'il peut bien exister *"eine Abweichung der realen Formanten nach unten <u>bis zu einer Terz</u>"* [Stumpf (1), p.65, nous soulignons]. Soit au niveau acoustique (pour ce qui est de la place et de l'étendue des formants), soit au niveau prosodique (en ce qui concerne le comportement vocal d'après l'extension des registres), la tierce, nous le constatons, constitue l'intervalle le plus fondamental du langage.

Or, une simple écoute des réalisations de Berio nous suffira pour révéler la place tout à fait singulière de la tierce (particulièrement de la tierce mineure) dans son œuvre. Si par analogie à la notion de morphème [cf. le point 1.2.1. de cette partie], Troubetzkoy définit le *prosodème* (*Prosodem*) comme *"die kleinste prosodische Einheit der betreffenden Sprache"* [Troubetzkoy (1), p.179], l'intervalle de tierce doit être vu comme le *prosodème par excellence* de la musique de Berio. A travers ce principe harmonique fondamental — soit l'omniprésence et la prédominance inexorable de la tierce —, l'œuvre bérien couronne de façon catégorique ses rapports intrinsèques avec le phénomène du langage et, en général, avec le phénomène vocal, dont les liens, comme nous avons essayé de le démontrer, se manifestent dans une multitude d'aspects structurels.

De même que pour le premier principe harmonique, nous exposons ci-dessous quelques exemples significatifs du rôle primordial de la tierce dans certaines compositions de Berio:

* *"Due Pezzi"* (1951): dans la première de ces deux pièces la tierce mineure acquiert une importance tout à fait cruciale, particulièrement si l'on se rend compte du rôle de la note *mi bémol* (la première note du violon tout au début), polarisée pendant toute la pièce. Si le début (première ligne du violon) ponctue à la fin (comme dernier intervalle avant l'intervention du piano) la tierce mineure supérieure de *mi bémol*, soit le *sol bémol*, la fin de la pièce consistera justement dans la tierce mineure inférieure de cette note centrale, à savoir *do* (au piano, transposé une octave vers le grave) et *mi bémol* (au violon). L'exemple 27 reproduit un schéma harmonique de ces deux moments extrêmes (SZ 5081).

Exemple 27: *"Due Pezzi"*, 1ère pièce

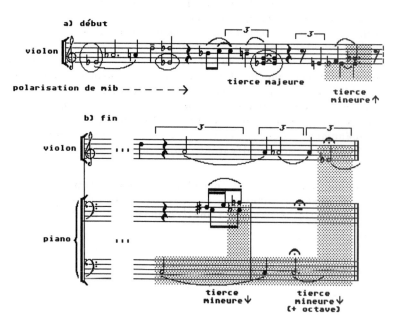

* *"Chamber Music"* (1953): un regard dans la Ière pièce sur les notes initiales de la harpe et leur enchaînement avec les notes chantées jusqu'à la fin du premier vers du poème de Joyce (*"Strings in the earth and air"*) nous révèle la prédominance de la tierce (ex. 28a). Le seul intervalle qui échappe à cette suprématie presque absolue de la tierce est la seconde majeure, particulièrement la seconde descendante *fa-mi bémol*, qui est le premier intervalle de la harpe et le dernier (sous la forme de septième majeure) de la voix à la fin de ce vers. Symptomatiquement les cinq dernières notes de la voix dans cette pièce, avec *bocca chiusa* (page 7, SZ 5053), mettent en valeur la place centrale de la tierce mineure, tout en reproduisant la seconde majeure *mi bémol-fa*, cet élément intrus... (ex. 28b).

Exemple 28: *"Chamber Music"*, Ière pièce

* *"Nones"* (1954): Piero Santi définit la série employée par Berio (ex. 29), dans laquelle la note *ré* est répétée comme la deuxième et l'avant-dernière note, comme suit: *"[Die Reihe] will vor allem ... die Beziehungen der großen Terz und der kleinen Terz herausstellen: sie kann unter diesem Aspekt tatsächlich als eine Sequenz angesehen werden, die in den Intervallfunktionen von großer Terz und kleiner Terz permutiert ist"* [Santi (1), p.99, note 2; voir aussi Berrett (1)]. La note *ré*, contrastée par son triton *la bémol* justement au centre de la série, dispose ici de toutes les notes qui comportent avec elle l'intervalle de tierce, majeure ou mineure, ascendante ou descendante (soit les notes *si, si bémol, fa,* et *fa dièse*).

Exemple 29: série employée dans *"Nones"*

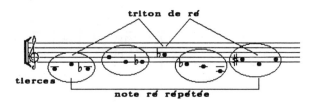

* *"Allelujah II"* (1956/58): dans le cinquième groupe instrumental, le trombone 1, tout seul, ponctue à la page 86 (SZ 5507) avec l'exécution de deux tierces (*mi-sol*; et *la bémol-do*) la CODA de la pièce.

* *"Sincronie"* (1963/64): nous observons à nouveau brièvement le schéma harmonique de cette pièce (cf. l'exemple 12), tout en soulignant maintenant le rôle des tierces mineures. En observant le plan des unissons dans leur opposition à l'expansion des accords, nous constatons que la tierce mineure *fa-ré-fa*, dont les notes sont exécutées successivement en unissons, est présentée justement quand les accords atteignent leur degré le plus prononcé d'expansion (après le deuxième accord de la section 28). En outre, la tierce mineure *sol dièse-si* sera également présentée au moyen des unissons dans la section 31.

* *"Laborintus II"* (1965): le début de cette œuvre, marqué par un enchaînement de tierces, est fort caractéristique de la musique de Berio. En fait, déjà dans *"Serenata"* (1957) pour flûte et 14 instruments la tierce mineure (dans ce cas, *fa-la bémol*) constituait le tout premier intervalle, l'*intonation primordiale* de la pièce. Aussi au début de *"Linea"*, la tierce *do dièse-mi* peut être entendue comme premier intervalle; dans *"A-Ronne"*, on entend la tierce mineure descendante comme première *intonation*; de même pour *"Requies"* (cf. les deux premières notes de l'exemple 24, *do dièse-mi*); etc.. En tout cas, le motif de tierce mineure constitue une des traces les plus évidentes dans *"Laborintus II"* [cf. à ce propos Stacey (1), p.248-253].

* *"Sequenza III"* (1966) pour voix de femme: la tierce (le plus souvent mineure) est ici fortement connotée aux épisodes chantés. Etant donné que la pièce se présente, en gros, comme une directionnalité vers le chant de la fin, la tierce acquiert une importance de plus en plus prononcée. Elle constitue en effet les deux derniers intervalles (*si bémol-sol*; et *si bémol-sol bémol*, respectivement).

* *"Sequenza IV"* (1966) pour piano: la simple écoute ou même un coup d'œil sur la partition (UE 13724) nous révèle la prépondérance absolue des formations harmoniques basées sur la superposition de tierces. Cela vaut également pour les figures en trémolo: l'alternance en trémolo entre *fa* et *ré* (constituant donc comme sixte majeure une inversion de la tierce mineure), dont la première apparition peut être vérifiée à la fin du premier système de la page 3, tend à polariser l'harmonie du centre de la pièce (cf. la page 7, où la prédominance de cette figure est incontestable). La tierce est omniprésente au cours de toute cette composition.

* *"Sinfonia"* (1968/69): la suprématie de la tierce dans cette œuvre est tout à fait incontestable; à ce propos, nous nous rapportons aux observations de Osmond-Smith [cf. Osmond-Smith (1), p.249 et 256; et (3), p.6, où l'auteur, en se référant à cette composition, parle d'une *"recuperation of a vocabulary of third-based chords"*]. Deux exemples suffiront à démontrer l'importance de la tierce indépendamment des formations basées sur la superposition de cet intervalle. Dans le IIème mouvement, le piano, à côté des notes correspondantes au matériau harmonique de base (cf. l'exemple 25), dispose de cinq notes-satellites qui seront peu à peu déplacées dans le registre jusqu'à la fin, où leur disposition est — à l'exception de la note centrale, *do*, qui reste à sa place — totalement inversée. Au moyen de ce processus, c'est indubitablement sur les deux tierces mineures, d'un côté *mi bémol-fa dièse*, de l'autre, *mi-sol*, que Berio met l'accent (ex. 30). Le deuxième exemple provient du IVème mouvement: parallèlement aux notes chantées, Berio fait usage de gestes vocaux très rapides, proches du parler, tout en spécifiant symptomatiquement le registre du comportement vocal dans la partition: *"Random sounds simulating very fast speech. Place the voice in this range"*:

Exemple 30: *"Sinfonia"*, IIème mouv. (*"O King"*), déplacement des notes-satellites dans le registre

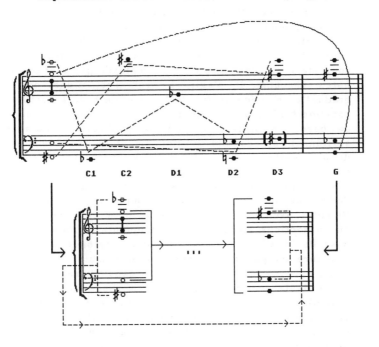

* *"Air"* (1970): la tierce prend en charge soit l'apogée dans la ligne de la voix, soit la désagrégation finale de la ligne dans la partie du piano. En tant qu'apogée de la voix, la tierce joue un rôle fondamental dans la constitution mélodique qui débouche sur le mot *"Rose"* (page 7 – UE 14986), notamment si nous considérons les cinq dernières notes: *fa - ré - fa - do dièse - la*; en outre, la tierce mineure ponctue emphatiquement les mots *"see when"*, dans le deuxième système de la page 8, avec les notes *fa dièse-la*. Pour ce qui est de la désagrégation de la ligne du piano – à laquelle nous nous sommes référé auparavant – la tierce mineure *mi-sol* constitue le dernier intervalle, une dernière réminiscence de cet aspect diachronique, dans le deuxième système de la page 20.

* *"Points on the curve to find ..."* (1974): au contraire de ce qui est admis le plus souvent, *"Points..."* n'est pas basé sur une série de 10 notes, mais plutôt sur une série dodécaphonique. L'illusion de que la pièce soit basée sur une série de 10 notes provient de ce que Berio n'ai jamais employé la série de 12 notes dans son intégrité d'un seul coup mais, par contre, l'ait-t-il employée par *sections* de 10 notes chacune. Il s'agit, à vrai dire, d'une procédure graduelle de "découverte" de la série de base à partir d'une *rotation* fondée sur l'emploi de 10 des 12 notes de la série de base. En outre, l'emploi des trémolos constants et stationnaires pedant le développement de la pièce accentue de plus cette illusion. *"Points..."* a pour caractéristique le développement de chacune de ces sections — et il y en a 6, chacune amorcée par une des 6 premières notes de la série dodécaphonique de base (voir exemple 31, où les séries de 10 notes avec les lettres a, b, c, d, e et f correspondent aux 6 sections structurelles fondamentales du matériau de base de la pièce) — en allant de la région centrale de la tessiture du piano (instrument protagoniste de *"Points..."*) jusqu'à la dispersion pointilliste dans le registre des 10 notes de la section en question. La dispersion maximale à laquelle arrive chacune de ces sections est caractérisée par deux irrégularités: premièrement, on voit que la sixième note de la série de 10 notes est répétée après la septième; deuxièmement, cette dispersion dans le registre est répétée avec une certaine variation de la disposition générale de certaines notes dans le registre et la dernière note de la série de 10 notes est omise. Après cette omission, on entend le début de la section suivante dans le registre moyen du piano. On observe, en outre, que chaque dispersion dans le registre a son début également après une irrégularité dans la séquence de la série de 10 notes de chaque section. Jusqu'à l'avènement des accords, qui marque la première grande subdivision de la forme, on peut décrire ce développement comme il suit: la section a va de la page 1 à la page 7 de la partition (15908[167]); la section b, des pages 8 à 15; la c, des pages 16 à 24; la d, de 24 à 32;

---

167) Il faut remarquer que la partition UE 15908 est pleine d'erreurs si comparée avec la partition UE 15908f, publiée d'après les manuscrits du compositeur à l'occasion de la création de la pièce en 1974 à Donaueschingen.

la e, de 32 à 40; et la section f, de 40 à 44. Ce qu'on observe, c'est que la tierce mineure *si bémol-sol*, exclue de la série de 10 notes de la section a en tant que deux dernières notes de la série dodécaphonique de base, sera incorporée par les sections suivantes (à partir de la section c), en occupant de plus en plus une place centrale dans le développement de celles-ci. Le rôle de la tierce mineure s'est graduellement aggrandi, et les trémolos sur ces deux notes (*si bémol-sol*) aura la tendance à renforcer la présence de cet intervalle, auquel Berio donne donc un traitement structurellement tout à fait distinct.

**Exemple 31: Matériau de
*"Points on the curve to find ..."***

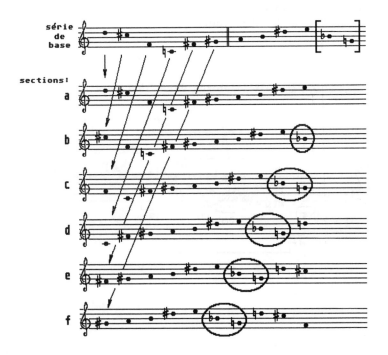

* *"Il Ritorno degli Snovidenia"* (1976/77): un des traits caractéristiques de cette pièce est la présence marquante des tierces, dont l'importance s'avère incontestable dès le début de l'œuvre. En fait, les deux premiers intervalles exécutés synchroniquement par le violoncelliste sont justement deux tierces (*sol-si bémol*; et *sol-si*), et tout ce début hésite entre les quatre tierces possibles à partir des notes *fa dièse, sol, sol dièse, si bémol* et *si*, soit: *sol-si bémol*; *sol-si*; *fa dièse-si bémol*; et *sol dièse-si*. Cette oscillation sera reprise à d'autres moments de la pièce et constitue une composante déterminante de son harmonie.

* *"Sequenza IX"* (1980) pour clarinette: nous nous rapportons ici aux observations de P. Albèra sur cette pièce, l'auteur soulignant les *"structures harmoniques basées sur des rapports de tierces"* [Albèra (1), p.118]. Le rôle de la tierce, omniprésente, est corroboré par la constitution même de la série qui est à la base de la pièce, et que l'exemple 32 reproduit ci-dessous.

Exemple 32: série employée dans *"Sequenza IX"*

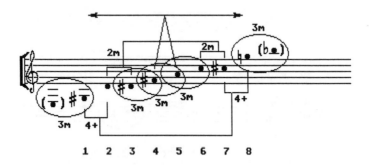

* *"Coro"* (1974/76): nous reservons le dernier exemple à cette œuvre monumentale, car, comme l'affirme le compositeur lui-même, *"des divers aspects de «Coro», l'aspect harmonique est le plus important..."* [Berio apud Stoianova (4), p.197]. En raison du développement dramatique de l'œuvre, de son début à sa fin, vers la constitution du poème de Neruda qui lui sert de substrat sémantique, nous retiendrons notre attention sur le dernier aspect de l'harmonie, plus précisément sur le dernier accord. Afin de l'analyser en détail, je me permets de faire usage de ma méthode harmonique intitulée *modules archétypiques*, dont la procédure, constituée par la prolifération diachronique des relations harmoniques (synchroniques), nous aidera à déceler les liens inexorables qui unissent la constitution de cet accord à l'intervalle de tierce mineure (ex. 33[168]).

---

168) Ce *module archétypique* constitue le matériau de base de ma pièce électronique *"Contextures I (Hommage à Berio)"* (1988/89), réalisée au Studio de Musique Electronique de Cologne, Allemagne, pour la *"Bienal Internacional de São Paulo 1989"*, Brésil, et sélectionnée et exécutée, en janvier 1991, auprès de l'UNESCO à Paris dans le *I Colloque International de Jeunes Compositeurs de Musique Electroacoustique*. [Cf. l'enregistrement de la pièce sur compact disc: *"January 1992 - La città incosciente"*, Nuova Officina Bolognese, Galleria Comunale d'Arte Moderna, Bologne, décembre 1991].

Exemple 33

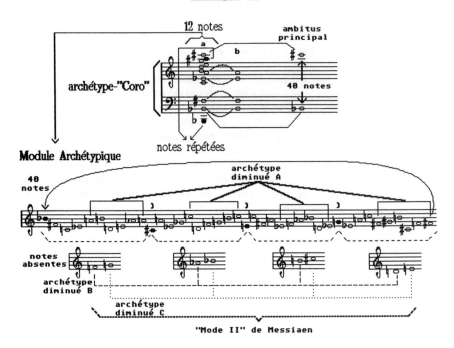

Tout d'abord, il est à noter que l'accord contient douze notes disposées chromatiquement, en impliquant donc un état de saturation harmonique (accord a). Cet agglomérat sera peu à peu filtré, tout en restant à la fin les quatre notes de l'accord b. En regardant l'accord a de plus près, on constate, cependant, qu'il y a deux notes répétées parmi les douze qui le constituent: *si bémol* et *la* (cf. les notes noires de l'accord a), qui entre elles instituent une relation chromatique. Cette donnée chromatique occupe la place, donc, des deux notes exclues de l'accord, soit le *fa* et le *sol* (qui instituent entre eux, à leur tour, un rapport typiquement diatonique). Le renforcement du rapport chromatique, au premier abord, tend à exclure le rapport diatonique. Si l'on considère maintenant les notes extrêmes (c'est-à-dire *si bémol* et *do dièse*), on voit qu'elles forment l'intervalle de tierce mineure. De même que pour le langage, la tierce mineure délimite ici les points extrêmes du registre. En déconsidérant le redoublement *redondant* du *si bémol* dans le registre grave — ce qui a la nette fonction d'une pédale, d'un dernier sédiment du champ harmonique —, on constate que l'ambitus qui va du *si bémol* des voix de basse au *do dièse* aigu comprend 40 notes, en étroite relation avec l'instrumentation de l'œuvre, destinée à 40 duos constitués de voix + instrument. De la même façon, le *module archétypique* dérivé à partir de la constitution des intervalles de l'accord a contient, lui aussi, 40 notes jusqu'à l'accomplissement du cycle provenant de cette prolifération. En raison de cette délimitation du registre à partir de la tierce mineure, l'accord a permettra, dans la prolifération cyclique du *module archétypique*, 4 répétitions ou transpositions de sa constitution de base, où les notes initiales, en tant que signaux délimitatifs, forment entre elles l'accord diminué *si bémol-do dièse-mi-sol* (totalement basé donc sur des tierces mineures — cf. les notes noires du *module archétypique*). Dans chacune de ces 4 transpositions, on a affaire par conséquent à une note répétée (dans la mesure où nous n'avons pas pris en considération la pédale); ces notes forment, entre elles, également un accord diminué (*la-do-mi bémol-fa dièse*), lui-même en rapport chromatique avec l'accord diminué des notes délimitatives des transpositions. La méthode des *modules archétypiques* nous permet, d'autre part, de vérifier, à partir des structures de base, la nature des entités à la fois impliquées mais absentes dans la prolifération des intervalles. Les notes absentes de chacune des 4 transpositions, à leur tour, constituent toutes sommées le *Mode II* à transpositions limitées de Messiaen, caractérisé par la juxtaposition d'une seconde majeure et d'une seconde mineure (donc d'un rapport diatonique plus un rapport chromatique). Ce *mode* comprend à la fois 8 notes et les deux accords diminués chromatiquement complémentaires de celui formé à partir des notes répétées de la prolifération d'intervalles.

Avec la méthode des *modules archétypiques* — qui envisage, bien entendu, surtout la composition musicale —, nous disposons d'un instrument d'analyse qui se trouve en étroite corrélation avec divers aspects de l'approche phonologique du langage, telle comme nous avons essayé de la démontrer. A partir de ce dernier accord de *"Coro"* — qui nous sert alors d'*archétype* typiquement bérien —, nous avons été en mesure de déceler plusieurs aspects plus ou moins évidents, de toute façon **implicites** dans le modèle bérien, à savoir:

1) la tierce mineure comme délimitation du registre;

2) la corrélation entre registre et instrumentation;

3) la corrélation entre prolifération d'intervalles et registre (et, par conséquent, entre prolifération et instrumentation);

4) l'archétype harmonique comme **loi d'implication** au sens jakobsonien, en relevant soit les entités harmoniques sous-tendues mais *in absentia*, soit les entités harmoniques directement impliquées et révélées par la prolifération des intervalles de base, entités, donc, *in praesentia*;

5) les trois principes de base de l'harmonie bérienne:

    a) l'opposition entre convergence et divergence harmonique sous la forme de l'opposition entre note répétée et notes restantes dans chaque transposition de la structure de base;

    b) la complémentarité chromatique, soit à travers la prolifération en soi, soit à travers les notes absentes comme complémentaires de l'accord diminué formé par les notes répétées;

    c) l'omniprésence et la suprématie absolue de la tierce (mineure).

* * *

Assafjew a écrit sur les rapports entre l'**intervalle** et le **style** de la façon suivante: *"Wenn... ein bestimmtes Intervall in der Musik dominiert, so ist das die Folge einer sich unter der Einwirkung des gesellschaftlichen Bewußtseins vollziehenden* Intonationsauswahl *und Merkmal für die Herausbildung eines* Stils" [Assafjew (2), p.233].

Ce qui nous avons essayé de réaliser, en fait, c'est démontrer ce qui est, chez Berio, derrière le visage de son style, en couronnant notre hypothèse avec un examen circonstancié du rôle de la tierce dans sa musique. Puisque si la tierce constitue effectivement l'intervalle prédominant dans la musique de Berio, c'est parce qu'elle implique une conscience profonde et un parti pris au sein des structures musicales qui extrapole les manifestations absolument "conscientes" de la musique pour déterminer organiquement tous les aspects les plus fondamentaux des structures subliminales, implicites du discours musical.

Car, avec Berio, *"c'est la poétique qui guide la découverte et non pas une attitude procédurière, c'est l'idée et non le style"* [Berio (20), p.50].

BIBLIOGRAPHIE:

ADORNO, Theodor W.:
[1] - "Fragment über Musik und Sprache", in **Steven Paul SCHER et alii**, *"Literatur und Musik — Ein Handbuch zur Theorie und Praxis eines komparatistischen Grenzgebietes"*, Erich Schmidt Verlag, Berlin, 1984, p. 138-141.

AHMADI, Abdessadek El:
[1] - et **Irène DELIÈGE**: "Mécanisme d'extraction d'indices dans le groupement — Etude de perception sur la *«Sequenza VI»* pour alto solo de Luciano Berio", in *"Contrechamps 10"*, Éditions l'Age d'Homme, Lausanne, 1989, p. 85-104.

ALBÈRA, Philippe:
[1] - "Introduction aux neuf Sequenzas", in *"Contrechamps 1"*, Éditions L'Age D'Homme, Lausanne, septembre 1983, p. 90-122;
[2] - "Matériau et composition — sur trois œuvres vocales de Luciano Berio", in *"Revue de Musique des Universités Canadiennes"* No.4, 1983, p. 66-91.

ALLEN, Michael Paul:
[1] - *"The music of Luciano Berio"* (Thesis), University of Southampton, 1974.

ALTMANN, Peter:
[1] - *"Sinfonia von Luciano Berio — Eine analytische Studie"*, Universal Edition 26225, Vienne, 1977.

ANHALT, Istvan:
[1] - "Berio's *«Sequenza III»*: a portrait", in **I. Anhalt**: *"Alternative voices — Essays on contemporary vocal and choral composition"*, University of Toronto Press, Toronto-Buffalo-Londres, 1984, p. 25-40.

ANNIBALDI, Claudio:
[1] - "Luciano Berio", in *"The New GROVE Dictionary of Music and Musicians"*, Vol.2, Macmillan Publishers Limited, Londres, 1980, p. 554-559.

ASSAFJEW, Boris:
[1] - *"Die musikalische Form als Prozeß"* (1925/30), in **ASSAFJEW**, *"Die musikalische Form als Prozeß"*, Verlag Neue Musik, Berlin, 1976, p. 21-221;
[2] - *"Die Intonation"* (1941/42), in **ASSAFJEW**, *"Die musikalische Form als Prozeß"*, Verlag Neue Musik, Berlin, 1976, p. 223-394.

AVRON, Dominique:
[1] - *"L'appareil musical"*, Union Générale d'Éditions, Collection 10/18, Paris, 1978;
[2] - et **Jean-François LYOTARD**: "*«A few words to sing»* Sequenza III", in *"Musique en Jeu"* Nr. 2, Éditions du Seuil, Paris, 1er Tr. 1971, p. 30-44.

AZZARONI, Loris:
[1]   - **et Rossana DALMONTE**: "Struttura latente e struttura manifesta. Contributi per un'analisi di *«Epifanie»*", in *"Il gesto della forma — Musica, poesia, teatro nell'opera di Luciano Berio"*, Quaderni di Ricerche Musicali N.1, supplemento a *"Ricerche Musicali"* N.5, Arcadia Edizioni, Milan, mars 1981, p. 45-141.

BARTHES, Roland:
[1]   - "La musica, la voce, il linguaggio" (communication orale à Rome il 20 mai 1977, à l'occasion du colloque *"Parole e musica"* auprès de l'*Accademia Filarmonica Romana*), in *"Nuova Rivista Musicale Italiana"*, ERI-Edizioni RAI, juillet/septembre 1978 (3), p. 362-366.

BAYER, Francis:
[1]   - "Thèmes et citations dans le 3 ème mouvement de la «Sinfonia» de Luciano Berio", in *"Analyse Musicale"*, Revue publiée sous l'égide de la Société Française d'Analyse Musicale, octobre 1988, p. 69-73.

BENVENISTE, Émile:
[1]   - *"Problèmes de linguistique générale I"*, Éditions Gallimard, Paris, 1966.

BERIO, Luciano:
[1]   - "Una nuova tecnica del film?", in *"Ferrania"* - Rivista mensile di fotografia, cinematografia e arti figurative, anno VI-N.12, Milan, décembre 1952, p. 28-29;
[2]   - "Aspetti di artigianato formale", in *"Incontri Musicali — Quaderni internazionali di musica contemporanea diretti da Luciano Berio"*, Edizioni Suvini Zerboni, numero uno, Milan, décembre 1956, p. 55-69;
[3]   - "Aspect d'un artisanat formel", in *"Contrechamps 1"*, Éditions L'Age D'Homme, Lausanne, septembre 1983, p. 10-23;
[4]   - "Prospettive nella musica — Ricerche ed attività dello Studio di Fonologia Musicale di Radio Musicale", in *"Elettronica"*, anno V, 3 Trimestre, Nr. 3, Edizioni Radio Italiana, 1956, p. 108-115;
[5]   - "Prospective musicale — Recherches et activités du Studio de phonologie musicale de Radio-Milan" (1956 — traduction incomplète du texte italien), in *"Musique en Jeu"* Nr. 15, Éditions du Seuil, Paris, septembre 1974, p. 60-63;
[6]   - "News and comments — Studio di Fonologia Musicale", in *"The Score"* — A Musical Magazine, Nr. 15, Nendeln/Liechtenstein, mars 1956, p. 83;
[7]   - "Sur la musique électronique", in *"Schweizerische Musikzeitung"*, Beilage zu Nr. 12, 1957;
[8]   - "Agli amici degli «Incontri Musicali»", in *"Incontri Musicali — Quaderni internazionali di musica contemporanea diretti da Luciano Berio"*, Edizioni Suvini Zerboni, numero due, Milan, mai 1958, p. 69-72;
[9]   - Texte sur *"Omaggio a Joyce"* à l'occasion de la création de l'œuvre, apud **Peter ALTMANN**: *"Sinfonia von Luciano Berio — Eine analytische Studie"*, Universal Edition 26225, Vienne, 1977, p. 7;
[10]   - "Poesia e musica — un'esperienza", in *"Incontri Musicali — Quaderni internazionali di musica contemporanea diretti da Luciano Berio"*,

Edizioni Suvini Zerboni, numero tre, Milan, août 1959, p. 98-110;
[11] - "Poésie et musique — une expérience", in *"Contrechamps 1"*, Éditions L'Age D'Homme, Lausanne, septembre 1983, p. 24-35;
[12] - "Musik und Dichtung - eine Erfahrung", in *"Darmstädter Beiträge zur Neuen Musik"*, B. Schott's Söhne Mayence, 1959, p. 36-45;
[13] - Texte (janvier 1960) à Olivier Daniel sur l'essence de l'acte musical, Broacast Music, New York, 1964;
[14] - "Forme" (1961), in *"Contrechamps 1"*, Éditions L'Age D'Homme, Lausanne, septembre 1983, p. 36-40;
[15] - "Entretien avec Luciano Berio (propos recueillis par Maurice Faure)", in *"Les lettres nouvelles"* Nr.10, Juillard, Paris, 1962, p. 128-140;
[16] - "Du geste et de Piazza Carità" (1963), in *"Contrechamps 1"*, Éditions L'Age D'Homme, Lausanne, septembre 1983, p. 41-45;
[17] - "Eugenetica musicale e gastronomia dell'«Impegno»", in *"Il Convegno musicale"* 1/4/6-2, Bottega d'Erasmo, Turin, 1964, p. 123-131;
[18] - "Cinque domande ai giovani autori" (1964), in *"Siparo"*-DIC 1964, N.224, p. 47;
[19] - "Meditation über ein Zwölfton-Pferd" (1965), in *"Melos"*, Jahrgang 36, Mayence, août 1969, p. 293-295;
[20] - "Méditation sur un cheval de douze sons", in *"Contrechamps 1"*, Éditions L'Age D'Homme, Lausanne, septembre 1983, p. 46-50;
[21] - "Remarks to the kind lady of Baltimore" — *delivered at a concert of his works at Hunter College, New York, on December 1, 1965*, in *"Electronic Music Review"* 1, janvier 1967, p. 58-59;
[22] - "Façon de parler", in *"La musique sérielle aujourd'hui (une enquête de «Preuves» dirigée par André Boucourechliev)"*, Preuves Nr.16, février 1966, p. 30-31;
[23] - "«Je veux libérer la voix» (propos recueillis par Maurice Fleuret)", in *"Le nouvel observateur"* Nr.153, octobre 1967, p. 52;
[24] - "La poitrine pleine de musique" (Entretien avec Martine Cadieu — le 6 décembre 1967), in **Martine CADIEU**: *"A l'écoute des compositeurs (Entretiens, 1961-1974)"*, Minerve, Paris, 1992, p. 169-176;
[25] - "Commentaires au rock" (1967), in *"Musique en Jeu"* Nr. 2, Éditions du Seuil, 1er Tr. 1971, p. 56-65;
[26] - "Entretien Luciano Berio/Michel Philippot" (octobre 1968), in *"La Revue Musicale"* Nr. spécial 265-266-267 *("Varèse-Xenakis-Berio-Pierre Henry — Œuvres-Études-Perspectives"*), Éditions Richard-Masse, Paris, 1969, p. 85-93;
[27] - Texte sur *"Sinfonia"* (paru en allemand dans le programme des *Donaueschinger Musiktage* 1969 avec traduction de l'anglais de Josef Häusler) apud **Peter ALTMANN**: *"Sinfonia von Luciano Berio — Eine analytische Studie"*, Universal Edition 26 225, Vienne, 1977, p. 11-12; l'original italien (aussi bien qu'en français, anglais et dans une autre traduction allemande) in LP ERATO NUM 75198;
[28] - Texte sur *"Chemins III"* et *"Epifanie"*, in *"La Revue Musicale"* Nr. spécial 265-266-267 *("Varèse-Xenakis-Berio-Pierre Henry — Œuvres-Études-Perspectives"*), Éditions Richard-Masse, Paris, 1969, p. 82-84;

[29] - Texte sur *"Visage"* apud **Paolo CASTALDI** in *"La Revue Musicale"* Nr. spécial 265-266-267 *("Varèse-Xenakis-Berio-Pierre Henry — Œuvres-Études-Perspectives"*), Éditions Richard-Masse, Paris, 1969, p. 78;
[30] - "Notre Faust", in *"Nuova Rivista Musicale Italiana"* Nr. 3, RAI, Milan, 1969, p. 275-281;
[31] - "Notre Faust", in *"Contrechamps 1"*, Éditions L'Age D'Homme, Lausanne, septembre 1983, p. 51-56;
[32] - "Grazie per la magnifica fase", in *"Nuova Rivista Musicale Italiana"* — Anno III — n.5, septembre/octobre 1969, p. 829-834;
[33] - "Igor Stravinsky: sur la mort d'un grand créateur", in *"Contrechamps 1"*, Éditions L'Age D'Homme, Lausanne, septembre 1983, p. 57-59;
[34] - "Eroismo elettronico", in *"Nuova Rivista Musicale Italiana"* Nr.4, RAI, Milan, 1972, p. 663-665;
[35] - "Vingt ans après... BEAUBOURG" (Intervention à la conférence de presse IRCAM du 7 mars 1974), in *"Musique en Jeu"* Nr. 15, Éditions du Seuil, Paris, septembre 1974, p. 62;
[36] - "Musique, musiciens et communication — Une interview de [Jack Bornoff avec] Luciano Berio avec la participation de Vittoria Ottolenghi", in *"The world of music"*, Vol.XVI, B. Schott's Mayence, 1974, p. 34-51;
[37] - "Una lettera su Puccini", in *"Nuova Rivista Musicale Italiana"* Nr.3, RAI, Milan, 1974, p. 356-357;
[38] - "Verdi?" (1974), in *"Estratto da Studi Verdiani"* 1, Parma, 1982, p. 99-105;
[39] - "Une question à Luciano Berio" (septembre 1974), in *"La musique en projet"*, Gallimard, Paris, 1975, p. 169-172;
[40] - "Chants Parallèles" (texte sur l'œuvre), in *"Programme Bulletin GRM"* Nr.13, Paris, 1975, p. 43;
[41] - "Luciano Berio et l'avenir de la musique électroacoustique" (extrait d'une émission de la série *"Autour d'une œuvre"* réalisée par Michel Chion et Jack Vidal, consacrée à *"Visage"* de Berio, et diffusée sur France-Culture le 14 janvier 1975), in *"Programme Bulletin GRM"* Nr.13, Paris, 1975, p. 50-52;
[42] - "Prefazione" (janvier 1976) au livre *"La musica elettronica — Testi scelti e commentati da Henri Pousseur"*, Feltrinelli Editore, Milan, 1976, p. VII-IX;
[43] - "A-Ronne; Cries of London" (1976) CD DECCA 425 620-2;
[44] - Entretien avec Edith Walther, in *"Harmonie"*, Paris, mai 1976, p. 43-46;
[45] - "Luciano Berio on New Music" (Entretien avec David Roth), in *"Musical opinion"*, septembre 1976, p. 548-551;
[46] - Entretien (1978) avec Leonardo Pinzauti, in **Leonardo PINZAUTI**, *"Musicisti d'oggi — Venti Colloqui"*, ERI — Edizioni Rai radiotelevisione italiana, Turin, 1978, p. 97-106;
[47] - "Un inedito di Bruno Maderna", in *"Nuova Rivista Musicale Italiana"* Nr.4, RAI, Milan, 1978, p. 517;
[48] - "Romarime", in *"Quale Roma?"*, Quaderni dell'Astrolabio 1, De Donato editore, Bari, 1981, p. 24-26;

[49] - "*Entretiens avec Rossana Dalmonte*" (1981), Editions Jean-Claude Lattès, Paris, 1983;
[50] - "Opera e no", in "*La Vera Storia*", Edizioni del Teatro alla Scala, Milan, mars 1982;
[51] - Entretien (en italien) avec Lorenzo Arruga, in "*Musica Viva*" n.4 — anno VI, avril 1982, p. 58-61;
[52] - "Entretien" (1983) avec Philippe Albèra et Jacques Demierre, in "*Contrechamps 1*", Éditions L'Age D'Homme, Lausanne, septembre 1983, p. 60-66;
[53] - "Genesi dell'Orfeo B", in "*47° Maggio Musicale Fiorentino — Musicacittà*", Editori Laterza, Bari, 1984, p. 215-219;
[54] - "Dialogue entre toi et moi", in "*Contrechamps 4*", Éditions L'Age D'Homme, Lausanne, avril 1985, p. 139-144;
[55] - Textes sur "*Visage*", "*Sequenza III*", "*Cinque Variazioni*" et "*Circles*", LP Vox Turnabout TV 331 027;
[56] - Textes sur "*Sequenza VI*", "*Chemins II*", "*Chemins III*", "*Epifanie*" et "*Folk Songs*", LP RCA 26.35048 RK 11530/1-2;
[57] - Texte sur "*Coro*", LP Deutsche Grammophon 2531 270;
[58] - "Bruno Maderna ai Ferienkurse di Darmstadt", in "*Bruno Maderna — documenti*", édité par Mario Baroni et Rossana Dalmonte, Edizione Suvini Zerboni, Milan, 1985, p. 126-128;
[59] - Entretiens avec Bálint Andrá's Varga, in "*Luciano Berio — Two interviews*", Marion Boyars, New York-Londres, 1985, p. 139-167;
[60] - "A-Ronne", in "*Fonè — La voce e la traccia*", La Casa USHER, 1985, p. 269-276;
[61] - Entretien (en italien) avec Pietro Acquafredda, in "*Piano Time*" N.34, janvier 1986, p. 18-21;
[62] - **et Umberto ECO**: "Eco in ascolto — Intervista di Umberto Eco a Luciano Berio" (Milan, mars 1986), in "*Komponisten des 20. Jahrhunderts in der Paul Sacher Stiftung*", Bâle, avril 1986, p. 329-334;
[63] - "Ein symbolisches Gastbett" (texte sur Paul Sacher), in "*Neue Musik in Basel — Paul Sacher und sein Mäzenatentum*", Bâle, 1986, p. 57-59;
[64] - "Massimo Mila" (texte inédit), Sammlung Luciano Berio, Paul Sacher Stiftung, Bâle;
[65] - "La musicalità di Calvino" (Intervento al Convegno su Italo Calvino tenutosi a San Remo il 28. XI. 1986), in "*Il Verri — Rivista di Letteratura*", Mucchi Editore, Modena, mars/juin 1988, p. 9-12;
[66] - "An interview with Luciano Berio" (entretien avec Chad Hardin), in "*Articles*" — Vol.3, Nr.1, 1987, p. 22-27;
[67] - "Quelques visages de «*Visage*»" (Luciano BERIO parle de l'œuvre à Florivaldo MENEZES) (Salzbourg, août 1989), Mucchi Editore (à paraître en 1992/1993 aux soins du Campus Internazionale di Musica, Via Ecetra 36, 04100 Latina, Italie — cf. Menezes (12));
[68] - "Requiem per la musica" (entretien avec Corrado Augias), in "*La Repubblica — Supplemento settimanale di lettere, arti e scienze*", le 16 septembre 1989, p. 1-3;
[69] - Textes sur "*Serenata per un satellite*" de Bruno Maderna (p. 207), "*Divertimento*" (Maderna/Berio) (p.210), et "*Requies*" (p. 214), in "*Dialogo con Maderna*", RAI, Milan, 1989;

[70] - Textes sur *"Voci"*, *"Requies"* et *"Corale"*, in CD RCA VICTOR RD87898, 1990;
[71] - "Geschichte, Geschichten — Luciano Berio über das Verhältnis von Musik und Text" (entretien avec Axel Fuhrmann), in *"Neue Zeitschrift für Musik"*, 152/5, 1991, p. 28-32;
[72] - Textes en allemand sur Beethoven (aussi en italien), sur l'activité de directeur d'orchestre, et sur les œuvres suivantes: *"La Ritirata Notturna di Madrid"*; *"Cries of London"*; *"Canticum Novissimi Testamenti"*; *"Epifanie"*; *"Continuo"*; *"Mahler-Lieder"*; *"Chemins"*; *"Linea"*; *"Sincronie"*; en plus le recueil intitulé "Berio über Berio und seine Musikwelt", in *"34. Internationales Beethovenfest Bonn 1992 — Gesatprogramm"*.

BERRETT, Joshua:
[1] - Texte sur *"Nones"*, *"Allelujah II"* et *"Concerto for two Pianos"* de Luciano Berio, LP ARL 1-1674.

BETTELHEIM, Bruno:
[1] - *"Kinder brauchen Märchen"*, Deutscher Taschenbuch Verlag, Munich, 1980.

BEYER, Robert:
[1] - "Die Klangwelt der elektronischen Musik", in *"Zeitschrift für Musik"*, 113. Jahrgang, Heft 2, Gustav Bosse Verlag, Regensburg, février 1952, p. 74-79;
[2] - "Elektronische Musik", in *"Melos — Zeitschrift für Neue Musik"*, 21. Jahrgang, Heft 6, Der Melos Verlag, Mayence, février 1954, p. 35-39;
[3] - "Zur Situation der elektronischen Musik", in *"Melos — Zeitschrift für Neue Musik"*, 116. Jahrgang, Heft 8/9, Der Melos Verlag, Mayence, 1955, p. 452-456.

BLOCH, Ernst:
[1] - *"Das Prinzip Hoffnung"*, Suhrkamp Taschenbuch Wissenschaft 554 (3 Bänder), Francfort-sur-le-Main, 1959.

BOGATYREV, Pëtr:
[1] - **et Roman JAKOBSON**: "Il folclore come forma particolare di creazione" (1929), in: v. Jakobson [1], p. 18-33.

BORIO, Gianmario:
[1] - "Luciano Berio", in *"Musik in Geschichte und Gegenwart"*, Neue Auflage, Bd.1, Bärenreiter Verlag, Kassel, 1992 (à paraître).

BORTOLOTTO, Mario:
[1] - "Berio, o dei piaceri", in **M. Bortolotto**: *"Fase Seconda — Studi sulla Nuova Musica"*, Giulio Einaudi Editore, Turin, 1969, p. 128-148.

BOSSEUR, Jean-Ives:
[1] - "Luciano Berio", in *"Musique de notre temps"* (Recueil I), Casterman, Belgique, 1973, p. 45-48;

BOULEZ, Pierre:
[1]   - "Zu meiner III. Sonate", in *"Darmstädter Beiträge zur Neuen Musik"*, B. Schott's Söhne Mayence, 1960, p. 27-40;
[2]   - "Über meine «Structures pour deux pianos»", du manuscrit *"Nécessité d'une orientation esthétique"*, traduit par Josef Häusler, LP WERGO, WER 60011, Mayence;
[3]   - *"Penser la musique aujourd'hui"*, Denoël/Gonthier, Paris, 1987;
[4]   - *"Relevés d'apprenti"*, Éditions du Seuil, Paris, 1966;
[5]   - *"Par volonté et par hasard"* — Entretiens avec Célestin Deliège, Éditions du Seuil, Paris, 1975;
[6]   - Entretien avec Henri Pousseur, in *"VH 101"* Nr. 4, hiver 1970/1971, Paris;
[7]   - *"Points de Repère"*, Éditions du Seuil, Paris, 1985;
[8]   - "Le système et l'idée" (novembre 1986), in *"inHarmoniques"* Nr. 1, Éditions du Centre Georges Pompidou, Christian Bourgois Editeur, IRCAM, Paris, décembre 1986, p. 62-104;
[9]   - et Andrew **GERZSO**: "L'ordinateur, instrument d'orchestre", in *"Pour la Science"* Nr. 128, Paris, juin 1988, p. 38-45;
[10]   - *"Jalons (pour une décennie)"*, Christian Bourgois Editeur, Paris, 1989;
[11]   - et John **CAGE**: *"Correspondance et documents"*, Veröffentlichung der Paul Sacher Stiftung, Band/Volume 1, Amadeus Verlag, Bâle, 1990;
[12]   - "Le timbre et l'écriture, le timbre et le langage", in *"Le timbre, métaphore pour la composition"*, IRCAM/Christian Bourgois Éditeur, Paris, 1991, p. 541-549.

BOZZETTI, Elmar:
[1]   - "Karlheinz Stockhausen: Gesang der Jünglinge", in *"Werkanalyse in Beispielen"*, édité par Siegmund Helms et Helmuth Hopf, Gustav Bosse Verlag, Regensburg, 1986, p. 400-411.

BRIGHT, William:
[1]   - "Points de contact entre langage et musique" (1963), in *"Musique en Jeu"* Nr.5, Éditions du Seuil, Paris, novembre 1971, p. 67-74.

BRINDLE, Reginald Smith:
[1]   - "Italy" (sur L. Berio), in *"The Musical Quarterly"* vol.XLIV no.1, G. Schirmer, New York, janvier 1958, p. 95-101;
[2]   - "Maderna and Berio", in *"The Listener"* 85, le 10 juin 1971, p. 761.

BUDDE, Elmar:
[1]   - "Zum dritten Satz der Sinfonia von Luciano Berio", in *"Die Musik der 60. Jahre"* (12 Versuche Hgb. von Rudolf Stephan) — Veröffentlichung des Instituts für Neue Musik und Musikforschung/Darmstadt, Bd. 13, B. Schott's Söhne Mayence, 1972, p. 128-144.

BÜHLER, Karl:
[1]   - *"Sprachtheorie"* (1934), Gustav Fischer Verlag, Stuttgart-New York, 1982.

BUTOR, Michel:
[1]   - "Les mots dans la musique", in *"Musique en Jeu"* Nr. 4, Éditions du Seuil, Paris, septembre 1971, p. 70-72.

CADIEU, Martine:
[1]   - "Berio — La mémoire et les songes", in *"Musique en Jeu"* Nr.29, Éditions du Seuil, Paris, 1977, p. 23-24.

CAGE, John:
[1]   - **et Pierre BOULEZ**: *"Correspondance et documents",* Veröffentlichung der Paul Sacher Stiftung, Band/Volume 1, Amadeus Verlag, Bâle, 1990.

CALVINO, Italo:
[1]   - "La Vera Storia", in *"La Vera Storia"*, Edizioni del Teatro alla Scala, Milan, mars 1982, p. 30-31.

CARDONA, Giorgio R.:
[1]   - "Intersezioni antropologiche", in *"Roman Jakobson"*, Editori Riuniti, Rome, 1990, p. 365-373.

CASTALDI, Paolo:
[1]   - "Luciano Berio ed Henri Pousseur — L'aspirazione a una libertà integrale", in *"La Musica Moderna"*, Settimanale, Anno III, N° 101, Fratelli Fabbri Editori, Milan, 1969;
[2]   - Texte sur *"Thema (Omaggio a Joyce)"*, *"Visage"*, *"Momenti"*, *"Laborintus II"*, *"Prière"*, *"Différences"*, et *"Chemins II"* de Luciano Berio, in *"La Revue Musicale"* Nr. spécial 265-266-267 (*"Varèse-Xenakis-Berio-Pierre Henry — Œuvres-Études-Perspectives"*), Éditions Richard-Masse, Paris, 1969, p. 77-80.

CASTELNUOVO, Gino:
[1]   - "Lo Studio di Fonologia Musicale di Radio Milano", in *"Elettronica"*, anno V, 3° Trimestre, Nr. 3, Edizioni Radio Italiana, 1956, p. 106-107.

CONATI, Marcello:
[1]   - "«Theatro dell'udito» — Appunti su Orazio Vecchi e il suo tempo", in *"Ricerche Musicali"*, Anno II — N.2, Sergio Guisoni Editore, Milan, novembre 1978, p. 41-69.

CURJEL, Hans:
[1]   - "Sprachmusik und Klanggedicht", in *"Melos — Zeitschrift für Neue Musik"*, 32. Jahrgang, Heft 2, Der Melos Verlag, Mayence, février 1965, p. 50-51.

DAHLHAUS, Carl:
[1]   - "Ästhetische Probleme der Elektronischen Musik", in *"Schönberg und andere — Gesammelte Aufsätze zur Neuen Musik"*, Schott, Mayence, 1978, p. 234-243.

DALMONTE, Rossana:
[1]   - "Musiche di Berio al 40 Maggio Musicale Fiorentino", in *"Ricerche Musicali"*, Anno II — N.2, Sergio Ghisoni Editore, Milan, novembre 1978, p. 159-166;

[2] — et Niva **LORENZINI**: "Funzioni strutturanti nel rapporto musica-poesia: «*Passaggio*» e «*Laborintus II*» di Sanguineti-Berio", in *"Il gesto della forma — Musica, poesia, teatro nell'opera di Luciano Berio"*, Quaderni di Ricerche Musicali N.1, supplemento a *"Ricerche Musicali"* N.5, Arcadia Edizioni, Milan, mars 1981, p. 1-44;

[3] — et Loris **AZZARONI**: "Struttura latente e struttura manifesta. Contributi per un'analisi di «*Epifanie*»" in *"Il gesto della forma — Musica, poesia, teatro nell'opera di Luciano Berio"*, Quaderni di Ricerche Musicali N.1, supplemento a *"Ricerche Musicali"* N.5, Arcadia Edizioni, Milan, mars 1981, p. 45-141;

[4] — et Fabrizio **FRASNEDI**: "Musica, analogia, teatralità. Ancora su «*Sequenza III*»", in *"Il gesto della forma — Musica, poesia, teatro nell'opera di Luciano Berio"*, Quaderni di Ricerche Musicali N.1, supplemento a *"Ricerche Musicali"* N.5, Arcadia Edizioni, Milan, mars 1981, p. 143-170;

[5] — "Situation de la poésie et de la musique au début des années soixante en Italie", en collaboration avec Niva Lorenzini, in *"Contrechamps 1"*, Éditions L'Age D'Homme, Lausanne, septembre 1983, p. 67-74;

[6] — et Luciano **BERIO**: *"Entretiens avec Rossana Dalmonte"*, Editions Jean-Claude Lattès, Paris, 1983;

[7] — "Luciano Berio", in *"Dizionario Enciclopedico Universale della Musica e dei Musicisti"*, Le Biografie — Volume primo, UTET, Turin, 1985, p. 471-472;

[8] — "Luciano Berio, Tondichter e cantastorie", in *"Komponisten des 20. Jahrhunderts in der Paul Sacher Stiftung"*, Bâle, avril 1986, p. 341-345.

DECROUPET, Pascal:

[1] — *"Aspects de la citation et du collage en musique contemporaine après 1960"* (inédit), mémoire présenté à l'Université de Liège, 1986;

[2] — "«...Fixer sa vision sur un foyer précis»" (sur *"Epifanie"* de Berio), in *"Ars Musica '90 — New gesture and virtuosity in music"*, Bruxelles, mars 1990, p.59-65.

DEGRADA, Francesco:

[1] — "La Vera Storia", in *"La Vera Storia"*, Edizioni del Teatro alla Scala, Milan, mars 1982, p. 35-39.

DELALANDE, François:

[1] — "L'*Omaggio a Joyce* de Luciano Berio", in *"Musique en Jeu"* Nr. 15, Éditions du Seuil, Paris, septembre 1974, p. 45-54.

DELIÈGE, Irène:

[1] — et Abdessadek El Ahmadi: "Mécanisme d'extraction d'indices dans le groupement — Etude de perception sur la «*Sequenza VI*» pour alto solo de Luciano Berio", in *"Contrechamps 10"*, Éditions l'Age d'Homme, Lausanne, 1989, p. 85-104.

DEMIERRE, Jacques:

[1] — "Circles: e.e. cummings lu par Berio", in *"Contrechamps 1"*, Éditions L'Age D'Homme, Lausanne, septembre 1983, p. 123-180.

DIBELIUS, Ulrich:
[1]   - Texte sur Luciano Berio, in *"Moderne Musik I — 1945-1965"*, Piper, Munich-Zurich, 1984, p. 174-183;

DOLEŽEL, Lubomír:
[1]   - "Roman Jakobson studioso della comunicazione", in *"Roman Jakobson"*, Editori Riuniti, Rome, 1990, p. 103-112.

DONAT, Misha:
[1]   - "Berio and his «*Circles*»", in *"The Musical Times"* Nr. 105, 1964, p. 105-107;
[2]   - Texte sur *"Agnus"*, *"Air"*, *"O King"*, *"El mar la mar"*, *Melodrama"* et *"E vo'"* de L. Berio, in LP ARL1-0037, Etats Unis, 1975.

DREßEN, Norbert:
[1]   - *"Sprache und Musik bei Luciano Berio — Untersuchungen zu seinen Vokalkompositionen"*, Gustav Bosse Verlag, Regensburg, 1982.

DUCHET, Jean-Louis:
[1]   - *"La phonologie"*, Collection Que sais-je? 1875, Presses Universitaires de France, Paris, 1981.

DURR, Bernard:
[1]   - "Journal des «*Chants Parallèles*»", in *"Programme Bulletin GRM"* Nr.13, Paris, 1975, p. 45-49.

ECO, Umberto:
[1]   - *"Opera aperta — forma e indeterminazione nelle poetiche contemporanee"*, Gruppo Editoriale Fabbri, Bompiani, Milan, 1962 (VII Edition, mars 1989);
[2]   - "Presentazione" (sur *"Passaggio"*), in *"Passaggio" — Messa in scena di Luciano Berio e Edoardo Sanguineti"*, Piccola Scala, Prima Rappresentazione Assoluta, le 6 mai 1963, p. 443-448;
[3]   - "Pensée structurale et pensée sérielle" (1968), in *"Musique en Jeu"* Nr.5, Éditions du Seuil, Paris, novembre 1971, p. 45-56;
[4]   - et L. BERIO: "Eco in ascolto — Intervista di Umberto Eco a Luciano Berio" (mars 1986), in *"Komponisten des 20. Jahrhunderts in der Paul Sacher Stiftung"*, Bâle, avril 1986, p. 329-334;
[5]   - "Il contributo di Jakobson alla semiotica", in *"Roman Jakobson"*, Editori Riuniti, Rome, 1990, p. 287-302;
[6]   - "Introduzione a «*Passaggio*»", in CD Ricordi CRMCD 1017, 1991, p. 3-12.

EIMERT, Herbert:
[1]   - Lettre ouverte à J.M.Hauer (janvier 1925), LP WERGO, WER 60006, Mayence;
[2]   - *"Qué es la música dodecafónica?"* (*"Lehrbuch der Zwölftontechnik"*, 1950), Ediciones Nueva Visión SAIC, Buenos Aires, 1973;
[3]   - "Der Sinus-Ton", in *"Melos — Zeitschrift für Neue Musik"*, 21. Jahrgang, Heft 6, Der Melos Verlag, Mayence, juin 1954, p. 168-172;
[4]   - "Die sieben Stücke", in *"Die Reihe"* Nr. 1 (*"Elektronische Musik"*), Universal Edition, Vienne, 1955, p. 8-13;

[5]	- "A change focus", in *"Die Reihe"* Nr. 2 (*"Anton Webern"*), Universal Edition, Vienne, 1955, p. 29-36;
[6]	- "Interval proportions", in *"Die Reihe"* Nr. 2 (*"Anton Webern"*), Universal Edition, Vienne, 1955, p. 93-99;
[7]	- "Musique électronique", in *"La Revue Musicale"* Nr. spécial 236 (*"Vers une musique expérimentale"*), Éditions Richard-Masse, Paris, 1957, p. 45-49;
[8]	- "The composer's freedom of choice", in *"Die Reihe"* Nr. 3 (*"Musical Craftmanship"*), Universal Edition, Vienne, 1957, p. 1-9;
[9]	- "Probleme der elektronischen Musik" (1957), in *"Prisma der Gegenwärtigen Musik — Tendenzen und Probleme des zeitgenössischen Schaffens"*, édité par J. E. Berendt et J. Uhde, Im Furche-Verlag, Hambourg, 1959, p. 145-161;
[10]	- "Nachruf auf Werner Meyer-Eppler", in *"Die Reihe"* Nr. 8 (*"Rückblicke"*), Universal Edition, Vienne, 1962, p. 5-6;
[11]	- *"Grundlagen der musikalischen Reihentechnik"*, Universal Edition, Vienne, 1964;
[12]	- "Vokalität im 20. Jahrhundert", in *"Melos — Zeitschrift für Neue Musik"*, 32. Jahrgang, Heft 10, Der Melos Verlag, Mayence, octobre 1965, p. 350-359;
[13]	- "Notizen zum Epitaph und den Sechs Studien", LP WERGO, WER 60014, Mayence;
[14]	- "So begann die elektronische Musik", in *"Melos — Zeitschrift für Neue Musik"*, 39. Jahrgang, Heft 1, B. Schott's Söhne Mayence, janvier/février 1972, p. 42-44;
[15]	- et **Hans U. HUMPERT**: *"Das Lexikon der elektronischen Musik"*, Bosse Musik Paperback, Gustav Bosse Verlag, Regensburg, 1973.

ELIOT, T.S.:
[1]	- "The music of poetry", in **Steven Paul SCHER** et alli, *"Literatur und Musik — Ein Handbuch zur Theorie und Praxis eines komparatistischen Grenzgebietes"*, Erich Schmidt Verlag, Berlin, 1984, p. 142-153.

FITZGERALD, Thomas Anthony:
[1]	- *"A study of the Sequenzas I to VII by Luciano Berio"* (Master of Music Degree), Melbourne Universiy, janvier 1979.

FLYNN, George W.:
[1]	- "Listening to Berio's music", in *"The Musical Quarterly"*, Cahier 3, Année 61, Londres, 1975, p. 388-421.

FÓNAGY, Ivan:
[1]	- *"La métaphore en phonétique"*, Didier, Ottawa, 1979.

FONTAINE, Jacqueline:
[1]	- *"O Círculo Lingüístico de Praga"*, Editora Cultrix/EDUSP — Editora da Universidade de São Paulo, São Paulo, 1978.

FÖRTIG, Peter:
[1]	- "Zu Luciano Berios «Sequenza per oboe solo»", 1976.

FRASNEDI, Fabrizio:
[1] - et Rossana **DALMONTE:** "Musica, analogia, teatralità. Ancora su «*Sequenza III*»", in "*Il gesto della forma — Musica, poesia, teatro nell'opera di Luciano Berio*", Quaderni di Ricerche Musicali N.1, supplemento a "*Ricerche Musicali*" N.5, Arcadia Edizioni, Milan, mars 1981, p. 143-170.

FRISIUS, Rudolf:
[1] - "Musik als Hörspiel — Hörspiel als Musik", in **Klaus SCHÖNING** et alli, "*Spuren des neuen Hörspiels*", Edition Suhrkamp, Francfort-sur-le-Main, 1982, p. 136-166.

FROBENIUS, Wolf:
[1] - "Gottfried Michael Koenig als Theoretiker der seriellen Musik", in "*Musik-Konzepte*" Nr. 66 ("*Gottfried Michael Koenig*"), Edition Text+Kritik, Munich, octobre 1989, p. 77-104.

GAGNARD, Madeleine:
[1] - "La voix archaïque — Luciano Berio, «*Sequenza III*»", in **M. Gagnard:** "*La voix dans la musique contemporaine et extra-européenne*", Van de Velde, novembre 1987, p. 47-51.

GENTILUCCI, Armando:
[1] - Texte sur Luciano Berio, in "*Guida all'ascolto della musica contemporanea*", Giangiacomo Feltrinelli Editore, Milan, 1973, p. 70-75;
[2] - "*Introduzione alla musica elettronica*", Giangiacomo Feltrinelli Editore, Milan, 1983.

GERDINE, Leigh:
[1] - Texte sur "*Sequenza IV*", "*Folk Songs*" et "*Nones*" de Luciano Berio, in "*La Revue Musicale*" Nr. spécial 265-266-267 ("*Varèse-Xenakis-Berio-Pierre Henry — Œuvres-Études-Perspectives*"), Éditions Richard-Masse, Paris, 1969, p. 81-82.

GERZSO, Andrew:
[1] - et Pierre **BOULEZ:** "L'ordinateur, instrument d'orchestre", in "*Pour la Science*" Nr. 128, Paris, juin 1988, p. 38-45.

GIEDION-WELCKER, C.:
[1] - "Einführung zu James Joyces «*Ulysses*»", in **James JOYCE:** "*Ulysses*", traduction allemande de Georg Goyert autorisée par l'auteur, Suhrkamp Verlag, Francfort-sur-le-Main, 1977.

GOLDÉ, Pierre:
[1] - "Luciano Berio — quelques lignes d'approche", in "*Ars Musica '90*", Bruxelles, p.6.

GOTTWALD, Clytus:
[1] - Texte sur Ligeti in WERGO WER 60095, p. 20.

GREIMAS, Algirdas Julien:
[1] - "Conditions d'une sémiotique du monde naturel", in "*Langages*" Nr.10, Didier/Larousse, Paris, juin 1968, p. 3-35.

GRUHN, Wilfred:
[1]   - "Luciano Berio (1925): «*Sequenza III*» (1966)", in *"Perspektiven Neuer Musik — Material und didaktische Information"*, B. Schott's, Mayence, 1974, p. 234-249;
[2]   - "Schubert spielen — Berios sinfonische Ergänzungen zu Schuberts Sinfonie-Fragment D 936", in *"Musica"* 41/10, Bärenreiter, Kassel, 1990, p. 290-296.

HALLE, Morris:
[1]   - **et Roman JAKOBSON:** "Phonologie et phonétique" (1956), in: v. Jakobson [30], p. 103-149;
[2]   - **et Roman JAKOBSON:** "Tension et laxité" (1962), in: v. Jakobson [30], p. 150-157.

HARWEG, Roland:
[1]   - "Langage et musique: une approche immanente et sémiotique" (1968), in *"Musique en Jeu"* Nr.5, Éditions du Seuil, Paris, novembre 1971, p. 19-30.

HÄUSLER, Josef:
[1]   - Texte sur Luciano Berio, LP WERGO, WER 60021;
[2]   - Commentaire sur *"Sincronie"* de Luciano Berio à Donaueschingen 1968, LP WERGO, WER 60053;
[3]   - "Luciano Berio", in J. Häusler: *"Musik im 20. Jahrhundert — Vom Schönberg zu Penderecki"*, Carl Schünemann Verlag, Bremen, 1969, p. 115-119.

HELM, Everett:
[1]   - "Florenz: Béjart-Ballet mit Musik von Berio", in *"Neue Zeitschrift für Musik"* Nr.134, septembre 1974, p. 577-578.

HENAHAN, Donal:
[1]   - "The magic theater of Luciano Berio", in *"High Fidelity"* no.19, 1969, p. 71-72.

HICKS, Michael:
[1]   - "Text, music, and meaning in the Third Movement of Luciano Berio's *Sinfonia*", in *"Perspectives of New Music"* Nr. 20, hiver 1981/printemps-été 1982, p. 199-224.

HJELMSLEV, Louis:
[1]   - *"Prolégomènes à une théorie du langage"*, Les Éditions de Minuit, Paris, 1968.

HOLENSTEIN, Elmar:
[1]   - *"Linguistik, Semiotik, Hermeneutik — Plädoyers für eine strukturale Phänomenologie"*, Suhrkamp Verlag, Francfort-sur-le-Main, 1976;
[2]   - "Le radici filosofiche di Jakobson", in *"Roman Jakobson"*, Editori Riuniti, Rome, 1990, p. 19-37;
[3]   - "Jakobson phénoménologue?", in *"L'ARC: Jakobson"*, Librairie Duponchelle, Paris, avril 1990, p. 29-37.

HOLMES, Reed Kelley:
[1] - *"Relational systems and process in recent works of Luciano Berio" (Volume I: concepts and analyses. Volume II: examples)* (Dissertation), The University of Texas at Austin, University Microfilms International, Ann Arbor, Michigan, EUA, 1981.

HUMPERT, Hans Ulrich:
[1] - et **Herbert EIMERT**: *"Das Lexikon der elektronischen Musik"*, Bosse Musik Paperback, Gustav Bosse Verlag, Regensburg, 1973;
[2] - *"Elektronische Musik — Geschichte - Technik - Kompositionen"*, Schott, Mayence, 1987.

HUSSERL, Edmund:
[1] - "Logische Untersuchungen IV: Der Unterschied der selbständigen und unselbständigen Bedeutungen und die Idee der reinen Grammatik" (1900/1901), in *"Logische Untersuchungen II/1"*, Max Niemeyer Verlag, Tübingen, 1980, p. 294-342;
[2] - "Phänomenologie des inneren Zeitbewußtseins" (1905/17-1928), in *"Phänomenologie der Lebenswelt"* (Ausgewählte Texte II), Reclam Verlag, Stuttgart, 1986, p. 80-165.

JAHNKE, Sabine:
[1] - "Materialien zu einer Unterrichtssequenz: Des Antonius von Padua Fischpredigt bei Orff - Mahler - Berio", in *"Musik und Bildung"* Heft 5, Schott, Mayence, 1973, p. 615-622.

JAKOBSON, Roman:
[1] - "La nuova poesia russa" (1921 — traduction partielle), in **Roman JAKOBSON**: *"Poetica e poesia — Questioni di teoria e analisi testuali"*, Giulio Einaudi Editore, Turin, 1985, p. 3-7;
[2] - "Il realismo nell'arte" (1921), in: v. [1], p. 8-17;
[3] - "The concept of the sound law and the teleological criterion" (1927), in **Roman JAKOBSON**: *"Selected Writings I — Phonological Studies"*, Mouton, The Hague-Paris, 1971, p. 1-2;
[4] - "Proposition au Premier Congrès International de Linguistes: Quelles sont les méthodes les mieux appropriées à un exposé complet et pratique de la phonologie d'une langue quelconque?" (1927), in: v. [3], p. 3-6;
[5] - et **Pětr BOGATYREV**: "Il folclore come forma particolare di creazione" (1929), in: v. [1], p. 18-33;
[6] - "Jan Baudouin de Courtenay" (1929), in **Roman JAKOBSON**: *"Selected Writings II — Word and Language"*, Mouton, The Hague-Paris, 1971, p. 389-393;
[7] - "Principes de phonologie historique" (1930), in: v. [3], p. 202-220;
[8] - "Zur Struktur des russischen Verbums" (1931), in: v. [6], p. 3-15;
[9] - "Phoneme and phonology" (1932), in: v. [3], p. 231-233;
[10] - "La Scuola Linguistica di Praga" (1932), in: v. [6], p. 539-546;
[11] - "Musicologie et linguistique" (1932), in *"Musique en Jeu"* Nr.5, Éditions du Seuil, Paris, novembre 1971, p. 57-59;

[12]   - "Les enclitiques slaves" (1933), in: v. [6], p. 16-22;
[13]   - "Decadenza del cinema?" (1933), in: v. [1], p. 34-41;
[14]   - "Che cos'è la poesia?" (1933-34), in: v. [1], p. 42-55;
[15]   - "Sur la théorie des affinités phonologiques entre les langues" (1936), in: v. [3], p. 234-246;
[16]   - "Über die Beschaffenheit der prosodischen Gegensätze" (1936), in: v. [3], p. 254-261;
[17]   - "Die Arbeit der sogenannten «Prager Schule»" (1936), in: v. [6], p. 547-550;
[18]   - "Lettera a Jiří Voskovec e Jan Werich sulla noesi e sulla semantica della facezia" (1937), in: v. [1], p. 117-123;
[19]   - "Signe zéro" (1937), in: v. [6], p. 211-219;
[20]   - "Observations sur le classement phonologique des consonnes" (1938), in: v. [3], p. 272-279;
[21]   - "Nikolay Sergeevič Trubetzkoy (16 avril 1890/25 juin 1938)" (1939), in **Roman JAKOBSON**: *"Essais de Linguistique Générale II — Rapports internes et externes du langage"*, Les Editions de Minuit, Paris, 1973, p. 296-311;
[22]   - "Zur Struktur des Phonems" (1939), in: v. [3], p. 280-310;
[23]   - "Un manuel de phonologie générale" (1939), in: v. [3], p. 311-316;
[24]   - "Les lois phoniques du langage enfantin et leur place dans la phonologie générale" (1939), in: v. [3], p. 317-327;
[25]   - "Das Nullzeichen" (1939), in: v. [6], p. 220-222;
[26]   - *"Kindersprache, Aphasie und allgemeine Lautgesetze"* (1941), Suhrkamp Verlag, Francfort-sur-le-Main, 1969;
[27]   - *"Six Lectures on Sound and Meaning"* (1942), avec en avant-propos de C. Lévy-Strauss, The MIT Press, Londres, 1978;
[28]   - "Retrospettiva sulla teoria saussuriana" (1942), in *"Roman Jakobson"*, Editori Riuniti, Rome, 1990, p. 377-417;
[29]   - "On the identification of phonemic entities" (1949), in: v. [3], p. 418-425;
[30]   - "L'aspect phonologique et l'aspect grammatical du langage, dans leurs interrelations" (1949), in **Roman JAKOBSON**: *"Essais de Linguistique Générale I — Les fondations du langage"*, Les Editions de Minuit, Paris, 1963, p. 161-175;
[31]   - "Le langage commun des linguistes et des anthropologues. Résultats d'une conférence interdisciplinaire" (1952), in: v. [30], p. 25-42;
[32]   - "Pattern in linguistics (contribution to debates with anthropologists)" (1952), in: v. [6], p. 223-228;
[33]   - "Aphasia as a linguistic topic" (1953), in: v. [6], p. 229-238;
[34]   - "Deux aspects du langage et deux types d'aphasie" (1956), in: v. [30], p. 43-67;
[35]   - **et Morris HALLE**: "Phonologie et phonétique" (1956), in: v. [30], p. 103-149;
[36]   - "Sergej Karcevskij: Ausgust 28, 1884-November 7, 1955" (1956), in: v. [6], p. 517-521;
[37]   - "Les embrayeurs, les catégories verbales et le verbe russe" (1957), in: v. [30], p. 176-196;

[38] - "Les études typologiques et leur contribution à la linguistique historique comparée" (1958), in: v. [30], p. 68-77;
[39] - "Linguistic glosses to Goldstein's «Wortbegriff»" (1958), in: v. [6], p. 267-271;
[40] - "L'école de linguistique polonaise de Kazan et sa place dans le développement international de la phonologie" (1958), in: v. [21], p. 199-237;
[41] - "Autobiographische Notizen von N. S. Trubetzkoy (mitgeteilt von R. Jakobson)" (1958), in **N.S. TRUBETZKOY**: *"Grundzüge der Phonologie"*, Vandenhoeck & Ruprecht, Göttingen, 1977, p. 273-288;
[42] - "Zeichen und System der Sprache" (1959), in: v. [6], p. 272-279;
[43] - "Why «mama» and «papa»?" (1959), in: v. [3], p. 538-545;
[44] - "Aspects linguistiques de la traduction" (1959), in: v. [30], p. 78-86;
[45] - "La notion de signification grammaticale selon Boas" (1959), in: v. [30], p. 197-206;
[46] - "Linguistique et théorie de la communication" (1960), in: v. [30], p. 87-99;
[47] - "Linguistique et poétique" (1960), in: v. [30], p. 209-248;
[48] - "Parts and wholes in language" (1960), in: v. [6], p. 280-284;
[49] - "Les voies d'Henri Sweet vers la phonologie" (1961), in: v. [21], p. 258-271;
[50] - "Retrospecto" (1961), in *"Os Pensadores"* XLIX, Victor Civita Editor/Abril Cultural, São Paulo, 1975, p. 97-123;
[51] - "Le concept linguistique des traits distinctifs. Réminiscence et méditations" (1961-62), in: v. [21], p. 131-166;
[52] - **et Morris HALLE**: "Tension et laxité" (1962), in: v. [30], p. 150-157;
[53] - "Recherche d'un modèle des moyens et des fins du langage dans la linguistique européenne de l'entre-deux-guerres" (1963), in: v. [21], p. 312-317;
[54] - "Toward a linguistic classification of aphasic impairments" (1963), in: v. [6], p. 289-306;
[55] - "Visual and auditory signs" (1963), in: v. [6], p. 334-337;
[56] - "De la relation entre signes visuels et auditifs" (1964), in: v. [21], p. 104-112;
[57] - "Linguaggio in azione" (1964), in: v. [1], p. 180-193;
[58] - "Verso una scienza dell'arte poetica" (1965), in: v. [1], p. 212-215;
[59] - "Quest for the essence of language" (1965), in: v. [6], p. 345-359;
[60] - "L'importance de Kruszewski dans le développement de la linguistique générale" (1965), in: v. [21], p. 238-257;
[61] - "Il parallelismo grammaticale e il suo aspetto russo" (1966), in: v. [1], p. 256-300;
[62] - "Le rôle des éléments phoniques dans la perception de la parole" (1966), in: v. [21], p. 167-181;
[63] - "On the relation between visual and auditory signs" (1967), in: v. [6], p. 338-344;

[64] - "Poesia della grammatica e grammatica della poesia" (1968), in: v. [1], p. 339-352;
[65] - "Le langage en relation avec les autres systèmes de communication" (1968), in: v. [21], p. 91-103;
[66] - "Réflexions inédites de Saussure sur les phonèmes" (1969), in: v. [21], p. 287-295;
[67] - "Sur la spécificité du langage humain" (1969), in *"L'ARC: Jakobson"*, Librairie Duponchelle, Paris, avril 1990, p. 3-8;
[68] - "Strutture linguistiche subliminali in poesia" (1970), in: v. [1], p. 376-385;
[69] - "Relations entre la science du langage et les autres sciences" (1970), in: v. [21], p. 9-76;
[70] - "Le «oui» et le «non» mimiques" (1970), in: v. [21], p. 113-119;
[71] - "Les réactions du monde aux principes linguistiques de Whitney" (1971), in: v. [21], p. 272-286;
[72] - "L'agencement de la communication verbale" (1972), in: v. [21], p. 77-90;
[73] - "Der grammatische Aufbau der Kindersprache" (mai 1975), Westdeutscher Verlag, Opladen, 1977;
[74] - **et Linda R. WAUGH**: *"La charpente phonique du langage"* (1977/1978), Les Editions de Minuit, Paris, 1980;
[75] - **et Krystyna POMORSKA**: *"Dialogos"* (1980), Editora Cultrix, São Paulo, 1985;
[76] - "De la poésie à la linguistique", in *"L'ARC: Jakobson"*, Librairie Duponchelle, Paris, avril 1990, p. 18-19;
[77] - "Structuralisme et téléologie", in *"L'ARC: Jakobson"*, Librairie Duponchelle, Paris, avril 1990, p. 50-52.

JARVLEPP, Jan:
[1] - "Compositional aspects of *Tempi Concertati* by Luciano Berio", in *"Interface"*, Vol. 11 (1982), Pays-Bas, p.179-193.

JESPERSEN, Otto:
[1] - *"Language — Its nature, development and origin"* (1922), George Allen & Unwin Ltd., Londres, 1964.

JIRÁNEK, Jaroslav:
[1] - *"Zu Grundfragen der musikalischen Semiotik"*, Verlag Neue Musik, Berlin (DDR), 1985.

JOYCE, James:
[1] - *"Ulysses"*, The Bodley Head, London-Sydney-Toronto, 1960.

KAGEL, Maurício:
[1] - "Über Zusammenhänge — Neue Musik in Köln seit den fünfziger Jahren" (Gespräch mit Renate Liesmann-Gümmer), in *"Rheinisches Musikfest 1987"* (WDR, Cologne), p. 38-43.

KARKOSCHKA, Erhard:
[1] - "Stockhausens Theorien", in *"Melos-Zeitschrift für Neue Musik"*, 32. Jahrgang, Heft 1, Der Melos Verlag, Mayence, janvier 1965, p. 5-13;

[2] - "Musik und Semantik", in *Melos-Zeitschrift für Neue Musik*, 32. Jahrgang, Heft 7/8, Der Melos Verlag, Mayence, juillet/août 1965, p. 252-259.

KETTING, Otto:
[1] - "Componist Luciano Berio — Avant-garde voor iedereen", in *"Haagse Post"* Nr.26, le 21 juin 1972, p. 32-35.

KIRCHMEYER, Helmut:
[1] - "Vom historischen Wesen einer rationalistischen Musik", in *Die Reihe 8 — Rückblicke"*, Universal Edition, Vienne, 1962, p. 11-25;
[2] - "Versuch über Herbert Eimert", in LP WERGO WER 60 006, Mayence, 1963.

KLÜPPELHOLZ, Werner:
[1] - *"Sprache als Musik — Studien zur Vokalkomposition seit 1956"*, Musikverlag Gotthard F. Döring, Herrenberg, 1976.

KNEIF, Tibor:
[1] - "Zur Semantik des musikalischen Zitats", in *"Zeitschrift für Neue Musik"* Nr. 12, 1973, p. 3-9.

KOENIG, Gottfried Michael:
[1] - "Musik und Zahl" (1957/58), in *"Musik-Konzepte"* Nr. 66 (*"Gottfried Michael Koenig"*), Edition Text+Kritik, Munich, octobre 1989, p. 13-34;
[2] - "Studium im Studio", in *"Die Reihe"* Nr. 5 (*"Berichte/Analysen"*), Universal Edition, Vienne, 1959, p. 74-83.

KONOLD, Wulf:
[1] - "Musik zwischen Sprache und Aktion (Luciano Berio)", in *"Musica"*, 25. Jahrgang, Heft 5, septembre/octobre 1971, p. 453-457.

Kölner Gesellschaft für Neue Musik:
[1] - *"Klangraum — 40 Jahre Neue Musik in Köln 1945-85"* (Komponistenlexikon und Veranstaltungschronologie), Wienand Verlag Köln, Cologne, 1991.

KRENEK, Ernst:
[1] - *"Im Zweifelsfalle — Aufsätze zur Musik"*, Europaverlag, Vienne-Munich-Zurich, 1984.

KRIEGER, Georg:
[1] - et Wolfgang Martin **STROH**: "Probleme der Collage in der Musik — aufgezeigt am 3. Satz der «Sinfonia» von Luciano Berio", in *"Musik und Bildung"*, 1971, p. 229-235.

KROPFINGER, Klaus:
[1] - "Lautfelder und kompositorisches Gefüge bei Luciano Berio", in *"Über Musik und Sprache: sieben Versuche zur neueren Vokalmusik"*, Schott, Mayence, 1974, p. 45-58.

LAMB, Marvin Lee:
[1] - "The musical literary and graphic influences upon Luciano Berio's «Thema (Omaggio a Joyce)»" (Dissertation), University of

Illinois at Urbana-Champaign, 1977, U.M.I. — University Microfilms International, Ann Arbor, Michigan.

LIETTI, Alfredo:
[1] - "Gli impianti tecnici dello Studio di Fonologia Musicale di Radio Milano", in *"Elettronica"*, anno V, 3 Trimestre, Nr. 3, Edizioni Radio Italiana, 1956, p. 116-121.

LISSA, Zofia:
[1] - "Ästhetische Funktionen des musikalischen Zitats", in *"Die Musikforschung"* 19, 1966, p. 364-378.

LORENZINI, Niva:
[1] - et Rossana **DALMONTE**: "Funzioni strutturanti nel rapporto musica-poesia: «*Passaggio*» e «*Laborintus II*» di Sanguineti-Berio", in *"Il gesto della forma — Musica, poesia, teatro nell'opera di Luciano Berio"*, Quaderni di Ricerche Musicali N.1, supplemento a *"Ricerche Musicali"* N.5, Arcadia Edizioni, Milan, mars 1981, p. 1-44;
[2] - "Situation de la poésie et de la musique au début des années soixante en Italie", en collaboration avec R. Dalmonte, in *"Contrechamp 1"*, Éditions l'Age D'Homme, Lausanne, septembre 1983, p. 67-74.

LYOTARD, Jean-François:
[1] - *"La phénoménologie"*, Collection Que sais-je? 625, Presses Universitaires de France, Paris, 1954;
[2] - et Dominique **AVRON**: "«A few words to sing» Sequenza III", in *"Musique en Jeu"* Nr. 2, Éditions du Seuil, Paris, 1er Tr. 1971, p. 30-44;
[3] - *"La condition postmoderne"*, Les Éditions de Minuit, Paris, 1979.

MÂCHE, François-Bernard:
[1] - "Méthodes linguistiques et musicologie" (1970), in *"Musique en Jeu"* Nr.5, Éditions du Seuil, Paris, novembre 1971, p. 75-91.

MADERNA, Bruno:
[1] - *"Bruno Maderna — documenti"*, édité par Mario Baroni et Rossana Dalmonte, Edizione Suvini Zerboni, Milan, 1985.

MAGNANI, Francesca:
[1] - "La «*Sequenza I*» de Berio dans les poétiques musicales des années 50", in *"Analyse Musicale"* Nr.14, 1989, p. 74-81.

MALMBERG, Bertil:
[1] - *"La phonétique"*, Presses Universitaires de France, Paris, 1970.

MANN, Richard Ensor:
[1] - "Pitch structure and poetic imagery in Luciano Berio's «Wasserklavier» and «Erdenklavier»" (Dissertation), University of Rochester, NY, 1986, U.M.I. — University Microfilms International, Ann Arbor, Michigan.

MANNING, Peter:
[1]   - *"Electronic and Computer Music"*, Clarendon Press, Oxford, 1985.

MAURO, Tullio de:
[1]   - Édition critique du *"Cours de linguistique générale"* de Saussure in **Ferdinand de SAUSSURE**: *"Cours de linguistique générale"*, Payot, Paris, 1972.

MENEZES (Filho), Florivaldo:
[1]   - "O que vem a ser o Sistema de Polarização? — A segunda menor é o átomo do Sistema Tonal", Journal Concrétiste *"Viva há Poesia"*, São Paulo, septembre 1979;
[2]   - "TransFormantes para cordas e piano", Imprensa da Universidade de São Paulo, São Paulo, juin 1983;
[3]   - "Micro-macro", Imprensa do Mazarteum de São Paulo/ MASP, São Paulo, novembre 1983;
[4]   - "Micro-macrodirecionalidade em WEBERG — Por uma análise direcional das *«6 Bagatellen»* Op 9 de A. Webern" (novembre 1982/mars 1984; révision: Cologne, janvier 1988; à paraître dans la série musicologique *"Cadernos de Estudo"*, Editora Através, São Paulo, Brésil);
[5]   - *"Apoteose de Schoenberg — Ensaio sobre os arquétipos da harmonia contemporânea"* (août 1984/décembre 1985), Nova Stella/EDUSP - Editora da Universidade de São Paulo, São Paulo, 1987;
[6]   - "Em direção às Formas-Pronúncia" (janvier 1987; révision: Cologne, janvier 1988; traduction pour la langue allemande: "In der Richtung zu den Aussprache-Formen"; inédit);
[7]   - "Kritische Zusammenfassung der *«Grundzüge der Phonologie»* von N.S. Trubetzkoy, mit hervorgehobenen Konzepten für die Ausnutzung einer Ausarbeitungstheorie der *Aussprache-Formen*" (mars/août 1987; inédit);
[8]   - "L'abondance de la phonologie — Analyse de *«Phantom-Wortquelle ; Words in Transgress»*" (janvier/février 1988; inédit);
[9]   - "Michel Butor e Henri Pousseur: a simbiose da Utopia" — sur la création de *«Déclarations d'Orages»* (mars 1989), in *"Caderno 2"*, suplement culturel du journal *"O Estado de São Paulo"*, São Paulo, le 29 avril 1989;
[10]   - "Ein Ansatz zur elektronischen Sprachkomposition *«Visage»* von Luciano Berio" (juillet 1989), thèse pour l'obtention du diplôme de Composition Électronique à la *Musikhochschule* de Cologne, R.F.A.;
[11]   - "Quelques visages de *«Visage»*" (Luciano BERIO parle de l'œuvre à Florivaldo MENEZES) (Salzbourg, août 1989) [publié comme appendice de Menezes (12);
[12]   - *"Un essai sur la composition verbale électronique «Visage» de Luciano Berio"* (mai 1990; partie centrale de la Thèse de Doctorat, lauréate avec décision unanime du premier prix international *Premio Latina di Studi Musicali*, en septembre 1990, Italie), Mucchi Editore (à paraître en 1992/1993 aux soins du Campus Internazionale di Musica, Via Ecetra 36, 04100 Latina, Italie);

[13] - "Contesture III — tempi reali, tempo virtuale" (octobre 1990; texte en allemand sur l'œuvre), in *"Jubiläumskonzert: Aulakonzert Neue Musik (XL)"*, programme publié par la Musikhochschule Köln, Cologne, Allemagne, octobre 1990, p. 13;
[14] - "Contextures I (Hommage à Berio)" (texte en italien sur l'œuvre), in *"Nuova Officina Bolognese — Arte visiva e sonora, 25 artisti"*, Galleria d'Arte Moderna, Edizioni d'Arte Renografica, Bologne, Italie, décembre 1991, p. 171;
[15] - "Une poétique phénoménologique et structurale — Le rapport texte/musique chez Luciano Berio" (inédit, à paraître aux soins de la Paul Sacher Stiftung, in *"Mitteilungen — Januar 1993"*, Bâle).

MESSINIS, Mario:
[1] - "Schlauheiten von Berio", in *"Das Orchester"* Nr.25, 1977, p. 36-37.

MEYER-EPPLER, Werner:
[1] - *"Elektrische Klangerzeugung — Elektronische Musik und synthetische Sprache"*, Ferd. Dümmlers Verlag, Bonn, 1949;
[2] - "Statistische und psychologische Klangprobleme", in *"Die Reihe 1"* (*"Elektronische Musik"*), Universal Edition, Vienne, 1955;
[3] - "Fondamenti acustico-matematici della composizione elettrica dei suoni" (1954), in *"Elettronica"*, anno V, 3 Trimestre, Nr. 3, Edizioni Radio Italiana, 1956, p. 123-132;
[4] - "Informationstheoretische Probleme der musikalischen Kommunikation", in *"Die Reihe 8"* (*"Rückblicke"*), Universal Edition, Vienne, 1962, p. 7-10;
[5] - *"Grundlagen und Anwendungen der Informationstheorie"*, Springer-Verlag, Berlin-Heidelberg-New York, 1969.

MILA, Massimo:
[1] - "*«Satyricon»*, ultimo sorriso di Maderna" (février 1982); "Feste-rivolte di Berio trovatore" (mars 1982); "Anche Milva nella *«Vera Storia»*" (mars 1982); et "La vera opera del re in ascolto" (janvier 1986), in *"Massimo Mila alla Scala — Scritti 1955-1988"*, RCS Rizzoli Libri, Milan, 1989;
[2] - "*«Un Re in Ascolto»* — a true opera", in *"Un Re in Ascolto"*, New Production / Covent Garden, Londres, février 1989.

MILLER, Robert W.:
[1] - "*A style analysis of the published solo piano music of Luciano Berio; 1950-1975*" (Dissertation), The Peabody Institute of the Johns Hopkins University, University Microfilms International, Ann Arbor, Michigan, EUA, 1979.

MONTALE, Eugenio:
[1] - "*«Allez-hop»* di Berio e Calvino" (p. 97-98); et "*«Didone ed Enea»* di Purcell, *«Passaggio»* di Berio" (p. 385-388), in E. MONTALE: *"Prime alla Scala"*, Arnoldo Mondadori Editore, Rome, 1981.

MORAWSKA-BÜNGELER, Marietta:
[1] - "*Schwingende Elektronen — Eine Dokumentation über das Studio für Elektronische Musik des Westdeutschen Rundfunks in Köln*

1951-1986", P. J. Tonger Musikverlag, Köln-Rodenkirchen, Cologne, 1988.

NATTIEZ, Jean-Jacques:
[1] - "Situation de la sémiologie musicale", in *"Musique en Jeu"* Nr.5, Editions du Seuil, Paris, novembre 1971, p. 3-18;
[2] - *"Fondements d'une sémiologie de la musique"*, Collection 10/18, Union Génerale d'Éditions, Paris, 1975;
[3] - *"Musicologie générale et sémiologie"*, Christian Bourgois Éditeur, Paris, 1987.

NETTL, Bruno:
[1] - "De quelques méthodes linguistiques appliquées à l'analyse musicale" (1958), in *"Musique en Jeu"* Nr.5, Éditions du Seuil, Paris, novembre 1971, p. 61-66.

OEHLSCHLÄGEL, Reinhard:
[1] - "Die Einsamkeit des Theaterdirektors — Zu Luciano Berios «*Un Re in Ascolto*»", in *"MusikTexte — Zeitschrift für Neue Musik"* Heft 6, Cologne, octobre 1984, p. 57-58.

OSMOND-SMITH, David:
[1] - "Berio and the art of commentary", in *"Musical Times"*, Londres, 1975, p. 871-872;
[2] - "Luciano Berio — Italian composer", in *"The makers of modern culture"*, Routledge & Kegan Paul, Londres, 1977, p. 48-49;
[3] - "From myth to music: Lévi-Strauss's «*Mythologiques*» and Berio's «*Sinfonia*»", in *"The Musical Quarterly"*, 1981, p. 230-260;
[4] - "Joyce, Berio et l'art de l'explosition", in *"Contrechamp 1"*, Éditions L'Age D'Homme, Lausanne, septembre 1983, p. 83-89;
[5] - *"Playing on words — A guide to Luciano Berio's «Sinfonia»"*, Royal Musical Association, Londres, 1985;
[6] - Texte sur *"Sinfonia"* de Luciano Berio, LP ERATO NUM 75198;
[7] - "Multum in parvo: the music of Luciano Berio", in *"Komponisten des 20. Jahrhunderts in der Paul Sacher Stiftung"*, Bâle, 1986, p.347-349;
[8] - "Berio's theatre", in *"Ars Musica '90 — New gesture and virtuosity in music"*, Bruxelles, mars 1990, p.67-72;
[9] - Texte sur *"Ritorno degli snovidenia"*, *"Chemins II"*, *"Chemins IV"*, *"Corale"*, et *"Points on the curve to find..."*, in CD SONY SK 45 862, 1990;
[10] - *"Berio"*, Oxford Studies of Composers (20), Oxford University Press, Oxford-New York, 1991;
[11] - "La mesure de la distance: «*Rendering*» de Berio", in *"InHarmoniques"* Nr.7, Éditions du Centre Georges Pompidou, IRCAM, Paris, 1991, p. 147-152.

PANNI, Marcello:
[1] - "Panegirico di Luciano o «de amiticia»", in *"Piano Time"* N.34, janvier 1986, p. 26.

PARRET, Herman:
[1]   - "La semiotica strutturale dopo Jakobson", in *"Roman Jakobson"*, Editori Riuniti, Rome, 1990, p. 317-342.

PEACOCK, Ronald:
[1]   - Probleme des Musikalischen in der Sprache", in **Steven Paul SCHER et alli,** *"Literatur und Musik — Ein Handbuch zur Theorie und Praxis eines komparatistischen Grenzgebietes"*, Erich Schmidt Verlag, Berlin, 1984, p. 154- 169.

PELLMAN, Samuel F.:
[1]   - *"An examination of the role of timbre in a musical composition, as exemplified by an analysis of* «Sequenza V» *by Luciano Berio"* (Dissertation), Cornell University, 1979, U.M.I. — University Microfilms International, Ann Arbor, Michigan.

PETRI, Horst:
[1]   - "Identität von Sprache und Musik", in *"Melos — Zeitschrift für Neue Musik"*, 32. Jahrgang, Heft 10, Der Melos Verlag, Mayence, octobre 1965, p. 345-349;
[2]   - "Form- und Strukturparallelen in Literatur und Musik", in **Steven Paul SCHER et alli,** *"Literatur und Musik — Ein Handbuch zur Theorie und Praxis eines komparatistischen Grenzgebietes"*, Erich Schmidt Verlag, Berlin, 1984, p. 221-241.

PINZAUTI, Leonardo:
[1]   - "Musicisti d'oggi — Venti colloqui" (entretien avec Berio), ERI — Edizioni Rai radiotelevisione italiana, Turin, 1978, p. 97-106;

POMORSKA, Krystyna:
[1]   - **et Roman JAKOBSON:** *"Diálogos"*, Editora Cultrix, São Paulo, 1985.

POUSSEUR, Henri:
[1]   - "De la recherche concrète à une musique" (texte inédit écrit en 1953);
[2]   - "A propos d'électronique musicale — La musique concrète" (1954), in *"Cahiers J"*, Bruxelles, janvier 1955, p. 35-42;
[3]   - "Strukturen des neuen Baustoffes", in *"Die Reihe"* Nr. 1 (*"Elektronische Musik"*), Universal Edition, Vienne, 1955, p. 42 ff.;
[4]   - "Structure du nouveau matériau électronique" (manuscrit original en français du texte *"Strukturen des neuen Baustoffes"*);
[5]   - "Musique électronique, musique sérielle", in *"Cahiers Musicaux"* Nr. 12, Jeunesses Musicales, Bruxelles, mars 1957, p. 46-60;
[6]   - "La musique électronique" (extrait du Bulletin de la SABAM d'octobre 1958), p. 3-10;
[7]   - "Scambi — Description d'un travail" (manuscrit original en français du texte *"Scambi"*, paru in *"Gravesaner Blätter"* Nr. XIII, Jg. 4, Ars Viva Verlag, Mayence, 1959);
[8]   - "Textes sur l'expression" (autre titre: "Y a-t-il une «expression musicale»?" — Réflexions autour de l'«*Orfeo*» de Claudio Monteverdi; texte d'une émission réalisée pour la Radio S.W.F. à Baden-Baden en 1960), in *"La Musique et ses Problèmes Contemporaines"*

— Cahiers de la Compagnie Madeleine Renaud/Jean-Luis Barrault, René Juillard, Paris, 1963, p. 169-202;
[9] - "La musique électronique, art figuratif?" (texte sur *"Trois Visages de Liège"*), in *"La Musique et ses Problèmes Contemporaines"* — Cahiers de la Compagnie Madeleine Renaud/Jean-Luis Barrault, N° 41, René Juillard, Paris, décembre 1963, p. 184-190;
[10] - "Elementi realistici della musica elettronica" (janvier 1964), in *"Collage"* Nr. 6 — *Rivista internazionale di nuova musica e arti visive contemporanee*, septembre 1966, p. 22-24;
[11] - "Eléments réalistes dans la musique électronique" (manuscrit original en français du texte *"Elementi realistici della musica elettronica"*);
[12] - "Calcul et Imagination dans la Musique Electronique" (texte d'une conférence faite à l'Université de Buffalo en février 1966), in *"Musique en Jeu"* Nr. 2, Éditions du Seuil, Paris, 1970, p. 34-45;
[13] - "Berio und das Wort" (janvier 1967), LP WERGO, WER 60021, Mayence;
[14] - "L'apothéose de Rameau (Essai sur la question harmonique)", in *"Musiques Nouvelles"*, tome XXI, fasc.2-4 de la *"Revue esthétique"*, Éditions Klincksieck, Paris, 1968, p. 105-172;
[15] - "Sì, il nostro Faust, indivisibile", in *"Nuova Rivista Musicale Italiana"* Nr. 3, RAI, Milan, 1969, p. 281-287;
[16] - "«Tempi Concertati» de Luciano Berio" (texte inédit de 1969 pour une émission réalisée pour la Télévision belge);
[17] - *"Fragments théoriques I sur la Musique Expérimentale"*, Éditions de l'Institut de Sociologie, Université Libre de Bruxelles, Bruxelles, 1970;
[18] - "Stravinsky selon Webern selon Stravinsky", in *"Musique en Jeu"* Nr. 4 et 5, Éditions du Seuil, Paris, 1971;
[19] - *"Musique, sémantique, société"*, Casterman, Belgique, 1972;
[20] - Texte sur *"Ikaros' Beschreibung des langen Marsches"* (texte de 1973) in **Marietta MORAWSKA-BÜNGELER**: *"Schwingende Elektronen — Eine Dokumentation über das Studio für Elektronische Musik des Westdeutschen Rundfunks in Köln 1951-1986"*, P. J. Tonger Musikverlag, Köln-Rodenkirchen, Cologne, 1988, p. 87-89;
[21] - "Les mésaventures de Notre Faust (lettre ouverte à Luciano Berio)", in *"Contrechamps 4"*, Éditions L'Age D'Homme, Lausanne, avril 1985, p. 107-122;
[22] - "Questionnement, ouverture, exigence"; "Formation musicale et musiques d'aujourd'hui"; "Vers une notation phonétique universelle"; et "E. Bloch, la musique et la pédagogie musicale", in *"Marsyas"* — Revue de pédagogie musicale et chorégraphique de l'Institut de Pédagogie Musicale de Paris, 1987;
[23] - "Composer (avec) des identités culturelles", Institut de pédagogie musicale et chorégraphique, La Villete, Paris, 1989.

PRIEBERG, Fred K.:
[1] - "Italiens elektronische Musik", in *"Melos — Zeitschrift für Neue Musik"*, 25. Jahrgang, Heft 6, Der Melos Verlag, Mayence, juin 1958, p. 194-198;

[2] - "*Musica ex machina — Über das Verhältnis von Musik und Technik*", Verlag Ullstein, Berlin, 1960;
[3] - "*Musica ex machina*", Giulio Einaidi Editore, Turin, 1963;
[4] - "Imaginäres Gespräch mit Luciano Berio", in "*Melos — Zeitschrift für Neue Musik*", 32. Jahrgang, Heft 5, Der Melos Verlag, Mayence, mai 1965, p. 156-165.

RAVIZZA, Victor:
[1] - "*Sinfonia* für acht Singstimmen und Orchester von Luciano Berio", in "*Melos*" V, Der Melos Verlag, Mayence, 1974, p. 291-297.

REICHERT, Manfred:
[1] - Texte sur "*Laborintus II*" de Luciano Berio, LP HARMONIA MUNDI, HMA 55764.

REINFANDT, Karl-Heinz:
[1] - "Luciano Berio: *Sequenza III* per voce femminile (für eine Frauenstimme)(1965)", in "*Werkanalyse in Beispielen*", édité par Siegmund Helms et Helmuth Hopf, Gustav Bosse Verlag, Regensburg, 1986, p. 379-389.

RISSET, Jean-Claude:
[1] - "Synthèse des sons à l'aide d'ordinateurs", in "*La Revue Musicale*" Double Numéro 268-269 ("*Musique et Technologie*"), Éditions Richard-Masse, Paris, 1971, p. 113-123.

RIVIÈRE, Hélène:
[1] - "Berio au berceau", in "*Ars Musica '90*", Bruxelles, p.8.

ROGGE, Wolfgang:
[1] - "Musiktheater des Absurden", in "*Melos — Zeitschrift für Neue Musik*", 32. Jahrgang, Heft 9, Der Melos Verlag, Mayence, septembre 1965, p. 291-303.

RUDY, Stephen:
[1] - "Jakobson-Aljagrov e il futurismo", in "*Roman Jakobson*", Editori Riuniti, Rome, 1990, p. 269-284.

RUWET, Nicolas:
[1] - "Von den Widersprüchen der seriellen Sprache", in "*Die Reihe*" Nr. 6 ("*Sprache und Musik*"), Universal Edition, Vienne, 1960, p. 59-70;
[2] - "*Langage, musique, poésie*", Éditions du Seuil, Paris, 1972.

SABBE, Herman:
[1] - "*Die Einheit der Stockhausen-Zeit...* — *Neue Erkenntnismöglichkeiten der seriellen Entwicklung anhand des frühen Wirkens von Stockhausen und Goeyvaerts. Dargestellt aufgrund der Briefe Stockhausens an Goeyvaerts*", in "*Musik-Konzepte*" Nr. 19 ("*...wie die Zeit verging...*"), Edition Text+Kritik, Munich, mai 1981;
[2] - "Pousseur-Butor: Text-Musik-Text", in "*Musik-Konzepte*" Nr. 69 ("*Henri Pousseur*"), Edition Text+Kritik, Munich, juillet 1990, p. 43-86.

SALVATORE, Gaston:
[1] - "Luciano Berio", in *"Frankfurter Allgemeine"* Heft 431, le 3 juin 1988, p. 10-16.

SAMS, Carol Lee:
[1] - *"Solo vocal writing in selected works of Berio, Crumb, and Rochberg"* (Dissertation), University of Washington, 1975, U.M.I. — University Microfilms International, Ann Arbor, Michigan.

SANDERS, Carol:
[1] - *"Cours de linguistique générale de Saussure"*, Collection Lire aujourd'hui, Hachette, Paris, 1979.

SANDERSON, Roy V.:
[1] - *"Luciano Berio's use of the clarinet in «Sequenza IXa»"* (Thesis), University of Southern California, Los Angeles, 1974, U.M.I. — University Microfilms International, Ann Arbor, Michigan.

SANGUINETI, Edoardo:
[1] - "Laborintus II", in *"Contrechamps 1"*, Éditions L'Age D'Homme, Lausanne, septembre 1983, p. 75-82;
[2] - "A-Ronne", CD DECCA 425 620-2.

SANTI, Piero:
[1] - "Luciano Berio", in *"Die Reihe"* Nr. 4 (*"Junge Komponisten"*), Universal Edition, Vienne, 1958, p. 98-102;
[2] - "Le nuove tecnologie: musica elettronica e radiodrammi", in *"Bruno Maderna — documenti"*, édité par Mario Baroni et Rossana Dalmonte, Edizione Suvini Zerboni, Milan, 1985, p. 156-162.

SAPIR, Edward:
[1] - *"Il linguaggio — Introduzione alla linguistica"* (1921), Giulio Einaudi Editore, Turin, 1969.

SAUSSURE, Ferdinand de:
[1] - *"Cours de linguistique générale"* (édition critique préparée par Tullio de Mauro), Payot, Paris, 1972.

SCHAEFFER, Pierre:
[1] - *"A la recherche d'une musique concrète"*, Éditions du Seuil, Paris, 1952;
[2] - "Lettre à Albert Richard" (mai 1957), in *"La Revue Musicale"* Nr. spécial 236 (*"Vers une musique expérimentale"*), Éditions Richard-Masse, Paris, 1957, p. III-XVI;
[3] - "Vers une musique expérimentale", in *"La Revue Musicale"* Nr. spécial 236 (*"Vers une musique expérimentale"*), Éditions Richard-Masse, Paris, 1957, p. 11-27;
[4] - *"Traité des objets musicaux — Essai interdisciplines"*, Éditions du Seuil, Paris, 1966 (édition de 1977);
[5] - *"Entretiens"* avec Marc Pierret, Éditions Pierre Belfond, Paris, 1969;
[6] - "La musique et les ordinateurs", in *"La Revue Musicale"*, Double Numéro 268-269 (*"Musique et Technologie"*), Éditions Richard-Masse, Paris, 1971, p. 57-88;

[7] - *"De l'expérience musicale à l'expérience humaine"*, in *"La Revue Musicale"* Double Numéro 274-275, Éditions Richard-Masse, Paris, 1971;
[8] - *"La musique concrète"*, Collection Que sais-je? 1287, Presses Universitaires de France, Paris, 1973;
[9] - *"De la musique concrète à la musique même"*, in *"La Revue Musicale"* Triple Numéro 303-304-305, Éditions Richard-Masse, Paris, 1977.

SCHNAUS, Peter:
[1] - "Anmerkungen zu Luciano Berios «*Circles*»", in *"Musik und Bildung"*, Jahrgang 10, Heft 7/8, 1978, p. 489-497.

SCHNEBEL, Dieter:
[1] - "Sprache als Musik in der Musik", in **Steven Paul SCHER at alli**, *"Literatur und Musik — Ein Handbuch zur Theorie und Praxis eines komparatistischen Grenzgebietes"*, Erich Schmidt Verlag, Berlin, 1984, p. 209-220.

SCHUELLER, Herbert M.:
[1] - "Literature and music as sister arts: an aspect of aesthetic theory in eighteenth-century Britain", in **Steven Paul SCHER at alli**, *"Literatur und Musik — Ein Handbuch zur Theorie und Praxis eines komparatistischen Grenzgebietes"*, Erich Schmidt Verlag, Berlin, 1984, p. 61-70.

SCHÜRMANN, Hans G.:
[1] - "Wege in Musik — Anmerkungen zum Schaffen von Luciano Berio: Repertoire von Gegenwart", in *"34. Internationales Beethovenfest Bonn 1992 — Gesamtprogramm"*, p. 79-80.

SEGRE, Cesare:
[1] - "Jakobson e Benveniste", in *"Roman Jakobson"*, Editori Riuniti, Rome, 1990, p. 45-55.

SPRINGER, George P.:
[1] - "Le langage et la musique: parallélisme et divergences" (1956), in *"Musique en Jeu"* Nr.5, Éditions du Seuil, Paris, novembre 1971, p. 31-43.

STACEY, Peter F.:
[1] - *"Contemporary tendencies in the relationship of music and text with special reference to «Pli selon Pli» (Boulez) and «Laborintus II» (Berio)"*, Garland Publishing, New York-Londres, 1989.

STANKIEWICZ, Edward:
[1] - "Il concetto di struttura nella linguistica di Jakobson", in *"Roman Jakobson"*, Editori Riuniti, Rome, 1990, p. 73-88.

STEINITZ, Richard:
[1] - Texte sur L. Berio, in *"Contemporary Composers"*, St. James Press, Chicago-Londres, 1992, p. 87-88.

STENZL, Jürg:
[1] - *"Von Giacomo Puccini zu Luigi Nono — Italienische Musik 1922-1952: Faschismus - Resistenza - Republik"*, Frits Knuf, Buren, The Netherlands, 1990.

STERNFELD, Frederick W.:
[1] - "Poetry and music — Joyce's *«Ulysses»*", in **Steven Paul SCHER at alli**, *"Literatur und Musik — Ein Handbuch zur Theorie und Praxis eines komparatistischen Grenzgebietes"*, Erich Schmidt Verlag, Berlin, 1984, p. 357-379.

STICHWEH, Klaus:
[1] - Texte sur *"Opera"*, in *"Pipers Enzyklopädie des Musiktheaters — Oper, Operette, Musical, Ballet"*, Piper, Munique-Zurique, 1986, p. 290-291.

STOCKHAUSEN, Karlheinz:
[1] - *"Texte zur elektronischen und instrumentalen Musik"* Band 1, Verlag M. DuMont Schauberg, Cologne, 1963;
[2] - *"Texte zu eigenen Werken, zur Kunst Anderer, Aktuelles"* Band 2, Verlag M. DuMont Schauberg, Cologne, 1975;
[3] - *"Texte zur Musik 1963-1970"* Band 3, Verlag M. DuMont Schauberg, Cologne, 1971;
[4] - *"Texte zur Musik 1970-1977"* Band 4, Verlag M. DuMont Schauberg, Cologne, 1978;
[5] - "Lettres à Pierre Boulez", in *"Contrechamps"*, Numéro spécial — Festival d'Automne 1988 à Paris: Karlheinz Stockhausen, p. 24-31.

STOIANOVA, Ivanka:
[1] - "Verbe et son ; «Centre et Absence» — sur *«Cummings ist der Dichter»* de Boulez, *«O King»* de Berio et *«Für Stimmen... Missa est»* de Schnebel", in *"Musique en Jeu"* Nr. 16, Éditions du Seuil, Paris, novembre 1974, p. 79-102;
[2] - "Les voies de la voix", in *"Traverses"* Nr.20, Centre G. Pompidou, Paris, 1980, p. 108-118;
[3] - "Über die Brechtschen Prinzipien der Operndramaturgie bei Luciano Berio — Musikalische Erzähltechnik und zeitgenössisches episches Theater", in *"Bericht über den Internationalen musikwissenschaftlichen Kongress — Bayreuth 1981 / Basel"*, Bärenreiter, Kassel, 1984, p. 520-527;
[4] - *"Luciano Berio — Chemins en musique"*, in *"La Revue Musicale"* Triple Numéro 375-376-377, Éditions Richard-Masse, Paris, 1985;
[5] - "Prinzipien des Musiktheaters bei Luciano Berio — *«Passaggio»*, *«Laborintus II»*, *«Opera»*", in *"Oper Heute — Formen der Wirklichkeit im zeitgenössischen Musiktheater"*, édité par Otto Kolleritsch, Universal Edition, Vienne, Graz, 1985, p. 217-227;
[6] - "Profilo" (sur L. Berio), in *"Piano Time"* N.34, janvier 1986, p. 21-24;
[7] - "Transkription von Volksliedern — *«Voci»* von Luciano Berio", in *"MusikTexte — Zeitschrift für Neue Musik"*, Heft 19, Cologne, avril 1987, p. 41-43;

[8] - "Wege in Musik — Anmerkungen zum Schaffen von Luciano Berio: Chamäleon?", in *"34. Internationales Beethovenfest Bonn 1992 — Gesamtprogramm"*, p. 80-82.

STROH, Wolfgang Martin:
[1] - **et Georg KRIEGER**: "Probleme der Collage in der Musik — aufgezeigt am 3. Satz der «*Sinfonia*» von Luciano Berio", in *"Musik und Bildung"*, 1971, p. 229-235;
[2] - "Elektronische Musik", in *"Handwörterbuch der musikalischen Terminologie"*, édité par H. H. Eggebrecht, Universität Freiburg, 1972.

STUMPF, Carl:
[1] - *"Die Sprachlaute — Experimentell-phonetische Untersuchungen"*, Verlag von Julius Springer, Berlin, 1926.

TASSONE, Pasquale S.:
[1] - "The musical language in Luciano Berio's «Points on the curve to find...»" (Dissertation), Braudeis University, 1987, U.M.I. — University Microfilms International, Ann Arbor, Michigan.

The Principles of the International Phonetic Association:
[1] - in International Phonetic Association, University College, Gower Street, Londres WC1E 6BT (1949, édition de 1984).

TOOP, Richard:
[1] - "Stockhausen's *Konkrete Etüde*", in *"The Music Review"* Cahier 37, Année 4, novembre 1976, p. 295-300;
[2] - "Stockhausen and the sine-wave: the story of an ambiguous relationship", in *"The Musical Quarterly"*, Cahier 65, Année 3, juillet 1979, p. 379-391;
[3] - "Stockhausen's electronic works: sketches and work-sheets from 1952-1967", in *"Interface"*, Vol. 10, 1981, p. 149-197.

TRUBETZKOY (ou TROUBETZKOY), N.S.:
[1] - *"Grundzüge der Phonologie"* (1938), Vandenhoeck & Ruprecht, Göttingen, 1977.

TRÜMPY, Balz:
[1] - "Pensées sur la musique de Luciano Berio", in *"Musique en Jeu"* Nr.33, Éditions du Seuil, Paris, 1978, p. 128-130.

UNGEHEUER, Elena:
[1] - *"Wie die elektronische Musik «erfunden» wurde ... — Quellenstudie zu Werner Meyer-Epplers musikalischem Entwurf zwischen 1949 und 1953"*, Kölner Schriften zur Neuen Musik - Band 2, Schott, Mayence, 1992.

VIDOLIN, Alvise:
[1] - "Avevamo nove oscillatori...", in *"Dialogo con Maderna"*, RAI, Milan, 1989, p. 263-269.

WAUGH, Linda R.:
[1] - **et Roman JAKOBSON**: *"La charpente phonique du langage"* (1977/1978), Les Éditions de Minuit, Paris, 1980.

WEBER, Horst:
[1]   - Textes sur *"Passaggio"* et *"Laborintus II"*, in *"Pipers Enzyklopädie des Musiktheaters — Oper, Operette, Musical, Ballet"*, Piper, Munique-Zurique, 1986, p. 288-289.

WIESMANN, Sigrid:
[1]   - Texte sur *"Un Re in Ascolto"*, in *"Pipers Enzyklopädie des Musiktheaters — Oper, Operette, Musical, Ballet"*, Piper, Munique-Zurique, 1986, p. 291-292.

ZELLER, Hans Rudolf:
[1]   - "Mallarmé und das serielle Denken", in *"Die Reihe"* Nr. 6 (*"Sprache und Musik"*), Universal Edition, Vienne, 1960, p. 5-29.

Sur l'auteur

FLORIVALDO MENEZES Filho, compositeur, est né en 1962 à São Paulo (Brésil). Déjà très tôt, il a pu se dédier à la composition et à la théorie musicales. En 1979, il publie son premier texte théorique (sur la **polarisation harmonique**). De 1980 à 1985, il suit le Cours de Composition à l'Université de São Paulo (avec Willy C. de Oliveira), et devient un des personnages les plus actifs sur la scène de la musique expérimentale au Brésil. En 1984/85, il écrit son premier livre (publié en 1987: Editora Nova Stella, EDUSP — Presses Universitaires de São Paulo): "Apoteose de Schoenberg — Ensaio sobre os Arquétipos da Harmonia Contemporânea", qui constitue le livre le plus détaillé sur Schönberg, Berg et Webern jamais écrit en portugais. Dans ce travail, il expose une méthode compositionnelle personnelle de l'harmonie, intitulée **modules** (ou **modalités**) **archétypiques**, sur laquelle se basent la plupart de ses œuvres (instrumentales et électroacoustiques). De 1986 à 1990, il devient (avec une bourse allemande du DAAD) compositeur auprès du *Studio für elektronische Musik* de Cologne (fondé en 1965 par H. Eimert), où il pousse aux conséquences les plus radicales l'élaboration structurelle de la forme musicale basée sur la constitution phonologique des mots, dont le processus sera alors appelé par lui **forme-prononciation**, et qui sera nommé par Henri Pousseur *Klangfarbendauernproportionen* (c'est-à-dire: **proportions de durées de timbres (vocaux)**). En 1988, il a été sélectionné pour un cours avec Pierre Boulez en Avignon, France, et en 1989, pour un cours avec Luciano Berio à Salzbourg, Autriche. En 1990, il a reçu avec unanimité le premier prix du *"I. Concours International de Musicologie"*, réalisé à Latina, Italie, avec un travail théorique sur la composition *"Visage"* de Luciano Berio. En 1991, il travaille comme compositeur invité auprès du *Centro di Sonologia Computazionale* de l'Université de Padoue, Italie, en développant la forme-prononciation à l'aide de systèmes informatiques très avancés, tels que l'*ICMS* (*Interactive Computer Music System* de G. Tisato) et le programme classique pour la composition *Music V*.

Ses œuvres ont été jouées dans divers Festivals au Brésil, en Amérique Centrale, France (Paris, Bourges), Hongrie, Yougoslavie, Italie, et particulièrement en Allemagne (plusieurs fois à Cologne, à Darmstadt, Nürnberg, Göttingen, etc.). Quelques-unes de ses pièces ont représenté la récente production du *Studio für elektronische Musik* de Cologne à plusieurs Festivals en Europe.

En 1991, sa composition *"Contextures I (Hommage à Berio)"* a été sélectionnée par l'UNESCO et exécutée dans le *"I. Colloque International de Jeunes Compositeurs de Musique Electroacoustique"* à Paris. Cette pièce a été enregistrée sur *compact disc* à Bologne, Italie, aux soins de la *Galleria d'Arte Moderna* et du *Comune di Bologna*. Sa composition *"Profils écartelés"* pour piano et bande magnétique a été sélectionnée et exécutée en 1989 au *Festival de Musique Electroacoustique de Bourges*, France, en 1990 aux *Ferienkurse für Neue Musik* à Darmstadt, Allemagne, et en 1991 au *Concorso Luigi Russolo* à Varese, Italie. Ses œuvres ont été objet de diverses émissions radiophoniques au Brésil et en Europe, particulièrement en Allemagne (radio *WDR 3*). A partir de septembre 1992, il devient Professeur de Composition et de Musique Electroacoustique aux Universités de São Paulo.

Parmi ses œuvres les plus récentes, on doit citer:

* **"TransFormantes"** (1983), Rapsodie harmonique pour orchestre de cordes avec piano; * **"Quarteto para o Advento de Novos Tempos"** (1985), pour ténor, alto, trombone-basse et synthétiseur; * **"PAN"** (1985/86) pour orchestre; * **"Phantom-Wortquelle ; Words in Transgress"** (1986/87) musique électronique; * **"PAN: Laceramento della Parola (Omaggio a Trotski)"** (1987/88), musique électronique; * **"Profils écartelés"** (à Henri Pousseur) (1988), pour piano et bande magnétique; * **"Contextures I"** (**Hommage à Berio**) (1988/89), musique électronique; * **"Contesture IV — Monteverdi altrimenti"** (1990), pour alto, violoncelle, trompette (in *si b*), piano, synthétiseur, instrument grave optatif (clarinette basse in *si b* ou contrebasse), deux bandes magnétiques et live electronic; * **"Racconto (Omaggio a Roman Jakobson)"** (1991, en préparation) pour bande magnétique et voix synthétisées enregistrées (systèmes informatiques: ICMS — *Interactive Computer Music System* de G. Tisato; et *Music V*); **"... Jetzt ..."** (1991, en préparation), pour orchestre; **"Parcours des Entités"** (1992, en préparation), pour piano et bande magnétique.